人力资本水平：方法与实证

钱雪亚　著

商务印书馆
创于1897 The Commercial Press
2011年·北京

图书在版编目(CIP)数据

人力资本水平：方法与实证/钱雪亚著．—北京：商务印书馆，2011

ISBN 978－7－100－08558－8

Ⅰ．①人…　Ⅱ．①钱…　Ⅲ．①人力资本—研究—中国　Ⅳ．①F249.21

中国版本图书馆 CIP 数据核字(2011)第 184695 号

人力资本水平：方法与实证

钱雪亚　著

商　务　印　书　馆　出　版

(北京王府井大街36号　邮政编码 100710)

商　务　印　书　馆　发　行

北京瑞古冠中印刷厂印刷

ISBN 978－7－100－08558－8

2011 年 12 月第 1 版　　开本 880×1230　1/32

2011 年 12 月北京第 1 次印刷　　印张 12⅛

定价：26.00 元

目　录

第一章

导　　论

现代社会再生产的特征是扩大再生产，扩大再生产的前提条件是不断的资本积累。一国拥有资本的数量和质量、这些资本被利用的效率，是该国经济发展水平和发展潜力的重要标志，资本形成和资本利用是经济增长和经济发展的核心。

研究资本与经济增长的关系，首要的问题是估算资本水平。产出与要素投入特别是资本投入数据的科学计量，是研究经济增长率或全要素生产率的关键，对于直接考察投资相关问题的研究，则有关资本水平的数据更是不可或缺。正因为如此，长期以来学术界十分关注资本水平的估算。专门针对中国资本水平估算的研究成果十分丰富，较有代表性成果如陈等（Chen, et al., 1988）；郑玉歆、许波（1992）；贺菊煌（1992）；邹（Chow, 1993,2000）；任若恩、刘晓生（1997）；黄勇峰、任若恩、刘晓生（2002）；李治国、唐国兴

(2003);何枫、陈荣、何林(2003);张军(2003);张军、吴桂英、张吉鹏(2004);孙琳琳、任若恩(2005);王志刚、龚六堂、陈玉宇(2006);陈勇、李小平(2006);卢艳、刘治国、刘培林(2006);沈坤荣;李剑(2009)等等。而在经济增长、生产率、技术进步、资本效率、经济波动和经济周期等相关研究中,涉及资本水平估算的研究成果则更是汗牛充栋。

综观这些研究成果,人们对资本水平的关注主要着眼于物质资本。无论是专门就资本水平估算方法的讨论,还是对一国(区域)资本水平的实证估计,或是相关研究领域所涉及的资本水平数据,描述的对象几乎都是物质资本。

然而,经历三百多年的世界工业革命进程后,资本已不再仅仅指其原始意义上的生产资料概念,人力资本、知识资本、智力资本、技能资本、社会资本以及制度资本、体制资本、组织资本、政治资本、文化资本、信息资本等等,大量的新的资本概念被提出并纳入社会学、经济学、管理学的研究范畴。人力资本理论被全面引入主流经济研究,用以解释经济增长领域中各国生产率(或经济增长率)的差异,解释收入分配领域中收入的决定及收入差异的形成。

在经济增长研究领域,从古典经济增长理论到新古典经济增长理论再到新经济增长理论,人们对影响经济增长的因素以及各因素的影响方式有了越来越清晰的认识。在古典增长理论中,土地是经济增长的主要源泉,无论亚当·斯密的"黄金时代"模式还是马尔萨斯的"悲观科学"模式,强调的只是土地在经济增长中的作用;在新古典增长理论中,资本和技术变革被引入增长模型,资本积累通过资本深化使人均产出上升，技术变革使 *APT* 曲线向上推移；在新经济增长理论中，人力资本成为重要变量而被内生于经济增长模型中。依据新经济增长理论，影响经济增长的四大要素（或四个源泉）是：人力资源、自然资源、资本、技术。人力资源因素包括"劳动力数量和劳动大军的技术水平"。在这里，人力资本尚被隐含于人力资源中以劳动质量高低的形式影响经济增长：先进的"资本品只有那些有技术的、受过训练的劳工才能使用并使它们发挥效用。提高劳工的阅读能力、健康程度和纪律意识，以及最近提高劳工的电脑操作技能都将极大地提高劳动生产率"。随着新增长理论的不断深入，罗默（P. M. Romer）模型、卢卡斯（R. E. Lucas）模型等相继提出。在这些模型中，人力资本作为与物质资本并列的一种独立资本形态出现。作为资本的一种，人力资本通过资本深化和外溢作用全面推进经济增长，人力资本是经济持续增长的源泉这一命题，在理论上几乎已没有争议。

在个人收入分配研究领域，早期的理论主要是能力理论和随机理论。能力理论认为是能力的不同决定着人们之间生产力的不同，从而导致收入的不同，它从单项能力的正态分布、综合能力的对数正态分布，解释了个人收入的对数正态分布现象，但是能力理论无法有效地解释不平等和贫困存在的原因。随机理论把个人收入的决定归因于机会、运气和随机因素，认为在某一起始分配开始后，能力、主观努力等对收入分配的影响将越来越小，收入分配将主要取决于随机因素。显然，它不符合客观事实。早期理论的不足催生了新理论——人力资本理论的形成。人力资本理论认为，人们之间的收入差别主要是因为各自人力资本存量上的差别,人力资本存量高的收入就高,人力资本存量低的收入就低。因此,要缩小收入不平等和消除贫困,关键的措施是创造条件使低收入者增加人力资本投资从而增加人力资本积累。基于库兹涅茨、明瑟、舒尔茨、贝克尔等学者的工作,人力资本理论已成为"当代经济学中最有影响的甚至可能已是占统治地位的个人收入分配理论"(赖德胜,2001)。

除了人力资本与经济增长,人力资本与收入分配,人力资本在许多边缘学科、交叉学科或新兴学科的研究领域中也得到了广泛的应用。包括教育经济学、人口经济学、劳动经济学、医疗卫生经济学、环境经济学、区域经济学、城市经济学、管理经济学、交易费用经济学、产权经济学等。研究所涉及的内容十分广泛,其中包括人口迁移与流动研究、就业与职业研究、计划生育与人口质量研究、婚姻与家庭问题研究、人口增长与生育率变动研究、经济和社会可持续发展研究、贫困问题研究、科学与技术开发研究、意识形态人力资本投资与国家管理交易费用研究、人力资本产权研究等等(王建民,2001)。

伴随理论研究的深入以及研究领域的拓展,相关实证研究得以广泛开展。在人力资本与个人收入关系的实证研究中,人力资本投资收益率(回报率)的估计是研究的主要目的,人们运用明瑟模型法和内部收益率法估算教育的收益率、工作经验的收益率、个人收益率、社会收益率。

在人力资本与经济增长关系的实证研究中,大量研究是直接以人力资本对经济增长的贡献水平计量为目的的，人们运用各种增长模型估计人力资本的产出弹性，从总增长中分解出人力资本的增长贡献。

也有许多学者是间接地估计人力资本对经济增长的贡献，如孙炳彦(1998)在环境损失计量中考虑人力资本因素；G. S. 贝克尔、K. M. 墨菲和 R. 塔穆拉(G. S. Becker, K. M. Murphy and R. Tamura, 1990)、R. R. 纳尔逊和 E. S. 费尔普斯(R. R. Nelson and E. S. Phelps, 1996)、E. 博伦斯坦、J. D. 格雷戈里奥和 J-W. 李(Borensztein, E., J. D. Gregorio and J-W. Lee, 1998)、李钟和(Jong-Wha Lee, 2001)、吴建伟(2001)、赖明勇(2002)、沈坤荣(2002)、蔡昉(2004)，他们从人力资本角度研究技术引进和利用外资问题；许学军(2002)从人力资本角度研究有效需求不足问题；柯蒂斯·J. 西蒙和克拉克·纳迪奈利(Curtis J. Simon, Clark Nardinelli, 2002)研究人力资本与城市化问题；王绍光和胡鞍钢(2000)、蔡昉(2002)、沈坤荣(2002)将人力资本视为影响区域差异形成及变动的因素之一；安应民(2003)从人力资本投资与管理角度研究企业发展问题；而侯亚非、王金营(2001、2002)根据经济增长目标对人力资本的供需进行了预测。总之，无论是关于人力资本与收入分配的关系，还是关于人力资本与经济增长的关系，实证研究成果已极为丰富。

与此同时，从物质资本与人力资本比较的角度来观察资本水平、资本效率和增长贡献的文献也日渐增多，近期有邹等(Chow, et al., 2002)；王等(Wang, et al., 2001)；杨(Young, 2000)；孟晓晨、刘洋、戴学珍(2005)；胡永远、刘永呈(2005)；岳书敬、刘朝明(2006)；廖楚晖(2006)；侯风云(2007)；王小鲁、樊纲、刘鹏(2009)；魏下海(2009)等等。

然而，从众多的实证计量结果看，各学者的研究结论差异极大。整理部分近年来有关中国人力资本因素的实证计量研究成果发现，无论是经济增长中人力资本的贡献率，还是人力资本投资回报率，计量结果差异极大。例如：周天勇(1994)估算出1952—1990年间全国人力资本增加对经济产出的贡献为22%；梁昭(2000)估计1981—1995年间中国经济增长中人力资本的贡献份额为15%；李玲(2003)估计得我国1978—1998年间教育对经济增长的贡献率为31.51%，教育投资的贡献度为0.152；崔玉平(2000)估计得"我国1982—1990年间国民生产总值年平均增长率9.58个百分点中，有0.847个百分点是由教育带来的，所占份额为8.84%……其中高等教育的贡献率为0.48%"；胡永远(2003)估计1978—1998年中国人力资本存量对产出增长的贡献率为14.6%。贡献率从几个百分点到三十几个百分点不等。类似地，洪银兴(2000)估计得1990—1997年江苏经济增长中教育投入的产出弹性为3.902 5；周英章(2002)估计中国教育投入的经济增长弹性为0.976；陆根尧(2002)估计得1982—1990年间中国经济增长中人力资本的产出弹性为0.318 6，差异一样显著存在。

如此悬殊的结论，原因是多方面的，如各学者研究的具体对象不同，所采用的增长模型不同，样本所属时间不同等等，也可能还存在人力资本结构因素的作用。然而，我们注意到另一重要的原因是:各学者用以表示人力资本水平这一基础变量的指标差异极大。有的学者是设计潜在变量来间接测量人力资本水平的,有的学者是基于收入回报来测量人力资本水平的,有的学者是基于人力资本投资支出来测量人力资本水平的,更多的学者是基于受教育程度来测量人力资本水平的。这里将中国经济问题研究中用以表示人力资本水平的不同指标部分列示如下:

项　目	表示人力资本水平的指标及计算方法
周天勇(1994)	培养相应学历人口所需要的全部成本(包括培养成本和机会成本)额。 计算中,受教育程度划分为文盲、小学、初中、高中、大学、硕士、博士七级,每级学制设定为0、6、3、3、4、3、3年。
安格斯·麦迪森(1999)	加权的受教育年数。 权数为:初等教育为1,中等教育为1.4,高等教育为2。
沈利生(1999)	培养相应学历劳动力所需要的预算内教育事业经费总和。 计算中,学历层次分为大学、中学、小学三级,各级受教育年数设定为4、6、5年。
蔡昉(1999)	6岁以上人口的平均受教育年数。 设定受教育类别及各类实际受教育年数:文盲为0年,小学为6年,初中为9年,高中为12年,中专为13年,大专为14年,大学为16年。
李宝元(2000)	报告期的教育投入与卫生保健投资总和。 其中教育投入=教育经费支出+学生放弃的收入,卫生保健投资=卫生事业+卫生固定资产投资+医疗费用。
洪银兴(2000)	报告期财政对教育的投入。
蔡昉(2000)	16岁以上人口识字率。

侯亚非(2000)	在业人口受教育年数总和。 设定受教育类别及各类实际受教育年数为：大专及以上15年，高中和中专11年，初中8年，小学5年，文盲半文盲1年。
王金营(2001)	在业人口受教育年数总和。 设定受教育类别及各类实际受教育年数为：文盲半文盲2年，小学6年，初中9年，高中12年，大专14.5年，本科及以上16年。
王金营(2001)	(小学、中学、大专及以上三个层次的)学生在校学生率。(就人力资本的经济增长贡献所做的一项对中国和印度的比较研究)
王金营(2002)	劳动力平均受教育年数。 未指出平均受教育年数的具体计算标准，侯亚非与王金营合作的一项研究(2001)中也同样。
胡鞍钢(2002)	15—64岁人口受教育年数总和。 计算方法：总人力资本＝15—64岁人口×(大学人口比重×16＋高中人口比重×12＋初中人口比重×9＋小学人口比重×6)。
陆根尧(2002)	15岁以上人口的平均受教育年限。 未说明对受教育等级的划分及各级实际受教育年数的设定。
朱翊民(2002)	全部人口的平均受教育年数。 设定受教育类别及各类实际受教育年数为：文盲半文盲1年，小学5年，初中8年，高中11年，大学专科及以上15年。
胡永远(2003)	劳动力受教育年数总和。 依据推算的某一级教育毕业生存量乘以该级教育的受教育年限，再按普通高校为2，成人高校为1.6，中等教育(不含初中)为1.4，初中为1.2，小学为1的折算系数加权求和。

宋光辉(2003)	经过人口自然死亡率调整的15—64岁人口平均受教育年数。 设定受教育类别及各类实际受教育年数为：小学6年，初中9年，高中12年，大学16年。
徐小飞(2003)	财政用于文教科学卫生事业的支出额。
白菊红(2004)	劳均个人固定资产投资水平。 理由是：农业生产过程中，劳动力的人力资本水平越高，越有思路和胆识进行固定资产投资。(作者就方法论讨论中提出了复杂的人力资本存量计量模式，但分析中并未采用)
叶飞文(2004)	累计投资于各级受教育程度人口的人力资本投资总额。 其中人力资本投资包括国家对每个在校生的基建和事业经费、家庭对每个在校生的教育支出、每个在校生受教育期间人力资本再生产投入。
王小鲁(2004)	劳动者受教育的程度及教育的规模、专业技术人员和研究开发经费、科技成果的市场化程度。
赖明勇(2005)	就业人员的平均受教育年数。 各级受教育年数设定为：大专毕业16年，高中毕业12年，初中毕业9年，小学毕业6年。(类似于王小鲁2000年的一项研究)
胡鞍钢(2006)	当年公共教育支出和卫生总费用之和相当于GDP比例。
符宁(2007)	平均受教育年限。 明确“采用平均受教育年限来表征人力资本，根据《中国统计年鉴》各期提供的数据计算得出”，但未解释具体计算方法。
李平(2008)	高等教育的入学率。
谢申祥(2009)	中等学校及以上毕业生占就业人口比重。
洪银兴(2009)	劳动力平均受教育年限、各学历层次的劳动力比重。

指标概念和形式不同,相应的指标计算的范围、口径、方法也不同,指标水平及分布特征或动态趋势无疑也就有差异。我们以1995—2007年为例,分别运用洪银兴(2000)、蔡昉(2000)、赖明勇(2005)的方法测算中国人力资本水平,结果见图1-1、图1-2:

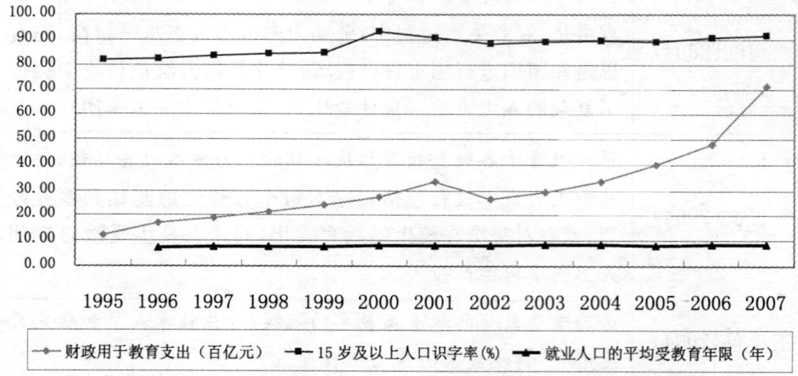

图1-1 全国1995—2007年相关数据

以洪银兴(2000)的方法代表基于人力资本投入观察人力资本水平,以蔡昉(2000)的方法代表基于教育成果的、用相对指标表征人力资本水平,用赖明勇(2005)的方法代表基于教育成果的、用平均指标表征人力资本水平,我们看到,无论是以全国为对象、从时间维度上观察,还是分省市、从横截面上观察,"财政用于教育支出"、"15岁及以上人口识字率"、"就业人口平均受教育年限"这三个变量所表达的人力资本水平均没有表现为基本的协变关系。

因此,即使人们就同一对象、依据同一样本、运用相同的计量

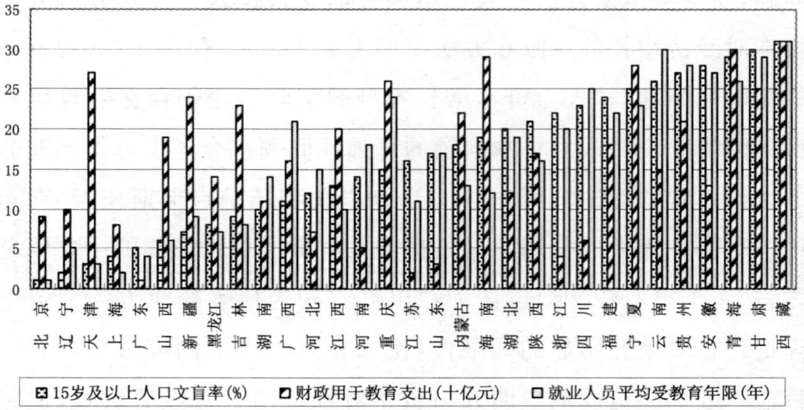

图 1－2　各省市 2007 年相关数据

模型开展研究，由于人力资本水平这一变量表达上的这种众说纷纭现象，也必然导致人力资本贡献率的估计差异极大。类似的现象也存在于人力资本与收入分配关系的研究，以及其他涉及人力资本因素的大量实证研究中。而在物质资本与人力资本的比较研究中，这种基于指标概念和形式不同而形成的人力资本水平差异将进一步表现为所估算的物质资本与人力资本之间的相对水平差异，进而影响人力资本与物质资本比较研究的相关结论，导致比较结论的不确定性（钱雪亚，2009）。事实是，由于学术界对人力资本这一变量水平本身计量的滞后，已经构成了对相关后续研究的制约和局限。

部分学者已经关注这一问题，如：李京文、张国初（1997）指出：尽管新经济增长理论已经解决了将人力资本引入经济增长模型的问题,使得类似于分析一般资本和劳动要素投入一样来分析人力资本对经济增长的贡献在方法模型上成为可能,但由于"人力资本的测度性问题","人力资本增长模型的实际运用仍存在着难以克服的障碍"——"人力资本问题的可加性问题迄今还没有得到充分的讨论,因而,无论乌所华(H. Uzawa)模型还是卢卡斯模型,在运用中均存在极大的限制。这是目前人力资本理论面临的主要问题之一"。李忠明(2000)也认为:"以舒尔茨为代表的西方人力资本理论存在着十分明显的局限性,比如在人力资本测度方面,……,目前一般都能定性地说明人力资本对经济增长有显著贡献,但定量分析作为人力资本研究中的难点问题仍未取得令人信服的实际成果。人们还是主要通过教育或工资来衡量人力资本的优劣,而这两种衡量方法的缺陷或弊端是显而易见的。"杨明洪(2001)认为:"尽管目前尚能定性地说明人力资本对增长有明显的贡献,但定量分析仍没有令人信服的结果。"王新华、剑平(2003)也指出:"研究者对人力资本定价问题的研究角度较为分散,没有形成统一的共识。从各个角度挖了许多'坑',但是'坑'普遍挖得不深,更没有形成一条通道向前延伸。理论研究在深入,但理论上和实践应用上存在重大脱节。"

詹姆斯·哈林顿指出:"度量是关键。如果你不能度量它,你就不能控制它。如果你不能控制它,你就不能管理它。如果你不能管理它,你就不能改进它。"事实上,有关人力资本实证研究的开展是相关理论研究得以深入和扩展的重要一面,而开展对人力资本水平的科学计量,获得系统的反映人力资本水平的信息和数据,则是进行实证研究的基本条件。

对于人力资本水平的计量问题，学术界有不同意见。部分学者认为人力资本是不可观测的、易变的，因而是不可计量的，但大部分学者则认为人力资本是蕴藏于劳动者人身的知识和技能，它是一个客观存在，有具体的物质内容，因而是可计量的。目前大量的基于人力资本因素的实证研究成果本身，说明了广大学者认同人力资本这一基础变量水平是可计量、可反映的。张军和章元(2003)虽然没有在其所测算的资本数据中包含除物质资本以外的其他资本形式，但从概念上将人力资本视为资本的一部分，研究中“关于人力资本存量的测算”正是作为资本测算中的五个关键问题之一来讨论的，只是由于“人力资本估算中的一系列棘手问题无法得到有效解决”而不得不放弃，但明确认为资本水平测算中“如何测算中国的人力资本也是值得继续研究的方向”。而杨明洪(2001)明确提出“人力资本测量问题是今后我们要解决的问题”。已有学者开展了人力资本水平计算估算的专门研究，如肯德里克(Kendrick，1974，1994)、张帆(2000)、孙景尉(2005、2006)等。

本研究以中国人力资本水平为研究对象，以人力资本理论为基础，根据社会各界对人力资本水平信息的需求特征，依据中国现有统计体系所能提供的基础数据支持情况，就中国人力资本水平的计量估算问题展开研究。其意义和价值体现在三方面：

第一，为宏观决策提供信息。理论研究和大量的经验分析表明，人力资本因素对社会经济发展的影响是全方位的。鉴于人力资本在经济增长和社会进步中的重要作用，各国都十分重视人力资本投资和积累。尤其对于发展中国家,人力资本保值、增值的重要性甚至不亚于市场化改革的重要性,比物质资本的保值、增值更为重要(施祖辉,1998)。许多发展中国家,经济的开放度和市场化程度已达到相当水平,但其社会经济的整体水平却仍处于较低层次,这说明经济体制仅仅是经济发展的必要条件而非充分条件,体制加国民素质才是经济发展的充分条件。日本和西德之所以在战后短短的几十年里从满目疮痍的战败国迅速发展成为世界的"科技大国"和"经济巨人",与这两国重视教育、重视人力资本投资密不可分。而相反,大多数发展中国家,在大量引进外资和技术的同时,却不同程度地遇到了人才流失问题,不能不说是发展中国家之所以发展缓慢的重要原因。人才的流失,"除了经济水平和体制问题之外,一个重要的因素是:尚没有建立较为完善的人力资本测度体系,对人力资本的存量和增量缺乏及时、有效的跟踪监测,从而使得有关人力资本的量化问题始终处在一个'黑箱'之内,得不到也缺乏有效的手段去获得有关的重要信息"(施祖辉,1998)。因此,发展中国家需调整战略,将人力资本的增值、保值提到更重要的位置。所谓"保值"就是要使人力资本不致流失和老化,从而使人力资本的价值总量不致减少;所谓"增值",是指通过不断的人力资本投入再生出新的人力资本,从而使人力资本的价值总量得到增加。而所有这些,都要求对人力资本的投资和积累、存量和增量实行及时有效的跟踪监测。

第二,为微观管理提供参考。微观部门(企业、单位)管理,从根本上讲是人的管理,如何"找到人、留住人、用好人"是微观部门管理的关键。所谓“找到人”和“留住人”，实质上就是寻求拥有数量更多和质量更高的人力资本的载体；所谓“用好人”则就是有效地激励人力资本的产权主体，充分运用其人力资本为雇主创造利益。从人力资源管理的角度看，“企业是一个人力资本与非人力资本共同订立的特殊市场合约”（周其仁，1996），在知识经济的今天，人力资本的地位大大超过了非人力资本，特别重要的是企业经营者的知识、经验、技能——企业家人力资本。企业家人力资本与企业家相依，在资源配置中的作用越来越大。经常可以看到这样的现象，企业还是原来的企业，只是变动了人员，更换了经理或厂长，企业就发生了显著的变化，或企业利润大增，或企业扭亏为盈。但凡经营业绩好的企业，必定有才能出众的企业家在较长时期内实行对企业的领导。可见一个好的企业家会对企业的资本、劳动力、土地等生产要素起到乘数的作用。事实上，市场竞争中所显示出来的企业间优势性差异，不仅仅是物质资本的差异，还有包括企业家在内的人力资本的差异。鉴于人力资本的这种特殊地位，人力资本定价，尤其是企业家人力资本定价的重要性得到了普遍的认同。有学者认为，中国的市场化改革在二十多年之后之所以仍未能解决国有企业缺乏活力的问题，社会主义市场经济体制之所以难以彻底建立，根本原因在于“忽视了企业家的作用，忽视了企业家激励约束机制的建立，更确切地讲，忽视了企业家人力资本定价制度的变革”（冯子标，2000）。又有学者（文宗瑜，2001）认为，深化企业产权制度改革的关键是实现产权多元化、投资主体多元化，具体来说就是要将产权清晰到自然人。将产权清晰到自然人，不仅仅是要通过资产出售或转让把实物资产产权清晰到拥有货币资本的自然人，而且还要通过依法量化人力资本，将人力资本产权清晰到拥有人力资本的自然人。为此，如何对企业家人力资本进行合理定价，如何对企业家人力资本、经营者人力资本、一般劳动者人力资本进行区别定价，学术理论界开展了广泛而深入的研究，提出了众多不同的计量模式和具体模型。然而，人力资本价格只是人力资本价值的外在表现，人力资本定价的基础是人力资本价值存量的大小，“人力资本定价就是评估、核算人力资本的内在价值”(杨同伟、马曙光，2003)。因此，对人力资本水平进行科学的计量和测度，可以为微观部门开展有效率的人力资源管理提供参考。

第三，为科学研究创造基础。从科学研究的角度看，有关人力资本存量水平的数据是新经济增长理论从理论模式到实证计量的基础。从早期阿罗(K. Arrow，1962)、乌扎华(1965)提出的知识、人力资本外生性模型，到后期罗默(1986，1989，1990)、卢卡斯(1988)建立人力资本内生性模型，新经济增长理论的发展为人力资本与经济增长关系的研究提供了有效的分析工具。但无论哪一个模型，其总量生产函数中的各生产要素，均是指实际投入到经济运行中去的要素水平，生产函数是描述生产过程中投入的生产要素的组合同它可能的最大产出量之间的依存关系的数学表达式，这里“投入的生产要素”是生产过程中发挥作用、对产出量产生贡献的生产要素。在罗默的两时期模型 $Q_i(t) = F[K_i(t), K(t), X_i(t)]$ 中，$K_i(t)$ 实质上就是 i 厂商特有的投入到生产中去的人力资本存量，$K(t)$ 则为全社会投入的人力资本存量；在罗默的两

部门模型 $Y=F_1(A,K_1,L_1,H_1)$，$A'=F_2(K_2,L_2,H_2)$ 中，H_1，H_2 就是已经积累起来、投入到经济运行中去的人力资本存量，也就是经济运行中的人力资本的实际运行量；在卢卡斯的 $Y_t=AK_t^{\beta}[u_th_tN_t]^{1-\beta}h_{at}^{r}$ 中，h_t 就是积累于工人身上的人力资本，这同样是人力资本要素存量的概念。显然，获取人力资本存量水平的数据是运用增长模型开展相关研究的前提。就这一点而言，虽然新经济理论为人力资本与经济增长关系的研究提供了相对严密的模型，但受制于对人力资本这一要素存量水平的计量测度问题，导致相关的实证分析事实上粗简得多。正如李京文、张国初(1997)指出的，“人力资本问题的可加性问题迄今还没有得到充分的讨论，因而，无论是乌扎华模型还是卢卡斯模型，在运用中均存在极大的限制”。显然，如果人力资本存量水平的计量问题能得以突破，则人力资本与经济增长关系的实证研究将更为客观、结论将更具价值。

本研究基于 2003 年完成的国家社科基金课题“中国人力资本水平统计研究”和 2007 年完成的“中国总资本水平及资本效率统计研究”两项成果开展工作，研究的目的和重点在于：理论上，从人力资本作为资本的一般性和人力资本区别于物质资本的特殊性出发，依据人力资本运动的阶段特征，努力理清人力资本水平估算的逻辑和思路；方法上，提出人力资本各层面、各维度水平估值的科学可行的方法，尤其是在一般资本核算的框架下讨论人力资本存量水平的估值方法问题，以期在人力资本与物质资本基本可比的前提下描述和反映人资本水平；实证上，给出一套有关中国人力资本水平的估算结果，从数量和效率两方面对近年来中国经济发展中的人力资本投资水平、人力资本积累水平、人力资本运行水平做出初步反映，为决策管理提供信息参考。

研究的基本逻辑结构如下：

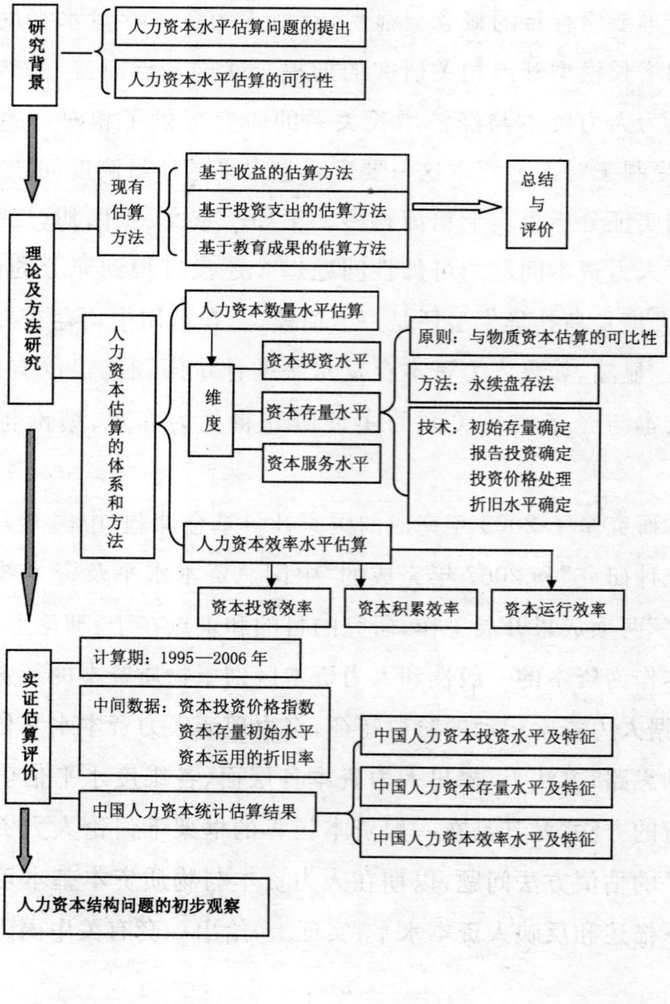

第二章

人力资本水平估算问题的提出

任何理论，从思想萌芽到理论范式形成，再到科学的定量处理，都是一个渐进、发展、升华的过程，人力资本理论与人力资本水平的计量也一样。人力资本理论的形成和完善，使人力资本水平计量有了明确的对象和目标，人力资本理论应用的日益广泛使人力资本水平计量显得重要和迫切。人力资本水平计量，从根本上讲就是依据人力资本的内涵和特点，用科学的方法对人力资本水平做出计量估值，满足社会各界对人力资本信息的相关需要。

一般认为，人力资本理论兴起于 20 世纪五六十年代，西奥多·W. 舒尔茨（T. W. Schults）于 1960 年在美国经济学会年会上的关于人力资本的系统阐述是人力资本理论诞生的标志。但是，关于人力资本的思想最远可以追溯到 17 世纪威廉·配第的学说，而人力资本水平的计量问题正是伴随人力资本思想的完善、人力资本理论范式的形成、人力资本理论运用领域的不断拓展而逐渐受到关注并重视的。

2.1 早期的人力资本思想及人力资本水平测量研究的有限性

早期人力资本思想的代表主要有威廉·配第(W. Petty)、亚当·斯密和阿尔弗雷德·马歇尔。

威廉·配第注意到了人的"技艺"的作用,他将人的"技艺"列为除土地、物力资本和劳动以外的第四个特别重要的要素,认为具有"技艺"的人在劳动过程中创造的价值比没有"技艺"的人要大。这被认为是首次严肃地运用了人力资本理念。并且,威廉·配第还估计了英国人口的货币价值,用以分析比较各国的国家实力以及由于战争、瘟疫造成的人口死亡和迁出带来的损失。他的基本结论是:英国人——包括男人、女人、儿童——的平均货币价值为80英镑,其中成年人的价值为儿童的两倍。①

亚当·斯密视"社会上一切学到的有用才能"为"不必经过流通、不必更换商人,即可提供收入和利润"的"固定资本"之一。他指出,"学习一种才能……所费不少",而在学习中"费去的资本,好

---

① 参见 W. Petty, 1690. *Political Arithmetick*, 转引自 C. Dagum, D. Slottje, 2000,"A New Method to Estimate the Level and Distribution of Household Human Capital with Application", *Structural Change and Economic Dynamics*, Vol.11, pp. 67-94。

像已经实现并且固定在学习者的身上";"这些才能对于他个人自然是财产的一部分。对于他所属的社会,也是财产的一部分"。亚当·斯密(1972)明确了人们学习有用的技能是一种投资活动,为学习所花费的费用是"可以得到偿还、赚取利润"的。

亚当·斯密的这一思想在大卫·李嘉图和J.B.萨伊的研究中得到了更明确的解释。大卫·李嘉图认为:一个国家全体居民所有后天获得的有用能力是资本的重要组成部分,因为获得能力需要支付一定的费用,所以可以看作是在每个人身上固定的、已经实现了的资本。J.B.萨伊也指出,由于人的技艺和能力的形成需要花费成本,并可以提高劳动的效率,因此可以将其视为资本。

阿尔弗雷德·马歇尔(1964)主要关注教育的经济价值。他指出"优良的教育,即使对于普通工人也予以很大的间接利益。……它是物质财富生产上的一个重要手段;同时,即使它被看作是为了本身的目的,它也不比物质财富的生产所能促成的任何事情更为低劣"。因此,他建议对于"高级熟练的技术工人"、"可能在艺术和文学上增加国民财富的那些人""要更加予以重视"。

早期的这些思想充分肯定了人的能力在财富创造中的作用,明确了对人的投资的重要性、必要性及其性质,但并没有关注对人的能力的度量,也没有关注对人的投资的度量。虽然威廉·配第估算了英国人口的货币价值,但估算的方法是比较粗糙的,当然估算的目的本身也并不是度量当时的人力资本价值。类似的还有W.法尔(W. Farr,1853)为征税对英国农业工人的价值的估算,E.恩格尔(E.Engle,1883)为研究家庭预算对德国低、中、高各阶层人口价值的估算等。而马歇尔虽然明白了"一个伟大的工业天才的经济价值，足以抵偿整个城市的教育费用，因为像白塞麦的主要发明那样的一种新思想所增加的英国的生产力，等于十万人的劳动那样多"，但他仍然没有去关注对人的投资的数量，没有去关注受到各类教育的人的相应货币量。

为什么人的价值、技艺的价值以及对人的投资的重要性等等都被认识了，但就这些方面的数量水平的研究却被忽视了呢？其原因在于：当时经济的发展仍然停留在以物质投资为主导的阶段，作为现实的反映，理论的研究就不可避免地受制于现实的牵绊。经济大师们虽然在论著中有人力资本思想的萌芽，但是基本上都将之放在从属于物质投资分析的地位。更确切地说，当时的经济学大家只是将这一思想作为一种理论分析的点缀，没有形成系统的分析和阐述。事实上，即便有人在当时能够做出系统的分析，也会被主流的物质投资分析所排斥。

理论范畴尚且不明，科学的度量更未受到关注。因此，在早期经济研究中，人力资本的思想虽然已经被大师们所认识和认同，但对它施以科学的统计和计量，似乎没有"必要"。阿尔弗雷德·马歇尔甚至认为，"以一种抽象的和数字的观点来看，无可否认人是资本，但是，在实际分工中把他们当作资本，与市场的实际情况是不相符合的"。

2.2 人力资本理论的成熟及人力资本定量研究的开展

人力资本理论范式的形成约在20世纪五六十年代，它是在一系列现实经济难题的挑战下诞生的。二次大战期间，西欧国家和日本的许多城市毁于一旦，物质资本如厂房、道路、港口等受到了极大的破坏，但战后其复兴和崛起的速度出乎人们的意料。当然从传统经济学角度来看，可以用物质投资的增加（包括外资的援助）导致产出水平的提高，进而提高收入水平、恢复经济的理论来解释。但是，为什么同样也有大量外国物资和财政援助的绝大多数发展中国家的发展速度却差强人意呢？这是用传统理论无法解释的。同时，发达国家在计量和比较了物质资本投资增长速度和经济增长速度以后，发现了一系列令人困惑的现象。以美国为例，美国的产出增长率远远高于生产要素投入的增长率，而根据传统的增长理论，二者应该是相等的。再如，美国著名的经济学家S.库兹涅兹(S. Kuznetz)在对美国资本形成的研究中发现，在经济增长的同时，其资本形成的速度却在下降，也就是说，相对于国民收入的上升，美国的净资本形成在下降。此外，还有"里昂惕夫之谜"、"工人收入增长之谜"、"个人收入分配平均化趋势之谜"等。这些谜团的出现向传统经济学核心思想和理论基础发出了挑战，又为经济学新的发展创造了机遇，人力资本理论应运而生，世人终于将目光逐渐聚焦到这一特殊的、具有不可替代性的、非物质的资本形态。自此，"人力资本"概念开始在学术界崭露头角，逐渐形成了一股人力资本研究的热潮。

在这期间，许多经济学家做出了重要贡献，其中最杰出的是舒尔茨、明瑟和贝克尔，他们为人力资本理论的形成做出了开拓性的贡献。

舒尔茨(1992)提出了人力资本的理论体系,其基本思想包括:第一,人力资本是通过投资而形成的有用能力。为了获得这种有用的能力,人们必须要承担其所消耗的费用和所必须花费的时间价值,而通过这种投资行为所获得的有用能力便构成了人力资本。第二,人力资本投入对人类社会的进步具有决定性的作用。“人力资本的增长无疑已经明显地提高了投入经济奋飞过程中的工作质量,这些质量上的改进也已成为经济增长的一个重要源泉。”第三,人力资本的取得不是无代价的,其成长过程需要消耗各种稀缺资源,人力资本投资是人们获得知识、能力和素质所必须付出的各种货币形态的开支,人力资本是投资的结果,通过教育、培训这样一些培育过程来取得。因此并不是一切人力资源都是最重要的资源,只有通过一定方式的投资(特别是以教育、培训方式进行的投资),掌握了知识和技能的人力资源才是一切生产要素中最重要的资源。第四,人力资本的“有用性”体现在未来收益上。人力资本投资的收益率要远远高于其他生产要素的投资回报。舒尔茨在分析美国国民收入时指出,在迄今为止未被说明的劳动工资增量中,有36%—70%是工人增加教育的收益,“工人平均实际工资的显著增长,大部分来自这种向人力资本的投资”。他说,教育投资的消费部分之实质是耐用性的,甚至比物质的耐用性消费品更加经久耐用。“教育投资的收益与非人力资本投资的收益相比则具有更大的吸引力。”第五,人力资本投资的核算集中体现在人力资源身上的知识、技能、资历、经验、工作熟练程度等因素。当人的素质既定后,人力资本则可以再现为从事工作的总人数以及劳动力市场上的总工作时间。舒尔茨说“作为人力资本投资的结果，人力资本部分已经变得非常巨大”。

与此同时，舒尔茨运用人力资本概念分析了战后发达国家经济增长中出现的用传统资本理论无法解释的三个事实，得出了自己的人力资本结论：(1)人力资本的增长不仅比物力资本增长快，而且比收入增长都快；(2)根据统计资料，国民产量的增长比土地和按人时计算的劳动量以及能再生产的物质资本的增长更大；(3)战后发达国家工人工资的大幅度增长，是由于人力资本投资所致，尤其是教育、培训的作用。最基本的资源是人而不是自然提供的。一切经济发展的关键因素都是从人的头脑中产生的。因此，教育、培训是一切资源中最重要的资源。他主张“把教育当作是一种对人的投资，把教育所带来的成果当作一种资本”，“因为受过教育的劳动力比没有受过教育的劳动力更容易获得恰当的经济信息，由这种优势所造成的收益可能就会属于受过教育的人”。舒尔茨的分析有力地证明了人力资本在经济增长中所起的决定性作用：一国人力资本存量越大，人口素质越高(人口受教育程度、科技文化水平和生产能力越高)，就越有可能导致人均产出或劳动生产率的提高。这是因为人力资本本身具有收益递增的重要特点，人力资本还会导致其他物力资本生产效率的改善。它可以通过提高劳动者的技能、技术操作的工艺水平，增进物力资本的使用效率。而且，人力资本的不断积累和发展，也可以直接推动物力资本的不断更新。可以说，人力资本是经济增长的原动力。

舒尔茨第一次就人力资本思想做了系统阐述，这一系列阐述为人力资本水平的计量提供了理论基础。尤其是舒尔茨对教育投资的估算,为人力资本水平计量提供了一个理想的范式。舒尔茨分三步估算美国1900—1956年教育投资总量:

首先,估算教育的机会成本——学生为了上学而放弃的收入,其方法是:"以1949年为基础年份,按该年的标准来确定4个年龄组中每一组的男女青年每周的'收入'钱数,再根据下面这一假设计算出学生所放弃的收入总数,即平均来看,他们放弃了40个星期的这种'收入',然后再用美国制造业工人挣得相同收入的周数来表示。"结果如下表所示:

表2-1 1900—1956年间学生所放弃的年收入

(单位:美元)

年份	中学		大学	
	未调整过	为失业而调整过	未调整过	为失业而调整过
1900	92	84	209	192
1910	118	113	269	259
1920	287	275	653	626
1930	256	224	581	509
1940	277	236	630	537
1950	653	626	1 483	1 422
1956	881	855	2 003	1 943

其次,舒尔茨分别估算小学、中学、大学的教育投资直接成本,如下表所示:

表 2－2　1900—1956 年教育投资直接成本

（单位：百万美元）

年份	1900 年	1910 年	1920 年	1930 年	1940 年	1950 年	1956 年
小学	233	450	967	1 947	1 810	4 219	7 853
中学	19	50	215	741	1 145	2 286	4 031
大学	40	81	184	535	742	2 128	3 500

资料来源：根据舒尔茨“教育资本构成”一文（载：《论人力资本投资》）中的表 3、表 4 整理而得。

最后，舒尔茨根据各级受教育的学生数汇总间接成本和直接成本得到 1900—1956 年美国教育投资总成本，如下表所示：

表 2－3　1900—1956 年教育投资总成本

（单位：百万美元）

年份	1900 年	1910 年	1920 年	1930 年	1940 年	1950 年	1956 年
小学	233	450	967	1 947	1 810	4 219	7 853
中学	81	180	937	1 870	2 905	6 492	10 944
大学	90	182	595	1 151	1 624	6 287	9 903
合计	404	812	2 499	4 968	6 339	16 998	28 700

注：总成本为学生放弃的收入、直接成本和其他成本之和。按原文注释，其他成本是指：有关学生的书籍、后勤、额外添置的衣物以及往返上学路费等开支等，按学生所放弃的年收入的 5%计。

资料来源：根据舒尔茨“教育资本构成”一文中的表 3、表 5、表 6 整理而得。

明瑟的研究主要集中于人力资本水平与收入之间的关系,他在1958年发表了《人力资本投资与个人收入分配》一文,首次尝试建立了揭示个人收入分配与其接受培训量之间关系的经济数学模型;其后,在《在职培训、成本、收益与某些含义》一文中,又根据对劳动者个人收益差别的研究,估算了美国对在职培训的投资总量和在这种投资上获得的私人收益率。明瑟还是最早提出"收益函数"的经济学家之一,他用收益函数深入研究了劳动者收入差别与接受教育和获得工作经验年限之间的关系问题。但是,明瑟同样没有在人力资本的数值估算方面进行有成效的研究。事实上,他是试图回避人力资本本身的估值,而只得到收入函数的模式规定,这种收入函数是根据不同的学习年数加上一个在数学上计算方便但与实际不符的有争议的假设条件得到的。

与舒尔茨侧重于宏观研究不同,贝克尔(1972)的人力资本理论侧重于微观分析。他以经济人、市场均衡和稳定偏好三个假设为基础展开对人力资本投资行为的分析,认为:一般情况下,只有当预期收益的现值至少等于支出的现值时,人们才愿意做出投资于教育和培训的决定。也就是,人力资本投资的条件是投资的边际收入等于投资的边际成本。贝克尔对培训问题也进行了深入研究,认为培训包括一般培训和特殊培训两种:使被培训者获得一般性用途的知识技能的培训为一般性培训,这种培训应该由被培训者自己付费;"能更大地提高提供培训企业生产率的培训"为特殊培训,特殊培训应由培训者付费。

贝克尔的研究弥补了舒尔茨对微观研究不足的缺点,并将人力资本理论与收入分配更紧密地结合起来。他在明瑟的基础上进一步发展了明瑟的收益函数，在一系列的简化假设下建立了一个以受教育年数和学习完成后在人力资本上的投资为自变量的收入函数：$\log E_t = \log E_0 + \gamma S + \rho P_t$，式中 E_t 代表收入，S 代表受教育年数，P_t 为学业结束后在人力资本上的净投资，E_0 为原始收入，即在未接受教育和没有后续人力资本投资时的所得，E_0、γ、ρ 均为待测算参数。贝克尔运用这一函数对多项人力资本投资的收益进行了计算。

贝克尔建立的人力资本理论框架强调了微观研究，并且在明瑟的基础上进一步突出了对人力资本的定量分析。但是，与舒尔茨、明瑟一样，贝克尔的定量研究局限于人力资本的投资收益，并且在研究中通过一系列的假设将人力资本本身价值的度量做了最简化的处理，由此回避了人力资本本身的估值问题。

这一时期有关人力资本研究有较突出贡献的还有丹尼森等，丹尼森就舒尔茨的教育对美国经济增长的贡献率做了修正，将经济增长的余数分解为规模经济效用、资源配置和组织管理改善、知识应用上的时滞效应以及资本和劳动力质量本身的提高等，从而论证出 1929—1957 年间的美国经济增长中，23%的份额归属于美国教育，而非舒尔茨所指的 33%。

可以说，舒尔茨、贝克尔的研究建立起了人力资本的理论体系，这一体系为人力资本水平的计量提供了理论基础，同时，舒尔茨对教育投资水平的估算以及大师们关于人力资本收益率的研究，为人力资本水平计量提供了一种有价值的范式。尽管大师们并没有系统地关注人力资本本身的计量估值，或者说在他们的大部分研究中回避了人力资本估值这一十分复杂的命题，但这是新思想、新理论发展的正常轨迹。任何理论从萌芽到发展到基本范式的形成需要一个过程，而要在理论范式的基础上走向科学的量化则又是另一次飞跃。

2.3 人力资本理论应用领域的拓展和人力资本水平估算问题的提出

自20世纪五六十年代人力资本理论体系形成后，到20世纪八九十年代人力资本理论得到了更为广泛和深刻的关注。一方面，经济学家乌扎华、罗默、卢卡斯等分别提出了将人力资本作为独立内生变量的新经济增长模型。以此为标志，人力资本理论在经济增长领域的应用发展到了一个崭新的高度。另一方面，发展经济学家进一步将人力资本理论应用于研究发展中国家的经济发展问题，开始质疑物力资本的战略作用，转而重视对人力资本功能的研究。与此同时，内生决定收入分配模式成为个人收入分配理论发展的两大主线之一，人力资本理论与生命周期理论等一起，成为解释个人收入决定以及收入差异形成的主要理论基础。

此外，人力资本在许多边缘学科、交叉学科或新兴学科的研究领域中也得到了广泛的应用。所涉及的学科包括教育经济学、人口经济学、劳动经济学、医疗卫生经济学、环境经济学、区域经济学、城市经济学、管理经济学、交易费用经济学、产权经济学等。研究的领域十分广泛(王建民,2001)。

理论研究的不断深入,为人力资本水平计量提供了依据和基础,人力资本应用领域的不断拓展,则对人力资本水平计量提出了客观要求。尤其是人类社会正迅速步入一个以智力资源占有、配置,知识的生产、分配、使用为最重要因素的知识经济时代,知识经济实质上是依托高智能人力资本推动智能工具进行知识创新的经济活动过程,拥有综合性知识和专业化人力资本的"知识劳动者"借助数字网络化的通信系统,把自己的编码化知识不断转化为新的编码化知识,这将成为社会再生产的基本过程和经济持续增长的主要路径。在这一知识经济时代,人力资本要素的数量和质量及其营运效率,将是决定区域间竞争实力的关键所在。在这样一个理论背景和时代背景下,人力资本水平的计量问题受到了关注和重视。

国外有学者如乔根森和佛美尼(Jorgenson and Fraumeni,1989)、麦克勒姆(Macklem,1997)、诺德豪斯和托宾(Nordhaus and Tobin,1972)、肯德里克(1974,1995)、拉罗什和梅雷德(Laroche and Mérette,2000)等等,纷纷提出有关人力资本估值的方法论思想,相关的实证研究也取得了不少成果。国内学者也开始呼吁开展人力资本统计和核算,如万德梅关于建立人力资本核算体系的讨论(1998),李燕萍关于重视人力资本统计的讨论(1998),张文贤关于人力资源会计制度的设计(1999),郭玉林(2002)关于隐性人力资本价值的研究,张帆(2000)关于中国人力资本存量的估计,朱平芳和徐大丰(2007)关于中国城市人力资本的估算,以及大量包含人力资本因素的实证研究对人力资本水平的测量等等,人力资本水平的统计估算问题事实上已成为人力资本研究的又一重要课题。

2.4 关于人力资本水平估算的可行性

人力资本是一国经济发展的重要动力,关于人力资本的数据和信息是决策管理的重要依据,这些已经得到了普遍一致的认同。然而,关于人力资本水平的计量处理,尤其是关于特定时点的人力资本的存量水平的计量处理,理论学术界仍有不同的看法。

部分学者认为,人力资本是不可观测的、易变的,因而是不可计量的。朱舟(1999)认为,“在所有具有高度发达的金融体系的市场经济中,其资本市场都实际履行了物质资本的风险定价功能”,但“人力资本的风险定价问题在目前的市场条件下无法解决”。焦赋龙(2000)认为,“对于企业家型人力资本而言,它只有在面对不确定事件时,才能体现出来”,而崔建华(2002)强调企业家人力资本由于其“反复性、间接性和不确定性特征”是难以定价的。冯子标(2000)也强调人们“难以观察到一个主体人所拥有的人力资本数量和质量”,虽然通过考试制度、技能鉴定、经历和长期的观察可以从侧面了解一些信息,但是“由于考试制度本身的缺陷,如过于依赖考试者当天的状况等,使得其很难真正起到表现人力资本数量或质量的功能。且技能鉴定又由于鉴定方法难以科学化,也很难真实反映拥有的人力资本数量,而技能鉴定也只对技能型人力资本有效，而对于高层次的人力资本——管理型人力资本和企业家型人力资本则无法鉴定”，因而人力资本的一大特征是“不可视性和难以度量性”，并举全国足球联赛中风行的“炒教练风”为例以印证人力资本的不可视性和不可观察性。

诚然，人力资本不像物质资本一样可直接观察，且人力资本在很大程度上取决于个人意志。对具有不同意志力的人进行相同的人力资本投资，可能获得不同的人力资本积累，同样的人力资本，由于个人意志的差别，在发挥作用时也会有不同的收益，因而，人力资本相对于物质资本有更大更强的伸缩性，这种伸缩性确实构成了对人力资本计量的实际障碍。然而，人力资本——蕴藏于劳动者人身的知识和技能存量，它有具体的物质内容，它是一个客观存在的实体。既然如此，人力资本计量就具有明确的对象，所要解决的仅仅是方法问题。因此，我们认为，人力资本水平的计量不仅是重要的，也是可行的。人力资本水平计量的可行性主要体现于以下三方面：

首先，人力资本有其具体的实体内容，这是计量的基础。

一般认为，人力资本是蕴藏于劳动者人身的健康、知识和技能。即便有些学者进一步认为劳动者的情商、道德，甚至还有创新精神、企图心、对风险的态度等也属于人力资本范畴，人力资本仍表现为一种客观存在，它有具体的、特定的内容，这一具体的、特定的内容正是对人力资本水平开展计量评价的基础。

虽然，人力资本的具体内容隐藏于人身，不可直接观察，但它可以被间接地推断。一方面，人力资本是通过人力资本投资形成的,而人力资本投资的水平显然是可观察、可计量的。舒尔茨(1992)将人力资本投资定义为五类支出,贝克尔(1987)也对人力资本投资有明确的定义,其他学者虽然有不完全相同的观点,但基本上在舒尔茨和贝克尔的框架下,涵盖的范围大同小异。既然人力资本投资是可定义、可观察、可计量的,则在大多数条件下,投资越多,积累越多,存量越高。也就是,我们可以通过观察计量人力资本投资水平实现对人力资本存量的计量,这显然是可行的。另一方面,人力资本虽然是隐蔽的,但必然会有显性的表现,这就是人力资本载体在其生产活动过程中所表现出来的各种能力,无论是舒尔茨划分的五类能力,或其他学者如李忠明(1999)划分的四类能力,这种能力的大小事实上是可观察的,并且可以通过运用这种能力而实现的产出(贡献)多少进行计量。因而,依据决定于能力高低的产出(贡献)多少对人力资本存量水平做出计量估计,理论上也是可行的。此外,人们受教育越多,一般条件下,积累的知识也越多,拥有的能力也越强。从受教育程度也可以对人力资本存量做出一个大概的推断。目前各单位员工招聘中普遍重学历的现象,本质上也就是认可受教育程度与一个人的人力资本水平高度相关。既然人力资本有其存在的具体内容,则对它计量和测度事实上是可能的。正如戴亦一(1999)认为的,人力资本尽管在统计估算上具有比有形物质资产更加困难的地方,但是要对其进行价值计量仍然是可能的。这不仅体现在有关人力资本投资的成本(如教育、培训、招聘、保险、工资与福利等)是完全可以客观计量的,而且,日益完善的现代经济增长理论与模型,也为人们客观估算人力资本在经济活动中的贡献提供了技术支持。

其次，基于人力资本因素的大量实证研究成果，间接地表明了人力资本水平这一基础变量的可计量性。

如前所述，随着人力资本理论的日趋成熟，人力资本应用领域正不断拓展，涉及人力资本的相关实证研究也广泛开展。

仅从人力资本与中国经济增长的关系看，人们观察计量人力资本要素对中国经济增长的贡献，取得了十分丰富的成果。周天勇(1994)用培养相应学历人口所需要的全部成本表示人力资本存量，估算出 1952—1990 年间人力资本增加对经济产出的贡献为 22%。类似地，盛乐(2000)估计得出人力资本对 GDP 增长的贡献率全国为 23.1%(1982—1996 年)，浙江为 20.5%(1978—1995 年)。沈利生、朱运法(1999)构建了一个包含 129 个方程的大型宏观经济模型，从多角度计量模拟了人力资本对经济增长的贡献。梁昭(2000)采用 C－D 生产函数模型估计 1981—1995 年间中国经济增长中人力资本的贡献份额为 15%。李宝元(2000)运用多元线性回归方法，估计了 1978—1996 年间中国人力资本的贡献情况。洪银兴(2000)运用多元回归方法，估计得出教育投入的产出弹性为 3.902 5。蔡增正(1999)运用菲德(Feder，G.)模型，利用 86 个国家和地区的数据考察了 1965—1990 年间教育对经济增长的全部作用的贡献(每增加 1 个单位的教育投资所能增加的 GDP 额)和外溢作用的贡献(教育投资增长 1%所导致的非教育部门的增长率)。徐小飞(2003)也采用 C－D 生产函数模型估计 1987—1998 年期间中国东、中、西部的人力资本产出弹性分别为 0.632 1、

0.705 4、0.474 6,均大于相应的物质资本的产出弹性。周英章(2002)等运用恩格尔-格兰杰协整检验法和格兰杰因果关系检验法,检验分析了教育投入与经济增长之间的关联效应,证明中国的教育投入与经济增长存在着正向的互馈关系,教育投入的经济增长弹性为0.976。李玲(2003)运用苏联学者斯特鲁米林、科马洛夫、科斯塔扬的劳动简化法,估计得出我国1978—1998年间教育对经济增长的贡献率为31.51,教育投资的贡献度为0.152。安格斯·麦迪森(1999)用平均受教育程度(年数)表示劳动力素质(人力资本),分析中国1952—1978年、1978—1995年两个时期经济增长的因素,并与日本、美国、韩国做了比较。类似地,陆根尧(2002)运用普适生产函数,估计得出1982—1990年间,中国经济增长中人力资本的产出弹性为0.318 6,人力资本要素对经济增长的贡献份额为22.7%。董栓成(2002)运用与陆根尧几乎相同的思路和方法,估计出中国经济增长中的人力资本贡献份额为24%。蔡昉(1999)在其“中国经济增长可持续性与劳动贡献”一文中用“6岁以上人口的平均受教育年限”表示生产函数中的人力资本存量,估算得出1982—1997年中国经济增长的23.7%来自人力资本要素的贡献(其绝对量等于年平均增长1.9个百分点)。朱翊民(2002)分析了广东省及其所辖各市人力资本在经济增长中的贡献。宋光辉(2003)分析认为,“从总体上讲政府财政教育支付、平均受教育程度对经济增长似乎没有显著作用”。闫淑敏(2002)运用代数运算估计认为,教育对西部第一、第二、第三产业的增长贡献份额(1982—1995年)分别为27.8%、24.3%、55.0%。蔡昉

(2000)用16岁以上人口识字率表示人力资本水平,运用萨拉－伊－马丁(Sala-i-Martin)模型进行回归,研究初始人力资本存量及其他相关因素对地区经济增长差异变化的影响。类似地,王金营(2001)估计比较了中国与印度经济增长中人力资本投资作用的差异。崔玉平(2000)估计得出“我国1982—1990年间国民生产总值年平均增长率9.58个百分点中,有0.847个百分点是由教育带来的,所占份额为8.84%……其中高等教育的贡献率为0.48%”,并将结果与贝克尔、威廉·E.刘易斯和R.达雷尔(编)(Becker,Willian E. & Lewis, Darrell, R. Eds.)估计的西方六国的数据做了比较。侯亚非(2000)用不同学历层次累计的“受教育年数总和”(即“人年”指标)表示人力资本因素,估计得出1978—1998年中国经济增长中人力资本贡献率为21.899 7%。类似地,王金营(2001)估计了1978—1998年间中国人力资本对经济增长的实际贡献。胡永远(2000)估计认为,人力资本投入的产出弹性趋于上升,人力资本存量对产出增长的贡献率(1978—1998年)为14.6%。周晓和朱农(2003)分析1989—1995年人力资本对中国农村经济增长的影响,认为“人力资本投入对中国农村经济增长具有重要的促进作用”。

近年来,人力资本因素进一步被运用以解释更宽的社会经济现象,如陈晓光(2005);邢春冰(2005);赖明勇、包群、彭水军、张新(2005);张车伟(2006);刘精明(2006);郭庆旺、贾俊雪、赵志耘(2006);李锦、薛江炤(2006);郭国峰、温军伟、孙保营(2007);刘安国(2008);陶长琪、徐晔(2008);彭旸、刘智勇、肖竞成(2008);张车伟、薛欣欣(2008);王小鲁、樊纲、刘鹏(2009);郭剑雄、李志俊(2009)。

显然,基于人力资本上的各类实证研究是以对人力资本水平的统计估算为前提的,在上述人力资本与中国社会经济发展关系的研究中,人力资本水平无疑是其中重要的基础变量之一,生产函数(经济增长模型)描述的就是生产过程中投入的生产要素水平与其可能的最大产出之间的依存关系。

学者们既然已经普遍认同和接受运用适当的生产函数计量模拟包括人力资本在内的各种经济要素对经济增长的贡献,以此为宏观经济决策提供依据,那么,人们也就同样认同和接受了上述研究中所运用的基础变量——人力资本水平的表示方式和相应的变量水平。因此,涉及人力资本的大量的实证研究成果本身也为人力资本水平的可计量性提供了有力的佐证。

第三,人力资本水平的计量研究已经取得了一些初步进展。

国外,如 W. D. 诺德豪斯和 J. 托宾(1972)、J. W. 肯德里克(1976,1994)等,提出了从投入(历史成本)角度计量人力资本水平;D. W. 乔根森和 B. M. 佛美尼(1989),R. T. 麦克勒姆(1997),C. 戴甘姆和 D. 斯罗杰(C. Dagum and D. Slottje,2000),黎氏文郑、约翰·吉布森和莱斯·奥克斯利(Le Thi Van Trinh, John Gibson and Les Oxley,2005),维塔迪尼和洛瓦利奥(Vittadini and Lovaglio,2007),P. G. 洛瓦利奥(P. G. Lovaglio,2008)等,提出了从产出(未来收益)角度对人力资本水平进行考察;R. J. 巴罗(R. J. Barro,1991)、C. B. 马利根(C. B. Mulligan)、萨拉-伊-马丁

(1997)、M.拉罗什和M.梅雷德(2000)、比尔斯和克莱诺(Bils and Klenow,2000)等,主张以指数(相对数)的形式对人力资本水平做出反映,等等,已经取得了较多的成果。

国内尽管在关于人力资本与经济增长关系的实证研究、人力资本与收入分配的实证研究中频频涉及人力资本水平的估算,但针对人力资本本身水平估值的专项研究开展得相对较晚,张帆(2000)区分狭义概念(教育资金、文艺支出、卫生支出等投资形成的人力资本)和广义概念(指狭义人力资本加上把儿童抚养到15岁所花费的消费支出所形成的人力资本),分别估算了中国1953年、1978年、1995年三个年度的人力资本存量;胡鞍钢(2002)就中国1980—2000年的人力资本水平做了专门估算,他用劳动力受教育年数总和表示一国人力资本水平,认为“过去20年(1980—2000)中国总人力资本存量翻了一番,占世界总人力资本存量的比重高达1/4,已经从世界人口大国成为人力资本大国”;钱雪亚(2004)基于国家哲学社会科学课题“中国人力资本水平统计研究”成果,估算了全国及各省市1995—2001年的人力资本水平。到目前为止,由于人力资本要素的重要性和特殊性,人力资本水平的统计估算值问题在国内也受到了广泛关注,近两年来,这方面的研究成果日益丰富,如:王德劲和刘金石(2006)、张慧和张书军(2007)、朱平芳和徐大丰(2007)、陈真真(2008)、刘发跃和谢龙(2008)、钱雪亚和王秋实(2008,2009)、钱雪亚和徐文晔(2009)、孙旭和颜敏(2009)、向钧和薛新伟(2009)等等。这些方法和思路的提出,充分证明人力资本水平是可估计、可测量的。

我们不回避人力资本水平计量的复杂性，并且这种复杂性决定了人力资本水平的计量不可能企求精确。但是，鉴于人力资本对社会经济发展的重要性，鉴于对人力资本水平反映的必要性和实践意义，就一国（地区）人力资本水平做出基本客观的描述和反映仍然是重要而迫切的，并且也是可行的。

第三章

人力资本水平估算的已有方法及评价

关于人力资本水平估算方法的讨论，学界主要关注的是人力资本存量水平的估算方法。人力资本投资的结果是形成一定数量的人力资本积累，这一积累的多少就是人力资本存量水平。

与人们对人力资本投资认识的相对一致不同，人们就人力资本积累的理解存在较大的差异，基本一致的看法是：通过人力资本投资形成的、积累蕴藏于劳动者人身的健康、知识和技能属于人力资本。但除了健康、知识和技能，对于情商、协同力等是否属于人力资本存在较大争议，这种争议直接体现为对人力资本存量估算对象和范围的争论。即便撇开有争议的内容而只观察知识和技能部分，人力资本存量水平的估算仍然是复杂的。迄今为止，关于人力资本存量的专题研究，无论是方法论方面还是实证估算方面均不多。但是,在人力资本与收入分配、人力资本与经济增长、人力资本与社会进步等相关的实证研究中,人力资本存量水平作为一个基本因素和基础变量,其估算问题还是被频频涉及。总结散见于这些研究中的内容,人力资本存量水平的估算方法大致可以归为四类,其中前三类是主要和常见的(钱雪亚等,2003)。

3.1 基于人力资本收益的估算方法

基于人力资本收益的方法,也就是根据人力资本所能获得的当期回报或未来收益水平,估算人力资本存量的多少,我们暂且将之称为收益基础法。其基本思想是:人力资本的货币价值等于每年预期收益的现值总和,其隐含的基本假设是:人们收益的多少取决于其拥有的人力资本水平的高低。

1.国外的相关研究

收益基础法的思想最早源于威廉·配第(1690)关于瘟疫、战争、屠杀和人口迁移对一国实力所产生影响的估算。威廉·配第估算了当时英国的国民收入(4 200万英镑)和财产收入(土地租金800 万英镑、利润 800 万英镑),将二者之差作为人力资本并以永续不变的利率 5%贴现,以此估计得到人力资本总值为5 200万英镑,人均 80 英镑。当然,这种估算是十分简化的。

L.I.达布林和 A.洛特卡(L.I.Dublin and A.Lotka,1930)的研究对这一方法提出了比较明确的概念。他们在关于个人的货币价值的专题研究中,提出了年龄为 a 的人们的总体人力资本的估计式：

$$HC(a)=\sum_{x=a}^{\infty}V^{x-a}Y(x)E(x)P(a,x)$$

其中：$V^{x-a}=(1+r)^{-(x-a)}$ 为（$x-a$）年之后的一个货币单位的现值，r 为贴现率，$Y(x)$ 为 x 岁人的年收入，$E(x)$ 为 x 岁人们的就业率，$P(a,x)$ 为年龄为 a 的人活到 $(a+x)$ 岁的概率。该估计式的实质就是将预期收益现值作为人力资本的价值。

根据产出或收益的指标的不同，各学者在具体计算口径上不尽一致：

D.W.乔根森和 B.M.佛美尼（1989）为了评估资本形成在美国经济增长中的作用，将市场经济与非市场经济下的税后劳动报酬定义为完全劳动报酬，假设具有相同性别和同等受教育程度的人在未来各期内的预期收入是相等的，但是随着时间的推移，在未来的时期内个人将随着实际收入的增长而做出调整。他们将所有的人分为 2 种性别、61 个年龄组和 18 个教育水平组总共2 196组，用每一年的每小时劳动报酬对这些组别分别进行估算，以此估算了美国 1949—1984 年的人力资本和非人力资本。李京文、张国初（1997）利用 D.W.乔根森的包含2 196个组别的数据库，假定实际收入每年增长 2%，估计了美国各人员的余生收入，并将之按 4%的折现率折现，作为教育部门的产出，以此为案例研究教育投资的效益。魏（Wei，2001）使用改进后的 D.W.乔根森和 B.M.佛美尼的模型测量了澳大利亚的人力资本存量，测得澳大利亚 1996 年的人力资本存量为21 270亿元。

C. 戴甘姆一直致力于收入分配研究，关注人力资本与个人收入分配的关系（C. Dagum，1994，1996；C. Dagum and G. Vittadini，1996；C. Dagum and D. Slottje，2000）。2000 年，C. 戴甘姆与 D. 斯罗杰在总结以往有关人力资本存量水平估计研究成果的基础上进一步改进和完善了估算方法。他们一方面将人力资本视为一个潜在变量进行微观估计，同时对各经济主体平均人力资本进行宏观估计，并使两者有机联系，从而估算特定时点的人力资本存量。其基本思路和过程如下图：

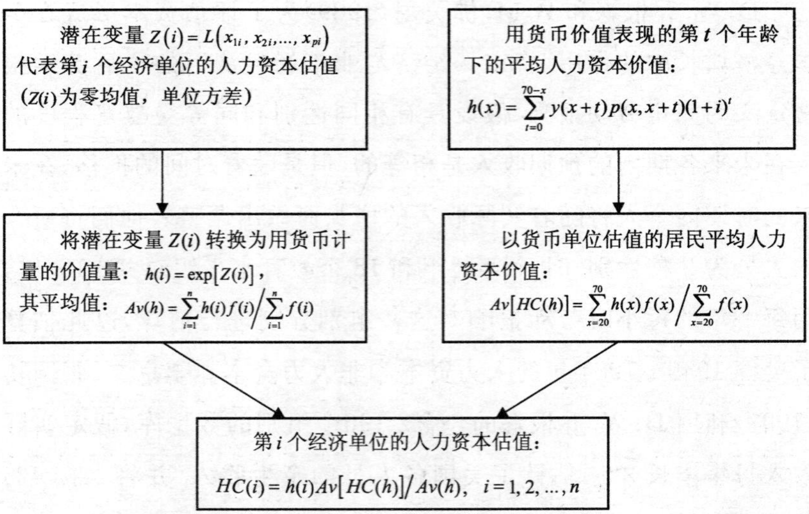

其中：x_1，x_2，…，x_p 是影响 Z 的 p 个标准化变量，$f(i)$、$f(x)$ 为权数，$y(x+t)$ 是年龄为 x 的经济单位在 t 年后的平均收入，$p(x, x+t)$ 是年龄为 x 的人活到（$x+t$）岁的概率，r 是折现率。按照

这一思路，他们利用一个 $n = 4\ 103$ 的样本，在忽略劳动生产率增长的条件下，估算得出 1983 年美国平均每户人力资本的价值为283 313美元（假设贴现率为 0.06），或238 703美元（假设贴现率为 0.08）。

维塔迪尼和洛瓦利奥（2007）与 C. 戴甘姆和 D. 斯罗杰一样，都强调以潜在变量的形式来表示人力资本的合理性。他们将人力资本定义为一个由能力、家庭社会环境、教育投资（受教育年限、工作兼职年限、健康程度、婚姻状况、性别、宗教等）等多种因素影响下的变量。在实际计算中，维塔迪尼和洛瓦利奥（2007）将人力资本用教育和工作经历来衡量，计算得到了 2000 年意大利家庭以教育年限和工作年限衡量下的人力资本的平均值分别为82 659欧元和128 881欧元。

乔根森和佛美尼（1987）提出了另一种基于收入的人力资本存量估算方法。完整的乔根森和佛美尼人力资本存量计算公式为：

$$HK_a^e = W_a^e Y_a^e + HK_{a+1}^e S_{a,a+1}/(1+r) + \sum_{j\in E}\sum_{t\in T} E_a^{jt} L_{a+t}^a W_{a+t}^e HK_{a+t}^e /\ (1+r)^t$$

其中 HK 是人力资本存量，W_a^e 是年龄为 a 、教育水平为 e 的人口就业率，Y_a^e 是年均收入，$S_{a,a+1}$ 是年龄为 a 的人继续生存一年的概率，r 是人力资本折现率，E 是所有受教育水平集合，T 是每一个属于 E 的教育水平的受教育年限的集合，E_a^{jt} 是年龄为 a 、接受 j 教育水平的第 t 年教育的人口数占年龄为 a 的总人口的比率，L_{a+t}^a 是年龄为 $a+t$ 的人口劳动参与率。魏辉（Hui Wei，2001）改进乔

根森和佛美尼的模型如下:

$$HK_a^{e_i}(y) = W_a^{e_i} Y_0^{e_i} + \left\{ \left(1 - \sum_{j\in E}\sum_{i\in T} E_a^{jt}\right) W_{a+1}^{e_i} HK_{a+1}^{e_i}(y) + \sum_{j\in E}\sum_{i\in T} E_a^{jt} W_{a+t}^{e_i} HK_{a+t}^{e_i}(y) \right\} S_{a+t}\left[\frac{(1+g)}{(1+r)}\right]^t$$

其中 $HK(y)$ 表示个人一生劳动收入的现值,Y_0 表示就业人员个人当期劳动收入,W 为就业率,S 为生存率,e_i 为第 i 级教育程度,g 为收入增长率,a 为年龄,r 为折现率,E_a^{jt} 表示第 t 年接受第 j 种教育的人员比重,E 代表最低教育水平以外的各种教育水平的集合,T 为 E 的所有学习年数。魏辉取 r 为 0.06,计算得到了澳大利亚 1981 年、1986 年、1991 年、1996 年、2001 年的人力资本存量分别为4 386亿美元、4 945亿美元、5 804亿美元、6 487亿美元和7 036亿美元。

由于该模型计算十分复杂,且统计数据也不易得到,多数学者在后来的研究中都利用了该模型的简化形式,采用:

$$HK_a^{e_i}(x) = W_a^{e_i} Y_a^{e_i} + HK_{a+1}^{e_i}(x) S_{a,a+1}(1+g)/(1+r)$$

其中,多数学者将 r 取值为 0.06。黎氏文郑、约翰·吉布森和莱斯·奥克斯利(2005)运用上述简化公式,取 66 岁的人力资本为零,取 g 为 2%,r 为 6%,由此计算得出新西兰 1990 年 21—65 岁人力资本总量和人均人力资本存量分别为6 728亿美元和503 803美元。

坦和斯廷森(Tao and Stinson,1997)综合了收入法和支出法的思想,估算人力资本存量。他们认为,人力资本投资决定了人力资本存量，而人力资本会对收入产生影响。在他们的计算中，他们首先定义公式 $E_{i,j}^{s} = w_t h_{i,j}^{s}$ 来表示人力资本与相应收入之间的关系（$E_{i,j}^{s}$ 表示对应的收入，$h_{i,j}^{s}$ 表示人力资本，s, i, j 分别表示性别、年龄和个人教育水平，w 表示 t 年的人力资本率）。他们选择刚毕业的高校毕业生作为人力资本基准量，以 SAT 考试成绩作为他们的能力值，并假设他们在高中及之前的人力资本投资是相同的，进而求得 w_t，并根据 $E_{i,j}^{s}$，计算得到相应的 $h_{i,j}^{s}$。他们的研究结果表明，美国 1988 年到 1993 年受雇员工的人力资本增长了六倍，而其中女性的增长要比男性更快。

科曼和马丁（Koman and Martin，1997）通过加权不同受教育年限的工人工资收入来计算人力资本。他们首先定义了 t 时期 i 岁且最高受教育年限为 j 的人数的计算公式：

$$H_{j,j,t} = H_{i-1,j,t-1} \times (1-\delta_{i,t}) + H_{i,j,t}^{+} - H_{i,j,t}^{-}$$

其中 $H_{i,j,t}^{+}$ 表示 i 岁在 t 时期达到 j 教育水平 的人数，$H_{i,j,t}^{-}$ 表示 i 岁在 $t-1$ 时期受教育年限为 j 且在 t 时期达到更高教育水平的人数，$\delta_{i,t}$ 为 i 岁的人在 t 时期死亡的概率。然后他们使用方程：

$$\ln(\frac{H}{L}) = \sum_{s} \omega_s \ln(\rho(s))$$

将工人的受教育水平转化为人力资本，其中：$\omega_s = \frac{e^{\gamma s} L(s)}{\sum_{s} e^{\gamma s} L(s)}$，$\rho(s) = \frac{L(s)}{L}$。他们用这种方法估算了澳大利亚和德国 1980 年、1985 年、1990 年和 1992 年 15 岁以上的人力资本水平。拉罗什和

梅雷特(2000)在科曼和马丁(1997)的方法上进行了完善后,对加拿大1971—1996年15—64岁的人力资本水平进行了估算。

马利根和萨拉-伊-马丁(1995)考虑到人力资本必须与物质资本匹配,而物质资本的状态会影响到拥有同样人力资本的个体的收入水平这一基本事实,将劳动力按受教育程度分为七级,假设工人的边际产出等于其工资,且没受过教育的劳动者在人力资本方面是同质的,构建了其基于未来收入的另一个人力资本存量估算模型:

$$H_i(t) = \int_0^\infty \theta_i(t, s)\eta_i(t, s)\, ds$$

其中 $H_i(t)$ 为第 i 经济体的第 t 年平均人力资本存量,$\eta_i(t, s) = \frac{N_i(t, s)}{N_i(t)}$ 为第 i 经济体中拥有 s 年教育的个体占全体人员的比重,$N_i(t,s)$,$N_i(t)$ 分别为第 t 年拥有 s 年教育的人数和总劳动者人数。$\theta_i(t,s)$ 为效率参数,$\theta_i(t,s) = \frac{\omega_i(t,s)}{\omega_i(t,0)}$,$\omega_i(t,s)$,$\omega_i(t, 0)$ 分别表示接受 s 年和0年教育的个体的工资水平。马利根和萨拉-伊-马丁(1995)模型的基本思想是:一个相同人力资本的人在拥有不同物质资本从事生产活动时会得到不同的工资水平。并且,一个经济体中的劳动力是异质的,他们提供了不同的技能供给,因此,不同类的人力资本不可能完全被替代,对人力资本进行简单累加是不科学的,应该给予那些更有生产力的人员更大的比重。为此马利根和萨拉-伊-马丁引入未受教育者概念,假设未受教育者的人力资本在不同的国家和时间是相同的,因而可以被其他人完全替代，而这些未受教育者在不同国家和不同时间所得到的工资却是不同的。这样，其他人的工资除以这些未受教育者的工资就是其他人的人力资本效用参数，用这个效用参数对不同的受教育者的人力资本赋以不同的权数以避免简单相加。

类似地，M.拉罗什和M.梅雷特(2000)以一个效率参数为权数(效率参数等于受过 s 年教育并有 x 年工作经验的劳动者的工资收入在全体劳动者总的工资收入中所占的比例)，利用1971—1976年每五年一次的人口普查资料和每年的高中生、大学生的流入量，估算了加拿大以1976年为基期的人力资本指数。

2.国内的相关研究

国内基于收入的人力资本水平估算成果很少。朱平芳、徐大丰(2007)拓展了马利根和萨拉-伊-马丁(1995)的方法，假设经济体中的单位人力资本不仅没有受过任何的教育，而且没有任何的工作经历，单位人力资本只具备一些生产活动所需要的最基本的要素，包括健康的身体及其他一些最为基本的能力(如语言等)，单位人力资本只能从事一些最简单的生产活动，除此之外，不具备生产活动所需的其他任何技能。单位人力资本恒定：不随经济环境的改变而改变。由于在不同的经济环境下，劳动力以外的其他经济因素是不同的，单位人力资本在不同的经济环境下可以取得不同的工资水平，而处在同一经济环境下的劳动者之间工资水平的差异反映了人力资本的差异。在上述一系列假设下，进一步设定生产函数 $Y = K^{1-\beta}(AH)^{\beta}$ 及人力资本与劳动力的关系 $H = hL$，其中 Y、K、A、H、h、L 分别为产出、物质资本、技术水平、人力资本总量、人力资本平均拥有量和劳动力总量。

根据要素报酬的边际生产力决定理论,劳动者的工资决定于劳动力的边际生产力水平,为此,作者设定人力资本为 h 的劳动者,其工资由下式决定:

$$w(h) = \beta k^{1-\beta}(Ah)^{\beta}$$

进一步设单位人力资本的劳动者所具有的人力资本为1,单位人力资本形成的经济体其技术水平为 A_1,A_1 是一个常量,因此,单位人力资本的拥有者所获得的工资水平为:

$$w(1) = \beta A_1^{\beta} k^{1-\beta}$$

而人力资本为 h 的经济体,其技术水平为 A_h,其与 A_1 的关系设为:$A_h = hA_1$,从而有:

$$\begin{aligned} h &= [w(h)/w(1)]^{1/(2\beta)} \\ &= A_1^{-\frac{1}{2}}[w(h)/w^*(1)]^{1/(2\beta)} \end{aligned}$$

其中 $w^*(1) = \dfrac{w(1)}{A_1^{\beta}} = \beta k^{1-\beta}$,参数 β 由生产函数估算给出。A_1 是一个未知量,但是一个常量,因此 $A_1^{-\frac{1}{2}}$ 也是一个常量,可以将之与单位人力资本一起看成人力资本的度量单位,所以,人力资本的估算为:

$$h = [w(h)/w^*(1)]^{1/(2\beta)}$$

运用上式,作者在估算中国各城市物质资本存量的基础上,估算了中国主要城市的单位人力资本的效率工资和相应的人均人力资本。朱平芳、徐大丰(2007)的研究是国内基于收入估算人力资本水平的最系统、最完整的成果,同类研究很少。

然而，朱平芳、徐大丰(2007)的研究中尚有三点需要进一步讨论：

(1)作者认为，“一定经济体的技术水平是与一定的人力资本水平相对应着的，设由单位人力资本形成的经济体，其技术水平为 A_1，……”，“而人力资本为 h 的经济体，其技术水平为 A_h，并设定 $A_h = hA_1$”。

现实情况是，任何一个经济体，其内部劳动者的人力资本有差异，既有文中所假设的“单位人力资本”拥有者，也有与单位人力资本相区别的 h 人力资本拥有者。作者的研究对象——中国各主要城市，显然，任何一个城市，劳动者均由“单位人力资本”拥有者和 h 人力资本拥有者所构成。作者“设由单位人力资本形成的经济体，其技术水平为 A_1”，前提是该经济体的全部劳动者均拥有“单位人力资本”；作者设“人力资本为 h 的经济体，其技术水平为 A_h”，前提是该经济体中不存在拥有“单位人力资本”的劳动者。显然，这样的前提是不存在的，也不符合原文的整体逻辑，因此，其式 $h = [w(h)/w(1)]^{1/(2\beta)}$ 的导出值得进一步思考。

(2)作者认为，“对于单位人力资本的工资水平，由于 A_1 未知”，用 $w(1) = \beta A_1^{\beta} k^{1-\beta}$ “并不能计算出单位人力资本的工资，为此，定义单位人力资本的效率工资” $w^*(1) = \dfrac{w(1)}{A_1^{\beta}}$。实证估算中，作者给出了中国各直辖市、各省会城市及计划单列市部分年份单位人力资本的效率工资值，并计算单位人力资本的工资与最低工资之间的简单相关系数和斯皮尔曼(Spearman)等级相关系数，根据相关系数的显著性,作者认为,其"所计算出来的单位人力资本工资与各城市制定的最低标准工资在顺序上保持了显著的一致性"。

我们认为,这种比较是欠妥的。作者在最开始中已经假设,"由于在不同的经济环境下,劳动力以外的其他经济因素是不同的,单位人力资本在不同的经济体中可以取得不同的工资水平"。也就是,不同经济体之间,$w(1)$ 是随着不同经济体的物质资本数量和质量、分配制度等人力资本以外的要素的改变而改变的,并且,我们有理由认为,不同的经济体之间,原文所定义的"A_1"也是随着经济体的物质资本数量和质量、技术水平等要素的变动而变动的。

需要指出的是,$w(1)$ 与 A_1 的变动必然具有正向关联关系。正是由于这种正向关联关系,由 $\frac{w(1)}{A_1^{\beta}}$ 所计算的 $w^*(1)$,在各经济体之间的差异被抹平了。经过这种"抹平"的估算结果,对同一经济体内部不同时期的人力资本水平比较不会产生直接的影响,但对不同经济体之间的人力资本水平的比较无疑会产生不良的影响。同时,这种基于被抹平了差异的 $w^*(1)$ 与最低工资之间的相关性的计算,已经失去了其原本的意义。事实上,原文计算 $w^*(1)$ 与最低工资之间简单相关系数为0.263 8,斯皮尔曼等级相关系数为0.345 3,尽管统计意义上是显著的,但相关的程度是十分有限的。[①]

① 统计上,相关系数小于 0.3,一般认为两变量之间基本不相关。

(3)作者认为,“虽然 A_1 是一个未知量,但是由前面的论述可知,A_1 是一个常量,因此 $A_1^{-\frac{1}{2}}$ 也是一个常量,可以将之与单位人力资本一起看成人力资本的度量单位”,从而,根据 $h = A_1^{-\frac{1}{2}}[w(h)/w^*(1)]^{1/(2\beta)}$ 导出 $h=[w(h)/w^*(1)]^{1/(2\beta)}$,据以估算各城市的人均人力资本。

与前一项讨论相似,由于原文所定义的“ A_1 ”是随着经济体的物质资本数量和质量、技术水平等要素的变动而变动的,也就是,各经济体之间,“ A_1 ”并不是常量。因此,各经济体之间,由 $A_1^{-\frac{1}{2}}[w(h)/w^*(1)]^{1/(2\beta)}$ 所定义和计算的 h 差异水平,与由 $[w(h)/w^*(1)]^{1/(2\beta)}$ 所定义和计算的 h 差异水平,这两项差异的程度显然是不同的。基于 $[w(h)/w^*(1)]^{1/(2\beta)}$ 估算的各城市人力资本水平,是否客观地反映出各城市人力资本的真实水平及其之间的差异,可能值得进一步思考。

总的来说,收益基础法在国外被研究得较多,但国内的相关研究较少,而运用这一类方法的实证估算成果则更少。

3.2　基于人力资本投资支出的估算方法

基于人力资本投资支出的方法,就是依据人力资本积累过程中的累计投入量的多少来确定人力资本的当前价值水平,我们暂且将之称为累计成本法。其基本思想是:人力资本的价值等于花费于人(或劳动者)身上的相关支出的总和,其基本假设是:人们拥有的知识多少和能力大小主要取决于后天为获取这些知识、培养这些能力所花费的投资的多少。

E.恩格尔(1883)是第一个提出并运用成本法来估算人力资本价值的。恩格尔主张将全体人口划分为若干个不同的阶层(如高、中、低三个阶层),假定每个阶层的人在出生时的成本为 c_i ,每个阶层的人每年新增的成本为 $c_i q_i$,并假定一个人到 26 岁时就已经被完全生产出来了,这样,一个年龄为 x 的人的人力资本为:

$$C_i(x) = c_i\left[1 + x + \frac{q_i x(1 + x)}{2}\right] \qquad (x < 26)$$

E.恩格尔的方法显然是一种简单化的处理,既没有考虑公共教育健康服务、卫生设施建设等社会成本,同时也忽略了天生的禀赋资质、家庭背景和环境对个人人力资本存量的影响,甚至还有可能出现"一个天生相对愚笨的小孩的人力资本比一个天生更为聪颖的小孩更大"的荒谬结论,"因为前者智力、才能、冲劲、努力与决心要弱于后者,需要花费更多的成本来完成同样的职业生涯"(C. Dagum, D. Slottje, 2000)。但是,将抚养一个小孩从出生到工作所花费的成本作为人力资本估计依据的这一重要思想,事实上为后来从投入角度测度人力资本水平提供了有益的参考。在恩格尔的基础上,F.马克卢普(F. Machlup,1962)、W. D.诺德豪斯与 J.托宾(1972)、R.艾斯纳(R. Eisner,1978)、J. W.肯德里克(1976,1994)等一批学者在他们的相关研究中直接或间接地体现、运用了人力资本价值衡量的这一累计成本法思想。其中 J. W.肯德里克的研究是较有代表性的。他在 1976 年完成的《全部资本及存量》这一研究中,提供了 1929—1969 年美国各类资本投资及存量的数据，在1994年完成的《全部资本和经济增长》研究中进一步将数据更新到1990年。J. W. 肯德里克(1976)定义有形人力资本为将小孩抚养到15岁所花费的消费支出，将无形人力资本定义为教育培训、卫生保健、流动迁移支出，估计得出美国各类资本存量如表3-1所示：

表3-1　1929—1990年美国的实际国内总资本存量(1987年)

(单位：10亿美元)

年份	1929年	1948年	1973年	1981年	1990年
有形资本	7 708	10 199	20 544	26 060	32 759
其中：人力	1 633	2 079	3 054	3 095	4 234
非人力	6 075	8 120	17 490	22 365	28 525
建筑和设备	4 585	6 181	13 935	17 963	23 144
自然资源	1 222	1 468	2 555	3 149	3 843
存货	268	471	1 000	1 253	1 537
军事	91	814	777	717	937
无形资本	3 251	5 940	17 349	23 777	32 819
其中：人力	3 214	5 771	16 091	22 117	30 492
教育和培训	2 647	4 879	13 564	18 730	25 359
健康和保险	383	692	2 081	2 791	4 371
迁移	184	200	446	596	762
非人力(R&D)	37	169	1 249	1 660	2 327
合计	10 959	16 139	37 884	49 837	65 578

资料来源：J. W. Kendrick, "Total Capital and Economic Growth," *Atlantic Economic Journal*, 1994, Vol. 22(1)。

张帆(2000)借鉴J.W.肯德里克(1976,1994)的研究思路,使用将每年净投资累计加总的方法(aggregation over vintages)估计了1953—1995年中国的物质资本、无形非人力资本和人力资本存量。物质资本存量使用国家统计局公布的物质资本每年形成额,剔除价格影响,减去折旧,累加而成。无形非人力资本根据历年研究和发展投资减去折旧累加而成。人力资本存量由估计的以不变价格计算的每年真实人力资本投资减去折旧累加而成。把每年人力资本投资分为狭义和广义两个定义,狭义人力资本投资(人力资本投资Ⅰ)包括教育资金、文艺支出、卫生支出等。广义人力资本投资包括人力资本投资Ⅰ加上人力资本投资Ⅱ,后者是把儿童抚养到15岁所花费的消费支出。计算采取1995年不变价格,估算得出1953年、1978年和1995年的结果见表3-2:

表3-2　中国GDP、估算的物质资本和人力资本(1995价)

(单位:亿元)

年份	GDP	物质资本投资	物质资本存量	无形非人力资本投资	无形非人力资本存量	人力资本投资Ⅰ	人力资本存量Ⅰ	人力资本投资Ⅱ	人力资本存量Ⅱ
1953	2 975.4	739.7	6 222.7	43.7	336	144.3	989.2	396.7	11 900.5
1978	11 743.2	4 513.3	30 036.9	510.1	4 051.9	518.4	5 492.1	787.1	16 629.1
1995	58 510.5	23 877.0	130 950.3	2 173.5	1 822.0	2 527.4	21 951.4	4 838.8	41 555.0

资料来源:张帆,“中国的物质资本和人力资本估算”,《经济研究》2000年第8期。

将上述估算结果进一步与肯德里克(1976)对美国的估算结果做对比,张帆比较了中美两国的资本积累差异,见表3-3:

表 3-3 中美两国物质资本和人力资本投资比较

(单位:%)

	物质资本投资	无形非人力资本	人力资本投资Ⅰ	人力资本投资Ⅱ
中国				
占总投资的百分比				
1978 年	65.95	9.56	9.72	14.76
1995 年	68.03	7.26	8.47	16.22
占 GDP 的百分比				
1978 年	29.95	4.43	4.41	6.70
1995 年	34.07	3.71	4.32	8.27
美国				
占总投资的百分比				
1929 年	52.90	0.50	27.70	17.50
1969 年	46.40	4.20	39.20	10.40
占 GNP 的百分比				
1929 年	23.10	0.20	12.10	7.70
1969 年	22.90	2.10	19.40	5.10

资料来源:张帆,“中国的物质资本和人力资本估算”,《经济研究》2000 年第 8 期。

相比 J. W. 肯德里克和张帆的方法,周天勇(1994)、沈利生和朱运法(1999)、叶飞文(2004)的处理方法相对又更简单些。

周天勇(1994)的研究中也运用累计成本法对人力资本存量做

出了估算。他"假定义务教育法得到贯彻，劳动力在初中毕业前不参加劳动。估计毕业不久的初中程度的劳动力月收入为 110 元，高中程度的为 120 元，大学程度的为 130 元"，按小学 6 年、初中和高中各 3 年、大学 4 年、硕士和博士各 3 年的学制，首先计算出不同文化程度人员每个人所含的人力资本价值量，具体计算方法是：

小学生：(80＋240)×6＝1 920 元

初中生：1 920＋(149＋360)×3＝3 447 元

高中生：3 447＋(227＋480＋1 320)×3＝9 678 元

大学生：9 678＋(4 026＋721＋1 440)×4＝34 426 元

硕士生：34 426＋(4 000＋1 200＋1 560)×3＝54 706 元

博士生：54 706＋(6 000＋1 440＋1 680)×3＝82 066 元

再将这一价值量乘上当年各学历层次人口数，计算得中国 4 个年份的人力资本总存量如下：1952 年为 132 亿元、1964 年为 1 470亿元、1982 年为9 768亿元、1990 年为35 561亿元。

沈利生、朱运法(1999)在他们的人力资源开发与经济增长关系模型中，分农业、轻工业、重工业、建筑业、邮电交通运输通信业、商业、非物质生产部门等 8 个行业，各设置了一个变量以表征该行业的人力资本存量，他们的计算方法是，当年第 i 行业的人力资本存量：

$$H_i = [LU_i \times (4EU + 6EM + 5EP) + LM_i \times (6EM + 5EP) + LP_i \times 5EP]/PCR$$

其中 LU_i，LM_i，LP_i 为第 i 行业中具有大学、中学、小学文化程度的劳动力，EU，EM，EP 为每个大学生、中学生、小学生平均开支经费数(指预算内教育事业费)，PCR 为居民消费价格总指数。梁昭(2000)、盛乐(2000)在研究中也采取了类似沈利生等的方法估算所需要的人力资本存量，但盛乐的研究中未做价格调整。

叶飞文(2004)首先估算各年不同类在校生的人力资本投资额，它包括国家对每个在校生的基建和事业经费、家庭对每个在校生的教育支出和每个在校生受教育人口再生产投入，然后按小学6年、初中和高中各3年、大学4年的学制设定估算了1952、1964、1982、1987、1988、1990、2000年的中国人力资本存量。

孙景尉(2005)和侯风云(2007)的思路与J.W.肯德里克和张帆相似，但他们的计算过程更为清晰。

孙景尉(2005)的全国人力资本存量一般估算模型为 $LK_t = LK_{t-1} + LI_t - LO_t$，地区人力资本估算模型为 $PLK_{it} = PLK_{it-1} + PLI_{it} + MLK_{it} - PLO_{it}$，其中 LK_t 和 LK_{t-1} 分别为第 t 期和 $t-1$ 全国人力资本存量，LI_t 为第 t 期的人力资本投资，LO_t 为第 t 期的人力资本损耗；PLK_{it} 和 PLK_{it-1} 分别为 i 地区在第 t 期末和第 $t-1$ 期末的人力资本存量，PLI_{it} 为 i 地区在第 t 期的人力资本投资，PLO_{it} 为 i 地区在第 t 期的人力资本损耗，MLK_{it} 为 i 地区在第 t 期从外省市流入的暂住人口所代表的人力资本的数量，MLK_{it} = 第 t 期 i 地区的暂住人口数量×第 t 期全国人均人力资本存量。孙景尉估算了1990—2002年全国及上海、江苏、浙江的人力资本存量，如表3-4所示：

表 3-4　1990—2002 年人力资本存量

(单位:亿元)

年份	全国	上海市	江苏省	浙江省
1990	3 925.81	196.43	336.79	218.85
1991	4 939.61	252.78	439.78	281.05
1992	6 158.34	316.30	559.52	353.31
1993	7 712.02	387.02	679.42	447.44
1994	9 800.75	467.26	831.64	556.89
1995	12 296.61	555.49	992.40	708.03
1996	15 272.24	646.73	1 215.52	875.84
1997	18 626.42	775.41	1 477.87	1 093.85
1998	22 575.59	948.76	1 804.68	1 362.95
1999	26 936.63	1 170.71	2 201.89	1 678.09
2000	31 684.81	1 433.87	2 658.26	2 032.25
2001	37 384.82	1 735.05	3 190.91	2 492.14
2002	43 174.83	2 059.72	3 780.06	2 967.71

资料来源:孙景蔚,"基于损耗的人力资本估算",《中国人口科学》2005 年第 2 期。

侯风云(2007)基于人力资本投资而估算人力资本存量的方法如下:第 t 年的人力资本存量: $\sum_{j=1}^{5} H_{jt} = \sum_{j=1}^{5} (H_{j(t-1)} + \Delta H_{jt})$, $j = 1,2,3,4,5$ 。ΔH_{jt} 和 H_{jt} 分别表示第 j 类投资和该类投资所形成的第 j 类人力资本存量。$j = 1$ 代表人力资本公共投资(用财政支出中"文教卫生事业费"指标代替)及其形成的人力资本; $j = 2$ 代表城乡居民个人投资(数值上等于:农村人均医疗保健支出和文体教育娱乐服务支出数×农村人口+城市人均医疗保健支出和文体教育娱乐服务支出数×城市人口)及其形成的人力资本；$j=3$ 代表科学研究费用(用“科技经费内部支出”代替)投入及其形成的人力资本；$j=4$ 代表人力资本公共投资和个人直接投资所产生的机会成本($H_{4t}=\sum_{i=1}^{3}(H_{4i(t-1)}+\Delta h_{4it})r_t$,$i=1,2,3$ 分别代表第 t 年人力资本公共投资、R&D 费用、个人人力资本经费投资，r_t 为第 t 年的利率水平)；$j=5$ 代表劳动力因受教育而失去的个人收

表 3－5　1978—2001 年人力资本存量

(单位：亿元)

年份	考虑折旧	不考虑折旧	年份	考虑折旧	不考虑折旧
1978	2 322.21	2 090.45	1990	8 597.65	7 739.60
1979	2 556.72	2 301.56	1991	9 506.69	8 557.92
1980	2 825.58	2 543.59	1992	10 656.22	9 592.73
1981	3 073.65	2 766.90	1993	12 542.98	11 291.29
1982	3 403.21	3 063.57	1994	15 228.02	13 708.27
1983	3 709.20	3 339.02	1995	18 134.99	16 325.12
1984	4 100.57	3 691.34	1996	21 193.90	19 078.75
1985	4 629.92	4 167.85	1997	23 933.69	21 545.11
1986	5 192.11	4 673.94	1998	27 394.63	24 660.65
1987	5 801.82	5 222.80	1999	31 076.63	27 975.46
1988	6 706.37	6 037.07	2000	35 606.30	32 052.79
1989	7 736.04	6 963.98	2001	40 989.93	36 899.13

资料来源：侯风云，《中国人力资本投资与城乡就业相关性研究》，上海三联书店、上海人民出版社 2007 年版。

入总额和由于受教育者在受教育期间未能给社会创造利税的机会损失($H_{5t} = NDP_t \times \sum_{i=1}^{2} EDU_{it}$, $NDP_t = GDP_t \times 89\% / L_t$, L_t 为当年劳动力数量; $\sum_{i=1}^{2} EDU_{it}$ 为 t 年高中、大学在校学生人数)。

侯风云(2007)估算了 1978—2001 年期间考虑折旧和不考虑折旧两个口径的历年人力资本存量,见表 3-5。

相比于收益基础法,我们看到,累计成本法在国内比较广泛地得到了运用,但是,不同的研究人员在成本处理的范围和口径上仍存在非常大的差异。

3.3 基于教育成果的非价值量估算方法

非价值量法就是用反映受教育程度状况、工作经验状况、健康状况的单项指标来间接地描述人力资本的存量,主要表现为教育成就类指标,因而也可将之称为教育存量法。

教育存量法以教育的成就或国民的受教育程度来间接地描述人力资本的水平,其基本思路在于:教育形成的知识构成了人力资本的核心内容,教育的成就越大,人力资本的投入通常也越多,国民的受教育程度越高,人力资本的存量也越大。教育存量法,其所隐含的基本假设是:人力资本——蕴藏于人身的知识和技能——是通过接受正规教育形成的。综观中外学者涉及人力资本要素的众多研究成果,多数采用教育存量法表示人力资本存量水平,具体使用的指标有很多,这里将之归为 3 类介绍:

1. 以平均数形式反映人力资本存量

以平均数形式反映人力资本存量的指标是：平均受教育程度（年数）。

采用这一指标形式的研究成果很多：G. 萨哈罗普勒斯（G. Psacharopoulos）及其合作者对人力资本投资（教育投资）回报率所做的一系列跨国比较研究，A. 巴特尔和 F. 里奇坦伯格 1987 年对美国 61 个制造业就业劳动力受教育程度与设备平均役龄和“研究与开发能力密度”所做的相关研究，V. 尼赫鲁、E. 斯旺森和 A. 迪贝（V. Nehru, E. Swanson and A. Dubey, 1995）就发达国家和工业化国家人力资本存量的估计，安格斯·麦迪森（1997，1999）对中国 1952 年、1978 年和 1995 年人力资本绝对水平以及与德国、英国、日本等国比较的相对水平的研究，蔡昉等（1999，2002）就人力资本积累、就业结构转变等对中国经济可持续性影响的研究以及就西部地区的发展战略所做的研究，刘宗超、吕永龙（1999）对 1964 年、1982 年和 1990 年全国人力资本状况的估算，R. J. 巴罗和 J. W. 李（1993，1996，2000）对 142 个国家 15 岁以上人口的受教育数量和质量的研究，王绍光、胡鞍钢（2000）利用第三、第四次人口普查和 1995 年 1% 人口抽样调查就全国和各地区人力资本存量的估算，王金营（2002）就中国未来经济增长对人力资本的需求进行的预测研究，陆根尧（2002）对中国高速增长区域的人力资本效应的研究，董栓成（2002）就人力资本对中国经济增长作用的实证分析，闫淑敏、秦江萍（2002）就人力资本对西部经济增长的贡献分析，宋光辉（2003）对 1981—2000 年间中国经济增长与教育关系的研究等,都是以平均受教育年数的多少来表示一国(地区)人力资本的存量水平。

最近一些年来,随着各领域研究中人力资本要素被更多地关注,"平均受教育年数"这一变量也更多地被广大研究人员所采用。杨俊、张宗益、李晓羽(2005)基于人力资本对收入分配和经济增长的研究,赖明勇、包群、彭水军、张新(2005)对外商直接投资与资本外溢关系的研究,王美艳(2005)对城市劳动力市场上的就业机会与工资差异的研究,张车伟(2006)对人力资本回报率变化与收入差距关系的研究,严善平(2006)对大城市二元劳动力市场的实证分析,赵力涛(2006)对中国农村教育收益率的研究,徐瑛、陈秀山、刘凤良(2006)对中国技术进步贡献率的度量和分解研究,符宁(2007)对我国研发强度与进口贸易技术溢出关系的研究,洪银兴、龙翠红(2009)就劳动力流动背景下人力资本对三农的反哺机制的研究等,也都是以平均受教育年数作为人力资本存量水平的代理变量。

值得一提的是,平均受教育年数的计算方法十分简单,但不同研究人员所采用的计算口径多种多样。从计算对象上看,有采用6岁以上人口平均受教育年数的,有采用15岁以上人口平均受教育年数的,有采用15—64岁劳动年龄人口平均受教育年数的,也有采用实际就业人员(劳动力)的平均受教育年数的。从受教育等级划分看,有分为初等教育、中等教育、高等教育三级(安格斯·麦迪森,1999)的,有分为文盲、小学、初中、高中、大专及以上五级(朱翊民,2002)的,有分为文盲半文盲、小学、初中、高中、大专、本科及以上六级(王金营,2001)的,也有分为文盲、小学、初中、高中、大学、硕士、博士七级(周天勇,1994)的,或分为文盲、小学、初中、高中、中专、大专、大学七级(蔡昉,1999)的。从各级教育的受教育年数设定上,有的将文盲(或文盲半文盲)设定为0年而有的设定为2年或3年,有的将小学教育年数设定为5年而有的设定为6年,有的将高中教育年数设定为11年而有的设定为12年,对于大专及以上的各级教育的设定则差异更大。实际操作中还有许多研究成果只明确采用平均受教育年数表征人力资本水平但不具体解释其计算范围和口径,显然,计算的对象、教育等级的划分以及各级教育的受教育年数的设定,最终都会影响到"平均受教育年数"的数值水平。

这方面的工作做得比较仔细和严谨的是王金营(2001),王金营在估算从业人员人力资本存量时计算从业人员的平均受教育年数,就这一平均受教育年数的计算标准的确定等做了详细解释。关于教育等级的划分,作者根据我国教育体系关于普通教育和成人教育的分类,将各级文化程度人口分为六级,除文盲半文盲以外的其他五类做如下归集:(1)小学教育程度:含普通小学教育、成人小学教育;(2)初中教育程度:含普通初中、职业初中、初中级技工、工读学校、成人初中;(3)高中文化程度:含普通高中、中等专业技术、职业高中、高中技工教育、成人中等技术教育、成人高中;(4)大学专科程度:含普通大学专科、成人专科、专科自学考试(含在档考生);(5)大学本科及以上程度:含普通大学本科、成人本科、自学考试获得本科毕业证、研究生。

关于各级教育受教育年数,作者遵循的标准和依据是:

(1)如果将文盲半文盲从业人员的受教育程度定为0,则会将文盲半文盲从业人员的人力资本存量计算成0,这与实际不符。文盲半文盲从业人员中有相当一部分受过一定的教育,只是未达到小学毕业,还有一些参加过脱盲教育。因此将文盲半文盲从业人员的受教育程度主观地定为2年。

(2)我国小学教育所采用的学制共两种,一种是5年制,另一种是6年制。在1969—1981年期间一律采用的是5年制,其余的各时期以6年制为主,兼有部分5年制(《中国教育事业年鉴1996》),也就是说,我国大部分时期小学均采用6年学制。因此作者假设,从业人员无论采用哪一种学制,只要完成小学教育均视为受小学教育6年。

(3)我国初中教育所采用的学制有2年制、3年制和4年制(《中国教育事业年鉴1996》)。在1969—1981年期间一律采用的是2年制,其余各时期以3年制为主,兼有总分年制和4年制。同样道理,作者假设,从业人员无论采用哪一种学制,只要完成初中教育均视为受初中教育3年。

(4)普通高中、普通中专(分为初中毕业升入和高中毕业升入)、技工学校教育、成人高中、成人中专这些被统一归集在高中教育中的各级教育,其学制各不相同。普通高中采用3年制或2年制,除在1969—1981年期间外,以3年制为主。初中毕业升入中专教育为3—4年制,其余中专教育多为2年制。技工教育中根据学生来源不同采用的学制为2、3、4年制。作者假设高中毕业后进入中专学习者为重复教育，视为受高中教育3年，同样其余高中级教育均视为3年学制。

(5)普通大学专科教育一般采用2年制和3年制，成人教育采用2年制。对于自学考试者通过大学专科考试视为受专科教育2年。由于2年制和3年制大学专科教育各自所占的比例相近，作者折中取具有最高学历为大学专科者受专科教育平均2.5年。

(6)普通大学本科教育一般为4年学制(医科多为5年学制)，硕士研究生为3年学制(部分专业2—2.5年)，博士研究生为3年

表3－6　1978—1998年中国各年从业人员的平均受教育年限

(单位:年)

年份	平均受教育年限	年份	平均受教育年限
1978	5.68	1989	7.10
1979	5.84	1990	7.16
1980	5.99	1991	7.24
1981	6.14	1992	7.32
1982	6.25	1993	7.39
1983	6.36	1994	7.47
1984	6.46	1995	7.54
1985	6.56	1996	7.63
1986	6.67	1997	7.64
1987	6.81	1998	7.71
1988	6.95		

资料来源:王金营,《人力资本与经济增长——理论与实证》(第一版),北京:中国财政经济出版社2001年版。

学制(在职博士为4年)。成人专科升本科教育、函授本科教育、本科自学考试等无统一的学制,作者均视为4年教育。考虑到研究生的比例较小,因此作者统一将该级教育的受教育年数定为4年。

王金营(2001)按照上述设定,估计得出1978—1998年间中国从业人员的平均受教育年数,见表3-6。

平均受教育年数是目前被最广泛采用的人力资本存量水平的代理变量。但从本质上讲,它并不是一个总量指标,与人力资本存量作为一个特定时点的总量这一基本特性存在一定的偏离。

2.以相对数形式反映人力资本存量

以相对数形式反映人力资本存量的指标有许多形式:

①成人识字率:L.G.桑德伯格(L.G.Sandberg,1982)的研究、P.M.罗默(1989)的研究、C.阿扎里迪斯和A.德拉森(C. Azariadis and A. Drazen,1990)的研究、蔡昉(2000)的研究等都采用了成人识字率指标。

②文盲率:王绍光、胡鞍钢(2000)的研究中同时使用了平均受教育年数和成人文盲率两个指标表示人力资本水平。

③学生在校率:王金营(2001)就人力资本在经济增长中的作用对中国与印度所做的比较研究中,使用三个层次(小学、中学、大学)的学生在校率表示人力资本水平。

④入学率:R.莱文和D.雷内尔特(R. Levine and D. Renelt,1992)采用小学入学率反映一个国家的教育水平和人力资本水平;R.J.巴罗(1991)用初等、中等教育入学率表示人力资本水平,对98个国家(地区)1960—1985年间人力资本与GDP增长之间的关

系做了研究;赖明勇等(2002)分别用“中学入学率”、“大学入学率”以及“政府财政教育投入”表示人力资本水平;李平、张庆昌(2008)用高等教育入学率表示人力资本水平,研究国际间技术溢出对我国技术创新的动态效应。

类似的指标是各级教育层次毕业人员的比例:邱晓华、郑京平、万东华(2006)等用“高中以上的毕业生人数占从业人员的比重”表示人力资本水平,研究中国经济增长动力及前景;谢申祥、王孝松、张宇(2009)用中等学校及其以上毕业生占就业人口比重表示人力资本,研究对外直接投资与我国技术水平提升的关系。

⑤高等教育机构学生注册人数占同龄人口比重。吴建伟(2001)用中等教育机构学生注册人数占同龄人口比重表示“技能型和熟练劳动力”因素、用高等教育机构学生注册人数占同龄人口比重表示“人力资本型劳动力”因素。

⑥师生比:D. 卡德和 A. 克鲁格(D. Card and A. Krueger,1992)用师生比与学期长度、教师相对工资两项指标一起,利用1980年相关资料对美国各州教育(人力资本)质量及其与教育收益率之间的关系进行了分析。

⑦人力资本指数:E. F. 丹尼森(E. F. Denison,1985)就教育对美国经济增长的贡献的分析中,构建了一个“教育的标准化最终指数”,其计算方法是:首先以受过8年教育的人为基准水平($W_s = 100$),计算受过e年教育的人相对收入水平,以此作为对接受e年教育的加权因子(W_e);然后计算各受教育水平者的就业量占总就业量的百分比P_e,$\sum P_e = 1$;再计算教育的初始指数

$\sum_{e=0}^{q} W_e P_e$，其中 $q = 0, 1, \cdots, 9$，分别表示文盲、初等(1-4)、初等(5-7)、初等(8)、高中(1-3)、高中(4)、大学(1-3)、大学(4)和大学(≥5)；最后用失业水平对初始年指数进行调整，用每年的天数和出勤率对年指数做进一步调整，并将男女指数加权平均，就得到教育的标准化最终指数。崔玉平(2000)则将初等、中等、高等教育毕业生的劳动生产率系数分别设为1、1.4和2，用从业人员的人均接受初等、中等、高等教育的年数为权数，对相应的劳动生产率系数加权求和，以此构建"教育综合指数"以表示人力资本存量。

⑧人力资本丰裕系数：闫淑敏、段兴民(2001)从教育(包括正规教育和在职培训)、研究与开发、健康三个方面共11个变量构建一个人力资本丰裕系数指标，对西部各省份人力资本存量进行了测算。

⑨综合相对数：杨建、龚六堂、张庆华(2006)系统阐述了健康对教育的影响从而对经济增长的影响，同时又阐述了教育对健康的影响从而对经济增长的影响，鉴于两者之间的双向影响和相互作用，杨建、龚六堂、张庆华(2006)构建以下综合相对数来反映人力资本水平：

$$H = E^{\lambda} M^{1-\lambda}$$

其中，H 为人力资本，E 为教育资本，用15岁及以上人口中具有初中及以上受教育程度人口表示，M 为健康资本，用总人口死亡率的倒数表示，λ 为参数。并假设教育资本和健康资本在生成人力资本的过程中替代弹性为1。杨建、龚六堂、张庆华(2006)以此将人力资本引入索洛(Solow)模型,利用1985—2000年中国29个省、自治区、直辖市的经验数据实证分析了人力资本的积累和存量以及人力资本的形成要素——教育和健康对中国经济增长的影响。

⑩其他相对数。包括劳动参与率:E. 沃斯默(E. Wasmer,2001)用劳动力市场的劳动参与率的和表示“经验水平”,估计了8个OECD国家的劳动经验水平。死亡率下降率:闫淑敏、秦江萍(2002)用平均受教育年限表示教育方面的人力资本情况,同时用“死亡率下降率”表示健康存量,估算“由于死亡率的下降引致劳动投入量增加而对中国经济增长的贡献(即健康贡献)”。

上述这些相对指标与平均受教育年数指标类似,也与人力资本存量所应具备的总量属性存在一定的偏离。并且,相对于平均受教育年数指标,在数值水平上波动更大。

3. 以绝对数形式反映人力资本存量

以绝对数形式反映人力资本存量水平的指标主要是:受教育年数总和。受教育年数总和(H)可以表示为:

$$H_t = \sum_{i=1}^{n} E_{it} \cdot h_i$$

其中E_{it}为t年第i学历层次人口(劳动者)人数,h_i为第i学历层次的受教育年数(学制年数),$i=1,2,\cdots,n$,是对受教育程度类别的分类。L. 劳、J. 迪安、T. 詹尼森和F. 卢阿(L. Lau, J. Dean, T. Jannison and F. Louat,1991)以所有处于工作年龄的人为考虑对象,计算他们的受教育总年数表示人力资本存量。

朱翊民、钏庆才(2002)依据人口普查资料和人口抽样调查资料,以全体人口为计算对象,人口的受教育程度划分及年限权数与侯亚非的处理相同,他们用人口的受教育年数总和表示人力资本存量,用人口的平均受教育年数表示人力资本的质量,对广东省经济增长中人力资本贡献做了研究。胡鞍钢(2002)以劳动适龄人口为计算对象,将总人力资本存量定义为15—64岁人口×平均受教育年数,其中平均受教育年数=大学人口比重×16+高中人口比重×12+初中人口比重×9+小学人口比重×6,就此计算了中国1982年、1990年和2000年的人力资本存量水平。胡永远(2003)设定1949年各级教育的毕业生存量为当年毕业生数量的10倍,由此从每年各级教育的毕业生数量推算相应的存量,并按普通高校为2、成人高校为1.6、中等教育(不含初中)为1.4、初中为1.2、小学为1的系数加权求和表示总人力资本存量。近期岳书敬、刘朝明(2006)的研究,也是用平均教育年限和劳动力数量的乘积表示人力资本存量,其中由于缺乏分地区从业人员受教育程度的基础数据,因而使用整个人口的教育年限代替从业者的教育年限以计算平均教育年数。

王金营(2001)以实际从业人员为计算对象,如前面介绍所述,王金营(2001)将从业人员的受教育程度划分为文盲半文盲、小学、初中、高中、大专、本科及以上6个等级,分别赋以年限权数为2、6、9、12、14.5和16(即各级教育的本级教育年数分别为2、6、3、3、2.5和4)。对于除人口普查年份(1982年和1990年)和抽样调查年份(1995年)外,其余各年不同受教育程度的从业人员依据劳动参与率内插推算,基本方法是:(1)由于1995年大学专科的受教育程度人口占大专及以上人口的比重为66%以上，可将1995年大专及以上人口的分年龄组别劳动参与率看作1995年大学专科的受教育程度人口的分年龄组别劳动参与率；(2)假设大学本科的受教育程度人口的劳动参与率是稳定的，并保持1990年的劳动参与率不变；(3)各级教育程度人口的劳动参与率在1978—1998年之间是线性变化，因而，各年的年龄组别劳动参与率可利用1982年、1990年和1995年的数据作线性内插和外推。在上述三个假设

表3－7 1978—1998年中国各年从业人员人力资本存量

(单位：万人·年)

年份	人力资本存量	年份	人力资本存量
1978	264 901.23	1989	452 537.49
1979	280 099.43	1990	466 153.06
1980	296 424.95	1991	477 331.48
1981	313 697.02	1992	487 763.42
1982	329 849.21	1993	497 433.63
1983	346 645.29	1994	507 010.64
1984	363 152.54	1995	515 897.40
1985	379 168.43	1996	528 647.09
1986	396 439.73	1997	529 084.53
1987	414 612.33	1998	537 973.81
1988	433 235.04		

资料来源：王金营，《人力资本与经济增长——理论与实证》(第一版)，北京：中国财政经济出版社2001年版。

条件下，作者根据各级受教育程度的分年龄组别人口以及1990年和1995年各级受教育程度人口分年龄组别劳动参与率，计算出1978—1998年各年度不同受教育程度的从业人员数，并进一步根据表3-6的平均受教育年数估算出从业人员的人力资本存量，如表3-7所示。

王小鲁(2000)也以实际从业人员为计算对象，计算从业人员的受教育年数总和以表示人力资本存量。其基本方法是，以3次人口普查为基准年份，计算出1954年、1982年和1990年的人力资本存量，以这3年的人力资本存量为依据信息，其余年份的人力资本存量由以下两个公式分别向前或向后推导：

x年人力资本存量＝上年人力资本存量＋本年由正规学校毕业的就业人员的受教育年限＋本年由各类成人学校毕业的就业人员的受教育年限＋本年肄业人员的受教育年限－本年人员的受教育年限－本年其他自然减员的受教育年限

或：x年人力资本存量＝次年人力资本存量－次年由正规学校毕业的就业人员的受教育年限－次年由各类成人学校毕业的就业人员的受教育年限－次年肄业人员的受教育年限＋次年人员的受教育年限＋次年其他自然减员的受教育年限

其中，各分类数据分别按以下方式计算：

① x 年由正规学校毕业的就业人员的受教育年限

= [($x-3$) 年小学毕业生人数 − ($x-3$) 年初中入学人数][①] × 6

+ (本年初中毕业生人数 − 本年高中入学人数) × 9

+ (本年高中毕业生人数 − 本年高校入学人数) × 12

+ 本年高校毕业生人数 × 16

② 本年由各类成人学校毕业的就业人员的受教育年限

= 本年由各级成人学校毕业人员的受教育年限

− 本年进入成人学校就读人员的教育年限 × 脱产系数[②]

③本年肄业人员的受教育年限

= ∑{[各级学校($x-y-z$)年入学人数 − ($x-z$)年毕业人数] × $1/2y$}[③]

④本年退休人员的受教育年限

= 本年达到退休年龄的就业人员的总共受教育年限[④]

⑤本年其他自然减员的受教育年限

---

① 作者考虑到按正常年龄入学的小学毕业生应为 13 岁，未到就业年龄，因此公式中使用 3 年前的小学毕业生人数。同类研究几乎都疏忽了这点。

② 成人小学按6年计，成人高校按4年计，其他按3年计。脱产系数设为0.5。

③ x 代表当年，y 代表各级学校的规定学制，z 对小学为 3 对其他各类学校为 0。肄业人员的平均受教育年限设为最后一级学校规定学制的 1/2。

④ 1964 年、1982 年和 1990 年数据根据人口普查资料计算，其他年份数据根据以上 3 个年份的计算结果、各年龄组人口在总人口中的构成、各年龄组人口历年残废率逐年推算。

= 本年低于退休年龄退出就业的人员的总共受教育年限①

根据上述方法,王小鲁(2000)估算了1953—1998年共46年的人力资本存量,其中1978—1998年估算结果如表3-8所示:

表3-8　1978—1998年中国各年从业人员人力资本存量

(单位:万人·年)

年份	人力资本存量	年份	人力资本存量
1978	219 393	1989	456 425
1979	243 909	1990	474 824
1980	272 364	1991	490 204
1981	297 916	1992	504 114
1982	322 654	1993	516 881
1983	338 158	1994	528 948
1984	358 773	1995	540 772
1985	377 701	1996	551 786
1986	396 991	1997	562 764
1987	417 251	1998	571 240
1988	437 004		

资料来源:王小鲁、樊纲,《中国经济增长的可持续性——世纪的回顾与展望》(第一版),北京:经济科学出版社2000年版。

① 由于没有死亡以外的退出就业人数的资料,只计算本年低于退休年龄的死亡人数的受教育年限。本年死亡人数根据1957年、1978年和1997年人口抽样调查的各年龄组死亡率推算。其受教育年限根据人口普查资料中各年龄组人口教育水平推算。

比较王金营(2001)和王小鲁(2000)的估算,如图 3-1 所示:

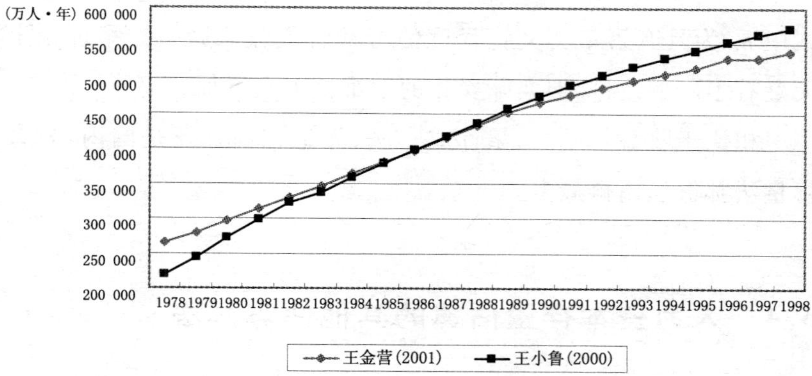

图 3-1 中国历年从业人员人力资本存量估计

尽管在具体处理上有许多差异,我们看到,两项估算结果基本一致。相对于平均受教育年数指标,尤其相对于各种相对数指标,受教育年数总和指标要稳定得多,并且也与人力资本存量指标的总量指标属性相符。

当然,也有学者提出了进一步改进的方案。周晓和朱农(2003)认为,受教育年数总和指标没有体现不同层次的 1 年教育之间的质的差异,他们将劳动者的文化程度划分为文盲半文盲、小学、初中、高中、大学五类,借助明瑟模型 $\log(y)=\sum_{k=1}^{4}\alpha_k educ_k+\beta\exp+\gamma\exp^2+\delta X+\varepsilon$ 估计反映第 k 类劳动力素质的指数 h_k(其中 $educ_k$ 为一系列虚拟变量,当文化程度为 k 类时取值 1,否则取值

0),以文盲半文盲劳动力为参照系,从中导出人力资本存量:

$$H = \sum_{k} n_k h_k = \sum e^{\sum_k \hat{a}_k educ_k}$$

式中 n_k 为具有第 k 类文化程度的劳动者人数。这一方案理论上无疑有了新的改进,但实际操作的困难也大大增加。

相比于收益基础法、累计成本法,无论在国外还是国内,教育存量法都被运用得最多。

3.4 人力资本存量估算的其他估算方法

1. 投入产出模型法

薛新伟(2002)依据投入产出理论构建了一个人力资本投入产出模型如下:

<table>
<tr><td colspan="2" rowspan="2"></td><td>生产价值</td><td>实践获得价值</td><td>总产出价值</td></tr>
<tr><td>$1,2,3,\cdots,m$</td><td>$1,2,\cdots,q_1$</td><td></td></tr>
<tr><td>人力资源投入</td><td>第一个年龄段
第二个年龄段
……
第 n 个年龄段</td><td>$X_{i,j}$
$i=1,2,\cdots,n$
$j=1,2,\cdots,m$</td><td>$\Upsilon_{i,k}$
$k=1,2,\cdots,q_1$</td><td>X_i^0</td></tr>
<tr><td>最初投入</td><td>利润
税收
劳动报酬
资金
……
其他</td><td>$V_{r,j}$
$r=1,2,\cdots,q_2$</td><td></td><td></td></tr>
<tr><td colspan="2">总投入价值</td><td>X_j^1</td><td></td><td></td></tr>
</table>

表中：$X_{i,j}$ 表示第 j 个经济部门在本期对第 i 个年龄段的人力资源投入的价值量，$\Upsilon_{i,k}$ 表示第 i 个年龄段的人力资源通过第 k 个实践机会而获得的人力资本价值量，$V_{r,j}$ 表示第 j 个经济部门由于对人力资源进行开发的经济行为，而引出的第 r 项最初投入价值（如：劳动报酬、利、税等）；X_i^0 表示本期第 i 个年龄段的人力资源新增加的资本价值量，X_j^1 表示本期第 j 个经济部门投入的总价值量。

以矩阵 $A_1 = [a_{i,j}^{(1)}]_{n\times m}$ 表示价值贡献系数——在人力资本增值中各经济部门的价值贡献率，其中 $a_{i,j}^{(1)} = X_{i,j}/X_j^1$；以矩阵 $A_2 = [a_{i,j}^{(2)}]_{n\times m}$ 表示价值转移系数——各年龄段资源在资本增值中的价值转移率，其中 $a_{i,j}^{(2)} = X_{i,j}/X_i^0$；以 $B = (I - A_1^T A_2)^{-1}$ 表示完全获取系数（概念上类似于一般投入产出模型中的完全消耗系数），则：

某一时期区域内人力资本价值的生产总量（流量）：

$X^0 = IB(A_1 V^T + \Upsilon)$　　或：$X^1 = (\Upsilon^T A_2 + V)\bar{IB}$

某一时点区域内 s 年龄段的人力资本存量：

$$W_s = \sum_{i=1}^{s} IB(A_1^i V^{Ti} + \Upsilon^i)$$

按上述人力资本投入产出模型，则计算期（如一年）内人力资本的投资数量、计算期内人力资本的价值增长均得以清晰反映，给以适当的假设（对于 s 岁的人群，$s-1$ 岁时所获得的人力资本价值等于当期 $s-1$ 岁人所能获取的价值；$s-2$ 岁时所获得的人力资本价值等于当期 $s-2$ 岁人所能获取的价值，……，以此类推），就可以估算出计算期末的人力资本价值存量，也可以预测未来时期的人力资本价值增量。但是，从目前的统计制度和基础数据条件看，要建立这样一个人力资本投入产出模型的条件还十分不成熟，因而，该方法在现阶段的实际可操作性不强。

2.剩余法

自1995年起,世界银行对各国国民财富的估算和排序中增加了人力资本因素,即各国的总财富中增加了人力资源存量的内容。世界银行的测算方法是从"当前时点的人口在生存余年中所能赚取的未来收入现值"中减去"人造资产价值"和"土地价值"的余额。具体估算方法有1995年版和1996年版两个版本。

(1)1995年版

世界银行将人口按性别分为男女两组,按年龄分为0—14岁、15—64岁和65岁以上三组,设t_{ij}为i性别、j年龄组的人口的平均生存余年,n_{ij}为i性别、j年龄组的人口数,T_i为i性别人口的预期寿命,$n=\sum_{i=1}^{2}\sum_{j=1}^{3}n_{ij}$为总人口数,世界银行对人力资源存量的估计分三步:

第一步:计算当前时点人口的平均生存余年N:

$$N=\sum_{i=1}^{2}\sum_{j=1}^{3}t_{ij}n_{ij}/n$$

$$=\sum_{i=1}^{2}[(T_i-7)n_{i1}+(T_i-39.5)n_{i2}+(T_i-65)n_{i3}]$$

第二步:计算当前时点人口在生存余年中所能赚取的未来收入现值Y:

$$Y=\sum_{t=1}^{n}IC/(1+r)^t$$

其中:IC为国民生产净值的一个"绿色"指标NNP',其数值为NNP减去"以商业为目的开采的林木价值"和"开采的金属与矿石的价值”；r 为贴现率。

第三步：计算当前时点的人力资源价值存量 H ：

$$H = Y - P - L$$

其中 P，L 分别为人造资产价值和土地价值。

(2)1996 年版

与 1995 年版比较，1996 年版做了三项修正：(1)假设 65 岁以上人口不再参与工作，故总生存余年中扣除这一部分；(2)因为在自然资本核算中已经考虑了地下资源使用的价值，为了避免重复核算，将地下资源使用量的经济租金从收入额中予以剔除；(3)进行国际比较换算时，1995 年版本采用的是汇率调整法，1996 年改为购买力平价法；(4)考虑到农村土地资本与城市土地资本在经济增长中所起的作用具有显著差异，因此，IC 不再依据 NNP'，而改为 IC' = 农业 GNP×45% + 非农业 GNP − 地下资源用量的经济租金，从而：

$$H = Y - P - L(\text{城市})$$

世界银行的这一估算方法在原理上有点类似于收益基础法，但它不是建立在个体人力资本收益加总的基础上，而是从全部收益中作必要扣除后的剩余。

世界银行在公布其核算方法和结果时，一再强调它是“非常试验性的”。戴亦一(1999)认为，该方法核算的结果与人力资本的概念比较，在内容上有些过于宽泛，并且，有关预期收入现值 Y 估算的基准指标，无论是 NNP' 还是 IC' 都离世界银行本身提倡的进行新国民财富核算的初衷——强化可持续发展战略的政策导向有一定的距离。

3.5 对现有估算方法的简要评价

人力资本理论已被全面引入主流经济研究,用以解释经济增长领域中各国生产率(或经济增长率)的差异,解释收入分配领域中收入的决定及收入差异的形成。但是,鉴于人力资本投资、积累、运行的复杂性,"人力资本的估算是一项非常棘手的问题"(张军、章元,2003)。我们看到,应用中的人力资本存量水平估算方法众多且各种方法间在理论依据及具体计算上存在显著差异,这本身说明了人力资本存量水平的估算还很不成熟。尤其我们注意到,人们认同人力资本是经济增长、社会发展的长久动因,并就人力资本与经济增长的关系、人力资本与技术引进的关系、人力资本与利用外资的关系、人力资本与扩大内需的关系等做了深入的理论研究和大量的实证分析,甚至还就政府经济发展的中长期目标对人力资本的需求开展预测研究,但对人力资本本身的水平——一国(地区)的人力资本存量并没有给予足够的重视和关注。事实上,前面所介绍的关于人力资本存量估算的方法及相应的估算结果,极大部分是以相关研究中的一个基础变量的形式出现的,无论是方法的科学性还是数据的有效性问题,在各自的研究中都没有进行充分讨论。

然而,随着人力资本相关的研究不断深入,作为基础变量的人力资本水平估算方法已经有了显著的进步。比较上述这些散见于各类应用性研究中的常用的三大类方法，各有优越和不足之处。

教育存量法，其显著优点在于直观、易于操作，且计算基础数据容易取得。但是，教育存量法存在两方面不可忽视的不足：第一，计量范围偏窄。诚然，正规教育是人力资本积累的主要方式，正规教育形成的知识和技能构成了人力资本的核心和主体，但是，毕竟人力资本投资的渠道是多样的，尤其在知识更新极快、终身教育日益被倡导的今天，人们越来越多的知识技能来自于非正规学校教育。显然，只按接受正规教育的某一特征计量的人力资本存量一般是有偏的。第二，衡量指标上存在极大的不确定性。如前述，是采用平均受教育年限指标，还是受教育年数总和指标，还是其他如入学率、文盲率、学生在校率等相对指标，本身存在多种选择。所采用的指标不同，反映的侧重面无疑也会不同。第三，各指标的计算口径上缺乏一致性。如平均受教育年限，按照受教育层次划分口径的不同、同一层次教育年数赋值的方法和标准不同，我们完全可以依据同一样本计算出不同的平均受教育年限结果。从检索到的文献看，关于平均受教育年限指标，明确标明计算对象和计算范围、口径的就有十多种，如果再考虑尚未说明的，则无疑更多。计算的口径方法不同，指标计算结果也就不同。例如：侯亚非、王金营（2001）就政府《纲要》所定的经济增长目标对 2000—2010 年的人力资本需求进行预测研究，王金营（2002）做了同样的研究，并且两项研究均以平均受教育年限代表人力资本，但前者的结论是："为实现《纲要》目标而确定的经济增长速度，2000—2010

年期间劳动力的平均受教育年限年平均增长速度需要达到1.69%",而后者的结论是:"为实现《纲要》的目标而确定的经济增长速度,测算得2000—2010年需要达到1.22%"。两项研究使用的方法、样本并无大的差异,是否两者在平均教育年限指标的计算口径上有不同呢?原文中没有具体说明,我们不能完全排除这种可能性。基础变量水平不同,无疑,据以计量分析的结论随之不同(钱雪亚,2005)。因此,用于人力资本相对水平的比较时,教育存量法简明直观的优点是显著的,但用于人力资本绝对水平的描述时,其缺陷是不可忽视的。

收益基础法,其优点在于:第一,它充分体现了人力资本作为"资本"所体现出来的收益性特征。人力资本与其他资本一样,之所以投资积累,之所以投入运行,目的是为了获得收益。在一个有效的劳动力市场上,劳动者拥有的资本存量越大,其可能获得的收益也就越多。收益基础法实质上就是根据资本量与收益的这种对应关系,从收益大小来反推人力资本水平,具有理论基础。企业人力资源核算中的"工资报酬折现法"、"调整的未来工资报酬折现法"、"随机报酬价值模型"等本质上都是这一思想的体现。① 第

① 巴鲁克·列夫(Barucd Lev)与阿巴·施瓦茨(Aba Schwartz)在他们"论人力资源的经济概念在财务报告中的应用"一文中提出的"工资报酬折现法"、赫曼森(Hermanson)在其"人力资产会计"一文中提出的"调整的未来工资报酬折现法"、弗兰姆霍尔茨(Famholtz)在其《人力资源会计》一书中提出的"随机报酬价值模型",从本质上讲,都是人力资本价值存量估计的收益基础法的思想,它们的共同假设是:企业职工的人力资源价值等于这些职工在剩余受雇期内未来工资报酬的现值。

二，计算方法的经济意义比较明确。基于当期收益的方法体现的是由于人力资本水平差异导致的收入的相对比例，基于未来收益的方法是将收益按某一永续不变的利率折现来估算人力资本的现值，符合保险精算的原理。由于其在理论上充满活力，为西方学者广泛运用。除了前面提到的学者以外，还有许多学者（W. Farr、T. Wittstein、A. Marshall、J. S. Nicholson、A. Barriol 等）都各自从不同的角度就未来收入流的确定提出了完善的方法，从而提高了收益法估算人力资本的精度。

然而，收益基础法也存在其固有的不足和缺陷：(1)将全部未来收益的现值作为人力资本的存量水平事实上是将"一切影响未来收益的因素全部归为人力资本"，如果这一概念可以成立的话，则意味着同时承认一切花费于人身上的开支均为人力资本投资，这显然是不正确的。花费于人身上的开支包括两部分，一部分是以积累人力资本为直接目的，以增加收益为最终目的，这部分是投资，属于人力资本投资；另一部分以维持生存，获得现期享受为目的，这部分不是投资而是消费，不属于人力资本投资。收益基础法实质上视所有关于人的支出全部为人力资本投资，从而将一切影响收入的因素均归为人力资本，显然将人力资本统计的范畴扩大了。(2)无论未来收益以什么形式（指标）表示，均需按一定的折现率将未来各期的人力资本收益折现，如何根据风险概率来确定这一折现率水平，从已有的研究成果看，折现率的确定不可避免地存在很大的假设性。(3)按收益基础法估算人力资本价值存量，除了一般的人口、劳动力、居民收支数据外，还需要准确及时的、分年龄组的人口死亡率资料、分年龄组的失业率资料和分年龄组的受教育程度等资料为基础,这在许多国家和地区是难以满足的。尤其在中国,只有人口普查年份才能满足收益基础法统计人力资本水平的基础资料条件,而人口普查每隔十年才进行一次。工资和劳动收入统计也都无法满足收益基础法所要求的基础数据条件。国内学者很少采用未来收益现值来估算中国人力资本存量,基础数据条件不具备显然是重要原因之一。李京文、张国初(1997)的研究是通过未来收益估算人力资本存量的,但运用的是美国的数据。李忠民(1999)主张从未来收益角度计量人力资本存量,并定义 t 期的人力资本存量是一国 16 — 60 岁人口从 t 年到其 60 岁期间的所有预期货币收入的贴现值,但并未付之实证研究。安应民(2003)尽管认为"就一个国家和一个地区而言,公式(指未来净收入现值的计算公式)是一个衡量人力资本存量水平的有效方法",但他也未能够就此展开实证计量。按照收益基础法,很难开展连续性、制度性的人力资本水平统计估算工作,无法形成系统的数据积累。

累计成本法,其显著的优点在于:第一,理论上符合人力资本及人力资本投资的基本概念和范畴。人力资本是蕴藏于人身的知识和技能,它是通过对人的投资积累形成的,包括教育、培训、保健等多方面的投入。一般地,投入越多、积累越多,即人力资本存量越大。因此,从累计投入成本计量人力资本价值是合理的。第二,方法上符合会计的资产核算原则。会计核算中,流动资产按货币、应收账款、存货等各类的累计资金占用额来计量,固定资产按形成时的购价、运输成本、安装调试费用等累计支出来计量,无形资产按资产评审时的累计支出计量,递延资产按累计的实际开支计量……无论采用借贷记账法、收付记账法、增减记账法或其他方法,一定时点会计主体的资产总额均是以相应的累计支出成本来核算计价的。人力资本统计估值的累计成本法就是将"对人的累计投资"确定为人力资本的货币价值,与一般资产的会计核算原理相一致。第三,操作上更具有可行性。与收益基础法计量人力资本水平所需要的基础统计条件通常很难满足不同,按累计成本法统计人力资本水平所需要的各阶段教育支出额、卫生保健支出额等基础数据通常容易获得,尤其在中国,除有关企业培训方面的数据以外,有关教育事业、卫生事业、城乡住户调查等基础统计为按累计成本法开展人力资本水平统计创造了良好的条件。到目前为止,国内学者在对人力资本的货币价值进行估算时,大多采用的是成本法。

然而,累计成本法也受到诸多质疑。比如,资本的价值应该由需求决定而不是由供给所产生的花费决定,一个天生愚钝的人,相对于一个健康聪颖的人,积累同量的知识和能力无疑需要花费更多,但他们的人力资本却没有差异(Le, Gibson and Oxley, 2003);又比如,人力资本投资形成人力资本积累并不是即时的,本期的投入可能要在下期甚至经过更长的时期才最终形成蕴藏于人身的知识能力积累,如何确定并体现这一时滞,无疑是一个棘手的问题。

此外,从各学者的实际应用看,我们认为在累计成本法的人力

资本估值中尚存在一些问题值得商榷:

(1)没有将消费性支出从累计成本中剔除。花费于人身的支出包括两类,一类是消费性支出,一类是投资性支出,显然,只有投资性支出才应被纳入人力资本统计中的累计成本范畴。但是,恩格尔的做法无疑是将一个人从出生到26岁所需要的一切花费全部计为人力资本。国内学者张帆也同样,他"使用将每年净投资累计加总的方法"估算1953—1995年中国的人力资本存量,即"每年真实人力资本投资减去折旧累加而成",而人力资本投资的其中一部分是"把儿童抚养到15岁所花费的消费支出"。我们认为,虽然要严格区别花费于人身上的支出属消费性支出还是投资性支出确实存在诸多困难,但至少抚养一个小孩正常生长、维持一个生命正常的生理需要等类支出不属于投资范畴,从而也不应计入人力资本统计的成本范围。

(2)没有体现累计人力资本投资与人力资本存量在概念上的不完全一致性。虽然,人力资本是通过人力资本投资形成的,但是,这两者在概念上、从而在统计的范围口径上并不完全相同。人力资本投资是为增加人力资本而发生的各种投入,包括各级正规教育投入、培训投入、卫生保健投入,人力资本存量则是蕴藏于人身的知识、技能和健康。这两者最显著的差异就是:卫生保健投入的积累方式。卫生保健投入作为人力资本投资是以两种间接的方式影响人力资本存量:一是卫生保健投入影响人体的生理机能从而影响蕴藏于人身的知识和技能的实际有效性;二是卫生保健投入影响人体的寿命从而影响蕴藏于人身的知识和技能的有效期。

因此，我们认为卫生保健投入属于人力资本投资，但按累计成本法统计人力资本价值时，则不宜将它直接累计计入成本范围，而应根据其影响人力资本的方式另做估计。但是，一些学者在实际操作中都忽视了这一点。如李宝元的研究将人力资本定义为累计人力资本投资，而“人力资本总投资 = 教学投资 + 健康投资”，其中“健康投资 = 卫生固定资产投资 + 卫生事业费 + 医疗费”，我们认为这样的处理是不符合人力资本内涵的。

(3)没有体现由于人力资本的载体——人的流动所导致的人力资本投资与人力资本存量在统计对象上的不一致。人力资本区别于物质资本的一个显著特点是其人身依附性，表现为人力资本的存在依赖于其载体——人的生命的存在，人力资本的有效性依赖于其载体——人的机体健康，人力资本的流动伴随其载体——人的流动。人力资本的这种人身依附性，必然导致一国（地区）的累计人力资本投资不等于相应期末的人力资本存量；本国（地区）人力资本投资的对象可能离开本国（地区）从而带走了相应的人力资本，他国（地区）人力资本投资的对象可能迁入本国（地区）从而带来了相应的人力资本。因此，按累计成本法统计人力资本时，如果仅做“累计人力资本投资 = 人力资本存量”这样简单的处理，很可能导致对一国（地区）人力资本统计估值的偏差。目前，中外学者在运用累计成本法统计人力资本时，很少有对此进行调整处理的，我们认为这也是累计成本法运用实践中存在的一大问题。

比较教育存量法、收益基础法和累计成本法，在中国人力资本水平估算中我们更倾向于接受累计成本法的一些思想。参考累计成本法的一些思想,我们将梳理人力资本水平估算的基本体系,提出一种人力资本存量水平估算的新的思想和方法。

第四章

人力资本水平估算的基本体系研究

资本运动从资本投资开始，投资主体为了积累资本而发生相应的各种开支，这就是资本投资；投资的结果是形成资本积累，表现为特定形式的一定量的资本存量；这些已经积累的资本被投入经济运行，最终形成相应的产出。资本在经济活动过程中的作用和贡献，取决于“投资→积累→运行”这一过程的数量水平和效率水平。

4.1 人力资本水平的三个层面和两个维度

投资、积累、运行构成了对人力资本观察的三个层面，数量和效率是对人力资本水平测量的两个维度。

1.人力资本投资层面

资本投资指为积累资本而发生的各种开支。根据《新帕尔格雷夫经济学大辞典》,“投资就是资本形成——获得或创造用于生产的资源”。人力资本投资,就是以人为对象、为了获得或创造生产资源而进行的投资活动。更简单直接地说,人力资本投资就是为积累人力资本而进行的投资活动。

与物质资本投资相比较,人力资本投资具有两方面特征:一是以人为投资对象,投资形成的全部积累蕴藏于被投资人人身;二是以增进未来收益为目的,虽然人力资本投资在形式上表现为被投资人的各种支出,但发生这类支出的目的不是为了满足即期消费需要,而在于通过增进被投资人的能力,从而增加未来收益水平。

舒尔茨在其“人力资本投资”一文中指出,“好多我们称之为消费的东西,就是对人力资本的投资。直接用于教育、保健以及为了取得良好的就业机会而用于国内移民的费用,便是明显的例子。上学的成年人和接受在职培训的工人所放弃的收入是同样明显的例子。”舒尔茨(1992)最终将人力资本投资确定为五类:“(1)医疗和保健,从广义上讲,它包括影响一个人的寿命、力量强度、耐久力、精力和生命力的所有费用;(2)在职人员培训,包括企业所采用的旧式学徒制;(3)正式建立起来的初等、中等和高等教育;(4)不是由企业组织的、为成年人举办的学习项目,包括那种多见之于农业的技术推广项目;(5)个人和家庭用于变换就业机会的迁移”。贝克尔(1987)在其《人力资本》一书中认为,所有用于增加人的资源并影响其未来货币收入和消费的投资为人力资本投资,指出“对于人力的投资是多方面的，其中主要是教育支出、保健支出、劳动力国内流动的支出或用于移民入境的支出等形成人力资本”。但他尤其强调了“在职培训”在人力资本形成中的重要性，并对一般培训和特殊培训做了深入的经济学分析。

在贝克尔和舒尔茨两位大师的基础上，人们对人力资本投资的内涵做了许多研究和补充。朱舟(1999)认为六类活动符合人力资本投资：各级正规教育、在职训练活动、改进健康的照顾、父母用于照看孩子的时间、劳动者寻找工作的活动、劳动者从一个地区向另一个地区的迁移。张帆(2000)将“人力资本投资分为狭义和广义两个定义，狭义的人力资本投资(人力资本投资Ⅰ)包括教育资金、文艺支出、卫生支出等。广义的人力资本投资包括人力资本投资Ⅰ加上人力资本投资Ⅱ，后者是把儿童抚养到15岁所花费的消费支出”。冯子标(2000)引用亚历克斯的观点，认为人力资本形成的途径有以下五类十四种：①研究与发展，包括导致知识创造和积累的发明活动、促进有关物质世界和人类的知识有效传播和应用的创新活动；②教育，包括由父母投资的作为代际教育后果的家庭非正规教育、通过各级教育机构而进行的正规教育、对适龄劳动者进行的包括农业在内的广泛项目的成人教育；③培训，包括以传授一般或特殊职业信息为目的的各种在职培训、以父母向孩子传授技术和知识为形式的家庭组织的传统培训；④健康，包括由政府提供的公共卫生服务、由公司组织的各种医疗保健、包含于充足平衡的消费中的营养、所有其他对改善人类能力有直接影响的诸如穿着、居住等条件；⑤迁移，包括国内迁移、国际迁移、由私人或公共机构提供的导致流动和较高生产率的市场信息服务等。

尽管人力资本投资的内涵和外延尚存在争议,但是,人力资本是通过专门的投资——人力资本投资积累形成的,这一点无任何争议。人力资本投资越多,同样条件下积累的人力资本存量越大。

2.人力资本积累层面

资本积累指通过投资而获得特定形式的资本存量。物质资本投资形成的积累是有形的,表现为建筑、设备等实物形态。人力资本存量不具备类似物质资本的显性形态。

根据舒尔茨在就任美国经济学会主席时的演讲:“人力获得了有用的技能和知识……这些技能和知识是一种资本形态,这种资本在很大程度上是慎重投资的结果”;根据《新帕尔格雷夫经济学大辞典》,作为现在和未来产出与收入流的源泉,资本是一个具有价值的存量,人力资本是体现在人身上的技能和生产知识的存量;根据朱舟(1999)的观点,人力资本是“通过劳动力市场工资和薪金决定机制进行间接市场定价的,由后天学校教育、家庭教育、职业培训、卫生保健、劳动力迁移和劳动就业信息收集与扩散等途径获得的,能提高投资受体未来劳动生产率和相应劳动市场工资的,凝结在投资受体身上的技能、学识、健康、道德水平和组织管理水平的总和”……尽管具体表述上有所不同,但基本内容没有本质差异,人力资本是指通过人力资本投资形成的、积累蕴藏于劳动者人身的知识和技能。这种知识和技能的显性表现就是舒尔茨(1975)、汪丁丁(2000)他们所指的有经济价值的各种能力。劳动者的这些能力越强,意味着其所拥有的知识技能越多,也就是人力资本的积累越多。

除了知识和技能，健康也属于人力资本，它保证人力资本载体处于有效的状态从而使蕴藏于这些载体身上的知识和技能处于有效的状态。杨建芳、龚六堂、张庆华（2006）就此做了较系统的讨论，认为：影响人力资本形成的因素是多方面的，其中受教育程度与健康状况是决定劳动者人力资本拥有量的两个关键因素。接受教育可以增加劳动者掌握的知识，拥有健康不但是劳动者正常工作的保证，而且健康的劳动者工作效率更高。因此，受教育程度越高，健康状况越好，则劳动者的能力越强，人力资本拥有量越高。实证研究中如果把人力资本狭义地等同于教育，忽略人力资本的另一个关键形成因素——健康，可能会低估人力资本对增长的影响，也可能把健康以及人力资本的其他形成因素对增长的影响都归功于教育，从而高估教育对增长的作用。一些实证研究使用教育和健康两个指标度量人力资本，证实了健康对经济增长率存在显著的正面影响。（Bloom，Canning and Malaney，2000）

另有学者提出"道德"、"情商"等也属于人力资本积累的一部分，我们却不认同这一观点。"道德"的存在本来不以获得回报为目的，它不具有资本特性，而情商因素则主要影响已经积累起来的人力资本的运行效率，它更属于影响人力资本运行效率的因素，而不是人力资本积累的一部分。

我们将人力资本积累界定为通过人力资本投资形成的、依附于劳动者身上的知识、技能和健康的总和，或者，人力资本积累是通过人力资本投资形成的、依附于健康劳动者身上的知识、技能的总和。积累的人力资本存量越大,可用于生产的人力资本要素就越多。

3.人力资本运行层面

资本运行是指将已经积累的资本投入到生产之中,作为实际投入要素形成相应的产出。资本积累的存量与资本的实际运行量之间的差别,对于物质资本而言是相对清晰的。前者指一定时点安装在生产单位中资本资产的数量,但生产过程中实际投入的资本(后者)并非就是这些资本的存量。固定资本作为一个生产要素的显著特征是其具有耐久性,可被固定在生产过程中重复使用,在不同的时点向生产提供服务。从价值的形成和转移角度看,固定资产在其退出生产过程之前始终保持原有的物质形态,附着在固定资产物质形态上的价值在生产过程中随设备的磨损逐渐地转移到产品上去而不断减少,累积转移到产品上的价值不断增加直到固定资产不能使用或退出生产过程为止。可见,固定资产的价值存在两种形态,一种是仍保留在物质形态中的价值,这就是前面所讨论的物质资本存量,一种是随生产进行不断分离出来而形成的流量,这个流量可以认为是对生产提供服务时的消耗,这个消耗的数量显然不等于资本存量。从生产的角度看,由于在生产过程中发生磨损,固定资产的生产效率会随时间出现下降,以及由于技术进步造成固定资产提前退役也会带来固定资产生产能力的减少。这种由有形和无形的磨损而造成的生产能力或生产效率的下降直接影响固定资产存量及其向生产过程提供服务的数量,这一服务的数量就是实际的资本投入量。物质资本的投入量意味着机器设备运转和厂房建筑的使用，这些设备和厂房在使用之后并非就完全消失了，如果把当前这些设备和厂房统称为资本存量，表明资本的积累数量，那么资本投入只是在一段时间内这些资本品的投入使用，可称之为资本服务流量。资本存量与资本流量之间的关系类似于劳动力与劳动之间的关系，劳动投入的是一年中的劳动，而不是劳动力本身，相应地，物质资本投入的也是资本存量在一年中的服务，而不是这些物质资本的存量本身。

在经济增长研究中，人们关心的是即时生产能力，因而把注意力集中在资产向生产提供多少服务上，也就是资本流量而不是存量上，生产函数所反映的是生产中实际投入的要素数量与可能的最大产出之间的技术联系，这一数量严格地讲是指资本服务流量而不是资本存量。资本的服务流量而不是资本存量是经济增长研究、生产能力测算、*TFP* 测算等的基础变量。

人力资本服务流量就是实际投入生产的知识技能等数量。在给定人力资本存量的前提下，究竟能有多少人力资本服务流量，取决于四方面因素：

一是技术进步因素。在劳动力市场上，含有更高人力资本的劳动力的收入水平无疑要比只有较低人力资本的劳动力的收入水平高，因为后者通常不能完成与前者同样的工作。不同人力资本水平的劳动力的收入可以看成是由不同的劳动力市场决定的，他们具有不同的需求、供给曲线和不同的均衡水平。以 *WL* 表示拥有较低人力资本的劳动者的工资，*WU* 表示拥有较高人力资本的劳动者的工资，*SL* 和 *DL* 分别表示拥有较低人力资本的劳动供给和需求,*SU* 和 *DU* 分别表示拥有较高人力资本的劳动供给和需求,则拥有人力资本水平高低不同的两类劳动的供求见图 4-1:

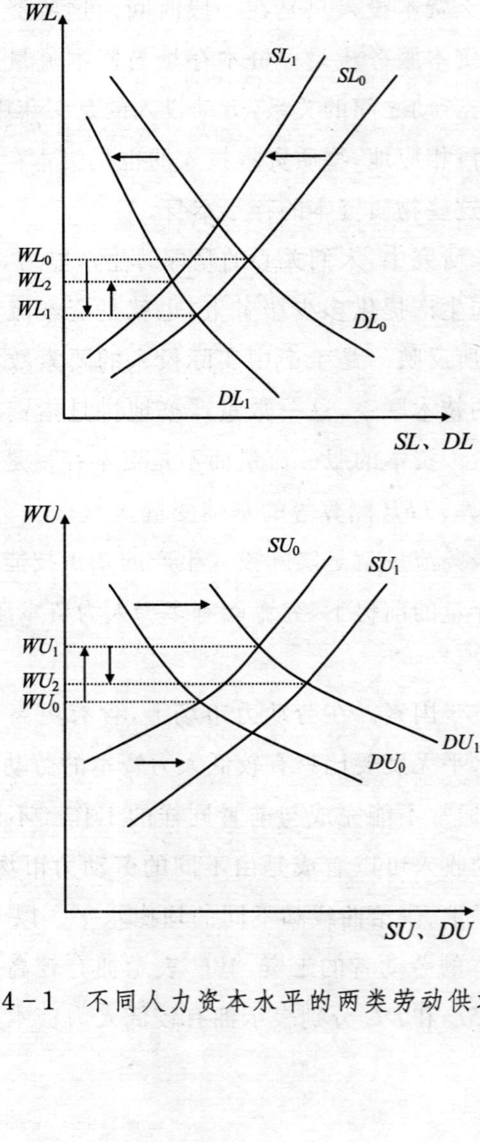

图 4-1　不同人力资本水平的两类劳动供求曲线

当技术进步时，相对低人力资本要求的劳动的需求曲线向左移动，工资由 WL_0 减少到 WL_1；而相对高人力资本要求的劳动的需求曲线向右移动，工资由 WU_0 上升到 WU_1。WL_1 与 WU_1 之间差异的扩大会促使低人力资本劳动者增加人力资本投资以提高人力资本积累，因而经过一段时间后，低人力资本劳动的供给曲线会向左移动从而低人力资本劳动的工资由 WL_1 提高到 WL_2，同时高人力资本劳动的供给曲线向右移动从而高人力资本劳动的工资由 WU_1 减少到 WU_2。

技术进步所导致的这种不同人力资本水平的劳动力的供需结构的变动，是由经济运行中各要素间的匹配关系决定的：一般地，人力资本和物质资本之间存在着一定的匹配关系：物质资本越多，要求与之匹配的人力资本也越多；技术含量越高的物质资本要求与其匹配的劳动力也拥有数量更多的、质量更高的人力资本。技术进步因素由于这种要素匹配并通过工资决定机制改变了不同人力资本含量的劳动的供需结构，从而也就改变了对所积累的人力资本存量的利用结构和程度。

二是商业周期因素。产出、通货膨胀率、利率和就业的波动构成了商业周期，商业周期是所有市场经济的共同特征。在一个商业周期的衰退时期，实际产出水平低于潜在产出水平，公司纷纷压缩生产规模，大量工人被解雇。奥肯法则阐明了商业周期中产出变动与失业变动之间存在的数量关系，如图 4－2 所示。

奥肯法则所阐述的现象表现在人力资本存量的利用上，就是在商业周期的衰退时期，大量的人力资本被迫与物质资本分离，表

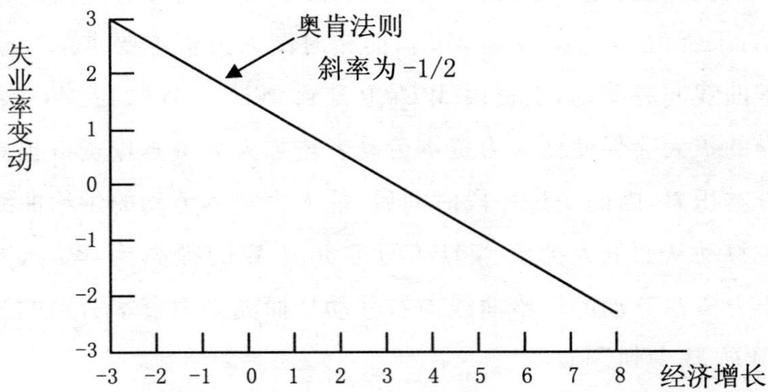

图 4-2　奥肯法则

现为人力资本利用率的下降。相反,在经济复苏和高涨时期,则大量的人力资本获得与物质资本匹配的机会,从而表现为所积累人力资本存量被有效利用。

当然,人力资本利用率与商业周期的这种关系并不是一一对应的。在宏观经济学中,失业通常被分解为摩擦性失业、结构性失业和周期性失业。由于劳动者从一种生产活动转移到另一种生产活动,伴随这种转移必然出现的就业在时间和空间上的滞后现象,称为摩擦性失业;由于技术进步或产业结构变动,导致一部分劳动者的技能无法适应新的岗位需要而失去工作,称为结构性失业;由于宏观经济周期波动,当经济处于相对衰退而使就业减少、失业增加,称为周期性失业。显然,只有周期性失业是与宏观周期的变动直接关联的,这就意味着经济的增长未必带来人力资本利用率的提高。中国从1998年开始实施的财政政策和货币政策显著地推动了一轮经济增长但并没有形成显著的就业推动就是例证。

三是劳动参与意愿。劳动参与意愿取决于收入效应与替代效应作用的对比强度。当替代效应强于收入效应时,劳动的供给弹性大于0,劳动供给曲线向上倾斜;当替代效应接近收入效应时,劳动供给弹性近似于0,劳动供给曲线接近于垂直;当替代效应弱于收入效应时,劳动供给弹性小于0,劳动供给曲线向下倾斜,如图4-3(a)所示。

一般地,在一个有效的劳动力市场上,拥有较高人力资本的劳动者对应着较高水平的工资报酬,拥有较低人力资本劳动者则对应着相对较低水平的工资。从这一点看,劳动力市场的发育和完善会诱使部分拥有较高人力资本的劳动者退出劳动力市场而导致人力资本的利用程度下降。但同时,制度的完善通常伴随着社会评价体系和评价标准的改变。拥有较高人力资本劳动者凭借其数量更多、质量更高的人力资本谋求的不仅仅是货币收入,还有大量的诸如自我实现、声望、社会认同等非货币收入性目标,暂且称之为社会效应。当社会效应又进一步强于替代效应时,则拥有较高人力资本劳动者的劳动参与意愿可能又趋于增大,如图4-3(b)所示,结果是人力资本的利用程度可能又趋于提高。

四是激励方式和程度。心理学家威廉·詹姆斯通过研究发现,一个没有受激励的人,仅能发挥其能力的20%—30%,当他受到有效激励时,其能力可以发挥至80%—90%。我们还不难想象,一个拥有丰富知识和高超技能的人,其在一个团队中产生的实

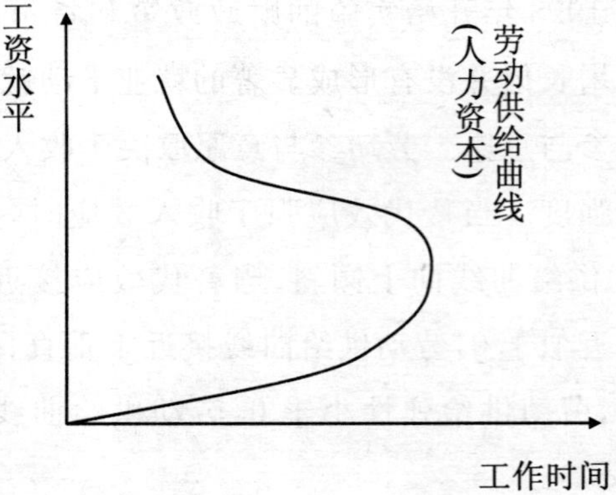

图 4－3(a)　不考虑社会效应的劳动供给曲线

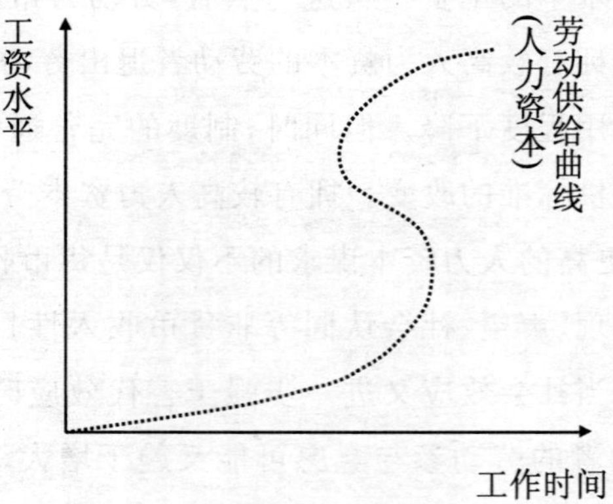

图 4－3(b)　考虑社会效应的劳动供给曲线

际作用可以是零甚至还可以起负作用！

激励决定着劳动者个人的努力程度和群体相容性。也就是说，激励所形成的动力，就单个劳动者而言，决定了其个人努力的程度，也就是决定了劳动者对其所拥有的潜在生产能力和配置能力的使用和调动的程度；就劳动者群体而言，决定了其团队的凝聚力和协作力，从而决定了潜在能力发挥中的总体效果。如果激励制度有效从而有利于人力资本拥有者实现自身利益最大化，则他会积极地去启动、支配和使用其所拥有的人力资本，表现为给定人力资本存量条件下较高的人力资本服务流量，反之，人力资本就会被闲置封闭，表现为给定人力资本存量条件下较低的人力资本服务流量。盛乐（2002）从微观角度，以经营者工作努力程度取代企业总体劳动者的努力程度分析了我国国有企业有效产出、经营者个人效用与工作努力程度的关系。这里借鉴其分析框架以说明激励→努力→人力资本运用之间的关系，如图 4-4 所示：

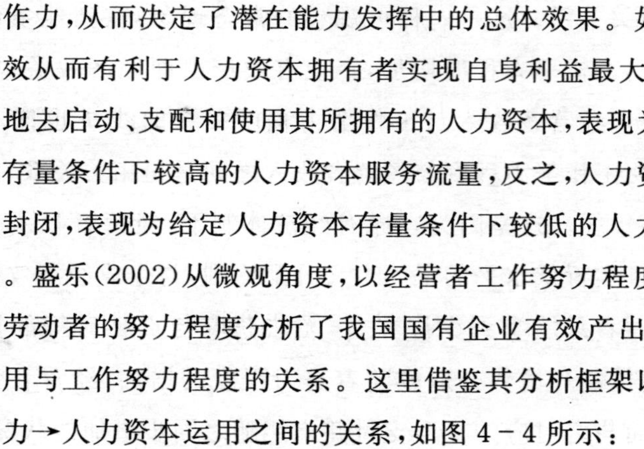

图 4-4　企业有效产出、经营者效用与努力程度的关系

横轴由左向右表示工作努力程度增加或在职闲暇减少,纵轴表示企业有效产出和经营者收入。企业有效产出与工作努力程度关系曲线 Q 向右上方倾斜,表明工作努力程度与企业有效产出之间的正相关关系。这是一种可观察的常态现象:在其他条件既定的情况下,工作努力程度增加,企业有效产出即经济效益也增加,反之减少。经营者收入与工作努力程度关系曲线 I 也向右上方倾斜,表明工作努力程度与经营者收入之间呈正相关关系,但该曲线的坡度平缓。这是因为在原有经济体制下,经营者收入一般是固定的,且实行低水平的平均主义分配原则,与企业经济效益基本脱钩,经营者只能拿到少许奖金,无法获取与贡献对等的货币支付。这种体制环境势必造成随着努力程度的增加,经营者劳动耗费增加,而与之对应的货币支付并未能随之同步增加的状况,从而经营者个人效用减少,即个人效用曲线 m 右移。在这样一种激励制度下,经营者会在企业有效产出、个人效用、工作努力程度之间做出怎样的均衡决策呢?

当经营者的努力程度 $i = i_1 < i^*$ (i^* 为 I 线与 m 线的相切点)时,根据曲线所示,经营者每增加一单位努力程度,均可相应提高其个人效用水平,故理性的经营者会提高其工作努力程度以期提高个人效用水平;当经营者的努力程度 $i = i^*$ 时,个人效用与企业有效产出之间出现一个均衡,此时,经营者收入 = I^* ,企业有效产出 = Q^* ,经营者个人效用 = m ;而当经营者的努力程度 $i = i_2 > i^*$ 时,对应于一定的经营者效用水平 m ,应得收入为 I_2 ,企业有效产出为 Q_2 。但是,经营者只能得到收入 I_1 , $I_1 < I_2$,这一

收入差异促使经营者降低努力程度，i_2 向 i^* 移动，从而 Q_2 向 Q^* 移动，直至实现新的均衡。

显然，当激励安排未能让经营者实现应该的回报时，经营者就会减少努力，这种努力的减少本质上就是人力资本所有者有限地运用其所拥有的人力资本存量而不是全部。假设以 HL_E 表示人力资本存量，i_2 代表100%的努力，则努力的减少就使得真正服务于生产的人力资本总量（即人力资本服务流量）$= HL_E \times i^*$，而 $HL_E \times (1 - i^*)$ 就是由于缺乏激励而被"封闭"的部分，与这部分被"封闭"的人力资本相对应的有效产出损失就是（$Q_2 - Q^*$）。

技术进步因素、商业周期因素从需求角度影响着所积累人力资本的利用，劳动参与意愿、激励的方式和程度则是从供给角度影响着所积累人力资本的利用。无论需求角度的影响还是供给角度的影响，最终都表现为在给定人力资本存量的条件下，人力资本实际运行量——服务流量的多少。

4.人力资本水平计量的基本体系

人力资本投资、人力资本积累、人力资本运行三个层面的关系是：累计的人力资本投资形成特定时点的人力资本积累，将这些已经积累的人力资本尽可能多地、高效率地投入实际经济运行，从而在未来时期产生相应的经济回报、实现经济增长。一国经济发展中人力资本的作用和贡献最终体现在人力资本运行的数量及效率上，但人力资本运行数量的多少和效率的高低又取决于从人力资本投资到人力资本积累再到人力资本运行这一链条上的各个环节的数量水平和效率水平。因此，人力资本水平，应该相应地从投资、积累、运行三个层面来计量和反映。

这三个层面的数量水平表现为:

人力资本投资数量水平:反映报告期内人力资本投资数量;

人力资本积累数量水平:反映报告期末已经积累起来的人力资本数量;

人力资本运行数量水平:反映实际投入经济运行的人力资本数量。

对应于人力资本数量水平的三个层面,人力资本的效率水平也相应地从这三个层面间的相互关联环节上来反映,表现为:

人力资本投资效率水平:反映"投资→积累"环节的效率水平;

人力资本积累效率水平:反映"积累→运行"环节的效率水平;

人力资本运行效率水平:反映"运行→产出"环节的效率水平。

人力资本投资、积累、运行各层面上的数量,反映的是一国(地区)报告期内或报告期末人力资本的静态水平。相应地,各环节(各层次)的效率水平可以反映一国(地区)人力资本的动态趋势:如果一国(地区)的人力资本投资能够有效地形成本国(地区)的人力资本积累——较高的投资积累率,如果一国(地区)已经积累的人力资本存量能够高比例地被投入经济运行——较高的积累运行率,如果运行中的人力资本能最大限度地服务于生产经营——较高的运行产出率,则一国(地区)的初始人力资本投资将获得高水平的最终产出,这种高水平的最终产出将为该国(地区)追加人力资本投资提供强大的经济实力,支撑人力资本投资、人力资本积累、人力资本运行的数量保持在一个高水平上。相反,则即便一国

(地区)人力资本的即时数量是丰盈的,这种丰盈的状态也将不可持续。

根据上述关于人力资本水平的三个层面的关系,我们提出一国(地区)人力资本水平评价的基本指标及这些指标间的逻辑结构体系,如图4-5所示:

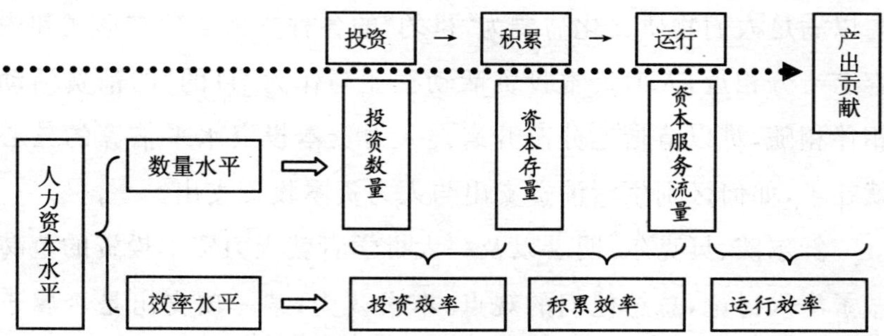

图4-5 人力资本水平评价的基本体系

4.2 人力资本数量水平估算

1.人力资本投资水平的估算:I_H

理论上说,"投资是指在一定时期内期望未来能产生收益而将收入变换为资产的过程"(《简明大不列颠百科全书》),"是特定经济主体(法人或自然人)为形成资产而投入资金(资本)或生产要素以获取收益的经济活动"(《当代中国经济大辞库》),"是资本形成——获得或创造用于生产的资源"(《新帕尔格雷夫经济学大辞典》)。

在现有的统计体系中,物质资本投资一般指固定资产投资,其相关的基础统计是系统而完整的。相比于物质资本,人力资本投资内容和边界的确定要困难得多。问题在于,人力资本投资是以人为对象的某种开支,是把人作为"手段"意义上的对象所进行的各种支出活动。但是这种支出往往同时包含着较强的消费性质,与以满足人们物质文化需要为"目的"的各种支出活动在形式和内容上十分相近,人力资本投资活动往往与作为"目的"的消费活动相伴相随,难以清晰地分离开来。人力资本投资水平估算的核心就在于,如何区别生活消费支出与人力资本投资支出。

舒尔茨、贝克尔、明瑟以及一大批学者就人力资本投资的范畴做了深入讨论,总结他们的观点,本书认为:某一项支出是否属于人力资本投资,关键在于这项支出的目的是否在于,在原来一般劳动力的基础上增加该劳动力的人力资本存量或提高原有人力资本存量的利用效率。据此,我们认为教育、培训、保健、迁移支出属于人力资本投资,而小孩抚养费用、研发成本等则不属于人力资本投资。

教育的支出属于人力资本投资。教育直接增加劳动者的知识和技能,具体表现为教育赋予劳动者更高的生产能力和资源配置能力。所谓更高的生产能力,是指受教育程度较高的劳动者与相同的其他生产要素相结合能生产出更多的产品,即在其他要素不变的情况下,每增加一单位受教育程度,便能增加相应的一份产出。联合国教科文组织研究结果表明,劳动生产率与劳动者文化程度呈现出高度的正比例关系:与文盲相比,小学毕业可提高生产率 43%，初中毕业可提高 108%，大学毕业可提高 300%（黄津孚，1994）。所谓更高的配置能力，是指受教育程度更高的劳动者发现机会、抓住机会使既定资源得到最有效配置从而使产出增加的能力，也就是舒尔茨所描述的："处理不均衡状态的能力"，或者说是采取均衡性行动使不均衡复归为均衡的能力。舒尔茨(1975)认为这种配置能力的供给主要"取决于一定时点上某一形式的人力资本存量及其积累速度"。

由于这种更高的生产能力和配置能力，教育投资通过其知识效应直接推进了经济增长，这种知识效应包括：有用的新知识要求新形式的物质资本和新的劳动技能，因而使得相对于低技术而言的高技术需求有所增长；受过教育的人具有更高的生产能力和配置能力，能更好地抓住机会甚至创造机会，由此直接或间接地促进产出的增长；知识的进步可以增加资源从而克服经济发展中自然资源、物质资本与"原生劳动"之不足，保持经济的持续发展。

由于这种更高的生产能力和配置能力，教育投资通过其生产性功能直接影响了个人收入的分配：接受更多教育的劳动者能创造更多的财富从而获得更多的个人收益，拥有更多人力资本的劳动者能有更多的机会获得更为稳定的工作，就像贝克尔(1987)说的，"受过特殊培训的工人的离职率与解雇率都比较低，而且在经济周期中发生的波动也小"。

由于这种更高的生产能力和配置能力，教育投资成为缩小收入差异的重要手段。舒尔茨(1992)认为，"相对于非人力资本投资来说，教育投资的增长会使总的工资收入比全部财产收入增长的幅度更大,而财产收入分配造成的不平等要比个人劳动收入分配的不平等严重得多,所以教育投资的增长会减少个人收入分配方面的不平等"。根据贝克尔和奇斯维克(Becker and Chiswick, 1966)的研究,美国各州之间成年男性白人的收入差异有1/3可以直接归因于教育的影响,根据奇斯维克(1967)的研究,美国南北地区收入不平等的差异,有一半是由教育因素造成的。许多学者都从人力资本投资和人力资本存量的差异来解释收入差异及其变动,甚至从人力资本投资角度来讨论反贫困问题,将贫困直接定义为"是人力资本短缺到不足以让人持续地从外部环境中获取维持基本生存的收入的一种状态"(向恒,1987)。

因此,尽管我们不能全然否认教育活动的消费性功能,但由于教育投资显著地提高了受教育者的生产能力和配置能力,这种能力又直接促进了经济的增长,影响了收入分配,因而教育投入属于人力资本投资已没有争议。

然而,关于教育投资的具体构成项目,学者们的认识还是有差异的。按照舒尔茨(1990)在"教育资本构成"一文中的观点,教育投资的直接成本"包括教师、图书馆工作人员和学校行政管理人员的服务之成本,还包括校办工厂用以维持和进行经营的年生产要素成本和折旧费及利息。……学校为学生所提供的奖学金、助学金和其他财政援助资金也应当包括在教育投入量之内"。教育的间接成本也就是机会成本,指学生为接受教育而放弃的收入。朱舟(1999)还区分了社会成本与私人成本,将教育投资的各项成本归集如下:

教育投资的成本构成

	社会成本	私人成本
直接成本	教师薪资 物品或服务的当期开支 书本开支 预算租金	学杂费，扣除奖学金平均值 书籍费等
间接成本	放弃的收入	放弃的收入

侯风云(1999)提出教育的直接成本还应包括“生活差距费”，“因为上学之后，在校的生活费用一般都高于在家的生活费用。这种高于在家费用的生活差距费是因上学造成的，应看成是教育投资”。“生活差距费=在校生活费-在家生活费-助学金”。我们对此不敢苟同，在家的生活费用与在校的生活费用确实会有差异，这种差异确实是由于上学导致的，但这种差异改变的是学生生活的舒适程度，它不可能从根本上影响学生最终从学校获得的知识多少和能力大小，也就是，它总体上不会影响人力资本积累的程度，因而也不应该被归为人力资本投资。

培训的支出属于人力资本投资。是指进入就业岗位后，劳动者继续接受的技术教育，目的在于使劳动者更快、更多地掌握实际工作中所需的各种技能。培训的过程可能延续整个就业周期，甚至可能是一生。培训可以有很多形式，如脱产学习、半脱产学习、学徒制、干中学，甚至还包括劳动者在生产过程中相互影响而导致的生产能力提高。与教育相比，在职培训对生产率的影响更为直接。它通过直接增强劳动者的技能而增加劳动者在生产过程中的边际产品产量（生产能力）和处理生产过程中的各项意外事件的能力（配置能力）。

奥塔拉（L. Otala，1992）将在职培训所形成的能力分为操作能力和战略能力两类，后者对于提高专业技术人员和管理者的工作效率存在重大意义。贝克尔（1987）将在职培训分为一般培训和特殊培训，前者是指能同时提高提供这种培训与不提供这种培训的所有企业的边际产量的培训活动，后者是指能给（或只能给）提供培训的企业带来更高的边际产量的培训活动，无论一般培训还是特殊培训，提供培训的企业最终可以通过将培训费用全部（或部分）转嫁给受培训者而获得培训所带来的生产率提高，因而当企业的“服务面临着竞争时，就有进行在职培训的刺激”。

在职培训增强受训者的能力，这种能力为提供培训的企业带来更高的生产率。因此，与教育投资一样，在职培训支出属于人力资本投资，它也直接构成人力资本投资的一部分，这也没有任何争议。

保健支出属于人力资本投资。卫生保健支出在形式上十分类似于消费性支出，相比于教育投入，其消费功能更为突出。李杰和左仁淑（2002）、李红松（2003）等认为，卫生保健费用只是简单劳动力形成的生产成本或类似于物质资产价值的维护费用，不具有以价值增值为目的的投资的基本属性。但是，卫生保健支出通过提高劳动者健康水平，减少劳动者由于疾病导致工作日下降所形成的潜在知识和能力的浪费，通过保护劳动者的体力从而对其智力起到“养护”、“修理”的作用从而提高劳动者生产能力和配置能力发挥的效率，通过延长劳动者的寿命、增加劳动者的劳动年限从而间接地生产出人力资本。舒尔茨也认为：“改进健康所产生的效果绝大部分与人口增长有关……保健措施必然也提高人力资源的质量。增加食物和改善住处也可以加强人的质量，尤其在欠发达国家更是如此。”S. 麦克唐纳和 J. 罗伯特（S. McDonald and J. Robert，2002）通过数据的经验分析表明，在扩展的索洛增长模型中，如果遗漏了健康资本，则将导致模型估计的偏误，健康资本对经济增长率有着显著的影响。因此，我们认为卫生保健支出属于人力资本投资。但是，卫生保健投资积累机理与教育、培训投资不同，在依据投资计量最终形成的存量时，需做不同的处理。

迁移支出属于人力资本投资但属于配置性投资。迁移成本是指劳动力的流动成本，在完全流动的劳动力市场上，通过调整劳动力所处的行业和空间范围，实现对现存劳动技能的充分高效利用，将直接提高同等社会资源投入下的社会产出，迁移支出属于人力资本投资。但是，迁移活动本质上是对已有人力资本积累的一种配置，与教育、培训、保健活动不同，劳动力的迁移本身并不增加迁移主体的知识和技能的数量（即增加人力资本存量）从而影响经济增长，而是通过对现有的知识和技能（通过人力资本投资已经积累起来的人力资本存量）的高效利用而影响产出效率，迁移活动本身不会改变人力资本存量——蕴藏于劳动者人身的知识技能总量，正如朱舟（1999）认为的，“人口流动是通过人力资本的优化配置机制实现潜在生产能力现实化的过程”。因此，迁移投资这种形式的人力资本投资,属于对已有资本存量的配置性投资,它影响的主要不是资本存量本身,而是资本的服务流量。

小孩抚养费用不属于人力资本投资。部分学者认为小孩抚养费用也属于人力资本投资,如恩格尔(1883)将抚养一个小孩从出生到26岁所花费的全部成本作为一个人所拥有的人力资本数量,这意味着将小孩的抚养费用作为人力资本投资。肯德里克(1976)将教育培训、卫生保健、流动迁移支出定义为无形人力资本投资,而将小孩抚养到15岁所花费的消费支出定义为有形人力资本投资,由此估算无形人力资本存量和有形人力资本存量。张帆(2000)借鉴肯德里克的思想,定义"狭义人力资本投资(人力资本投资Ⅰ)包括教育资金、文艺支出、卫生支出等。广义人力资本投资包括人力资本投资Ⅰ加上人力资本投资Ⅱ,后者是把儿童抚养到15岁所花费的消费支出",由此估算出1953年、1978年、1995年中国抚养15岁及以内儿童的人力资本投资分别为:252.4亿元、268.7亿元、2 311.4亿元[①]。侯风云(2007)也强调学前阶段是人力资本投入的重要阶段,认为父母不仅要花费时间照顾孩子,而且还要花心思教育孩子,孩子从出生到上学阶段,无论从知识的增长还是见识的增多、语言能力的提高、体能素质的不断增强,都应是父母进行人力资本投入的结果。类似地持儿童抚养费用属于人力资本投资观点的还有朱舟(1999)等其他一些学者。但是李杰、左仁淑(2001)认为,"劳动力未成年的抚养费用实际上是简单劳动

① 根据原文提供的人力资本投资Ⅱ与人力资本投资Ⅰ数据相减而得。

力形成的生产成本，属于劳动力要素的内涵，而劳动力形成所需的投资不是以追求价值增值为目的的，也不考虑风险性，不具备资本的基本特征，不能视为资本”。我们更认同李杰、左仁淑(2001)的观点，抚养费用只是简单劳动力形成的必要开支，为劳动力形成所发生的这种开支显然不是以知识积累和能力培养为直接目的、以追求价值增值为最终目的的。而人力资本是超越于自然劳动力所具有的一般性知识、智力、能力、素质基础之上的更高层次的知识和能力。

研究开发支出不属于人力资本投资。李杰和左仁淑(2001)将科技研发投资归为人力资本投资，认为“科技研发投资之所以归于人力资本投资范畴，在于科技研发的主体是受过良好教育或培训的人，这些人可以通过管理创新、制度创新实现资本的价值增值”。侯风云(2007)认为，“科研经费投入和使用的过程实际上是科研人员素质不断提高的过程，因此也应列入到人力资本投资的范畴”，用取自《中国统计年鉴》的“科技三项费用、科学事业费、科研基建费、其他科研事业费”作为“科学研究”形式发生的人力资本投资。持同类观点的还有冯子标(2000)等一些学者。本书认为这些观点是值得商榷的：第一，人力资本投资的对象是人，而科技研发投资的主体是人，但投资对象显然是物；第二，如果投资“主体是受过良好教育或培训的人”的投资就是人力资本投资，那么人力资本投资与其他投资的差别仅在于由谁来实施这项投资，而不是投资的方式、内容和目标了，这种分类似乎难以成立；第三，如果因为科研经费投入和使用过程中会使科研人员素质提高而应将科研经费列入人力资本范畴,则固定资产投资尤其是高技术设备投资必将使一部分技术人员在安装、操作、运行这些设备中增加知识和技能,从而也应列入人力资本投资范畴,一般生产性费用支出也会造就一部分生产一线的技术熟练工人从而同样应列入人力资本投资范畴。如果照这样的逻辑,则几乎所有的生产性支出均应列入人力资本投资范畴,显然这是不成立的。

机会成本问题。机会成本一般是被列入人力资本投资范畴的,如舒尔茨(1990)、贝克尔(1978)、周天勇(1994)、朱舟(1999)、李忠明(1999)、李宝元(2000)等等。周天勇(1994)按各层次毕业生在参加工作初期的收入水平确定机会成本,初中程度的劳动力月收入为 110 元,高中程度的为 120 元,并假定义务教育法得到贯彻,劳动力在初中毕业前不参加劳动,以此估计人力资本投资的机会成本,李宝元(2000)用"在校学生数×(1－城镇失业率)×各行业平均工资"表示学生接受教育所放弃的收入,估计人力资本投资的机会成本。

近期侯风云(2007)的研究也将"各项人力资本投资的机会成本"和"接受教育的机会成本"作为人力资本投资的两大部分来处理,其中:各项人力资本投资的投资机会成本(H_{4t})为" t 年人力资本公共投资、R&D 费用和个人人力资本投资"所产生的机会成本:

$$H_{4t} = \sum_{i=1}^{3} (H_{4i(t-1)} + \Delta h_{4it}) r_t$$
$$= \sum_{i=1}^{3} H_{4i(t-1)} r_t + \sum_{i=1}^{3} \Delta h_{4it} r_t$$

其中，$i=1,2,3$，分别代表 t 年人力资本公共投资、R&D 费用和个人人力资本投资经费，r_t 为 t 年的利率水平。接受教育的时间机会成本（H_{5t}）"既包括个人的时间机会成本，也包括社会的时间机会成本。因此该项指标不能只用居民个人上学时失去的收入来表示，而应该包括社会因其成员接受教育而失去的收入"。为此，作者用"由于接受教育而失去的国内生产净值（*NDP*）来代替"，数值上等于①：

$$H_{5t}=NDP_t\times\sum_{i=1}^{2}EDU_{it}$$

其中，NDP_t 代表 t 年劳动力人均国内生产净值，用 t 年的国内生产净值（相当于 *GDP* 的 89%）除以城乡就业的劳动力数得出，$\sum_{i=1}^{2}EDU_{it}$ 为 t 年高中、大学在校生人数。

我们认为将机会成本列入投资支出在理论上是合理的，但是，观察学者对机会成本的各种估算在范围、口径、方法以及相应的数值水平等方面均大相径庭，说明目前关于机会成本的认识还是非常不成熟。过于强假设下得到的估算，其数据价值也将是有限的。

基于上述分析，我们界定教育支出、培训支出、保健支出、流动迁移支出构成人力资本投资，即：人力资本投资 = 教育支出 + 培训支出 + 保健支出 + 流动迁移支出。但是，由于流动迁移支出方面的并未开展系统的调查，我们事实上很难从现有统计体系中获得

① 原稿中公式为 $H_{5t}=NDP_t\times\sum_{i=1}^{4}EDU_{it}$，阅读前后文，理解式中的"4"应为"2"。

全部人口或劳动力流动迁移支出的基础数据，因此鉴于实际操作的可行性，我们类似于绝大部分关于人力资本水平的估算处理，忽略流动迁移支出，从而：

$$人力资本投资(I_H) = 教育支出 + 培训支出 + 保健支出 \tag{4-1}$$

2. 人力资本存量水平的估算：K_H

人力资本投资的结果是形成一定数量的人力资本积累，这一积累表现为蕴藏于健康劳动者人身的各种知识和技能。而这一知识和技能的总量，就是特定时点的人力资本存量。

与物质资本不同，物质资本投资形成的物质资本积累，或为建筑物，或为机器设备、工器具等，均有其对应的物理形态。人力资本则不然，人力资本投资形成知识和技能的积累，这些知识和技能并没有特定的物理形态，但它们依附于被投资人人身。人力资本的这种人身依附性具体表现在四方面：一是，人力资本的存在依赖于人的生命，人是人力资本的天然载体，一切才能和智慧都依附于活生生的人而存在。与此同时，人力资本的流动伴随其载体的流动而流动，不论人力资本投资主体是谁，人力资本的区域归属取决于被投资人的区域归属。二是，人力资本的价值以其所依附的人具有劳动能力为前提，当人尚年幼时，即便其具备一定的知识和技能，这些知识技能不可能成为生产要素，只有当他达到劳动年龄并具备参与劳动所必需的健康体魄，其所拥有的知识技能才可能成为生产要素。三是，人力资本价值的实现以劳动力实际参与劳动为条件，一个有劳动能力但并没有参与劳动的人所拥有的知识技能仅仅是一种潜在的可利用的资源，只有当他实际参与劳动时，他所拥有的知识技能才成为实际意义上的资本而凭以获取收益。四是，人力资本价值实现的程度取决于人力资本载体的主观意志：当从业者得到有效的激励从而充分运用其拥有的人力资本时，人力资本价值将得到较好实现；相反，从业者就会减少努力，仅仅部分地、有限地运用其人力资本，此时，人力资本价值仅得以部分实现甚至没有得以实现。

由于人力资本的上述人身依附特征，依据人力资本投资观察人力资本存量水平时，有必要强调以下两条：

第一，对象上，遵循“现实存在”原则。伴随人力资本载体——劳动力的流动，一国（地区）累计的人力资本投资与该国（地区）的人力资本积累并不是一一对应的。当劳动适龄人口从外地迁入时，人力资本也随之流入，表现为本国（地区）的人力资本存量增加，但是，该国（地区）并未为这部分增加的人力资本进行过人力资本投资。相反，当劳动适龄人口从本国（地区）迁出时，人力资本也随之流出，表现为本国（地区）的人力资本减少，但是，该国（地区）已经投入的人力资本投资并不可能因为这部分人力资本的流出而得以收回。[①] 显然，与人力资本投资水平计量中以投资主体的区域归属为原则不同，一国（地区）人力资本存量水平的计量，应以人

① 赖德胜估算了1979—1994年伴随人口迁移而流入深圳市的人力资本总量达293.48亿元，显然，这部分人力资本是深圳市经济运行中的现实要素但并不是由深圳市投资形成的（见赖德胜：《教育与收分配》，北京师范大学出版社2001版）。美国作为世界上最大的人力资本净流入国，接收的人力资本占所有发

力资本载体——劳动适龄人口(在业人口)的区域归属为原则,凡是积累于本国(地区)劳动适龄人口身上的人力资本均计为本国(地区)的人力资本存量,而不论这些人力资本是由谁投资形成的,凡是积累于他国(地区)劳动适龄人口(在业人口)身上的人力资本均不计为本国(地区)的人力资本存量,即便这些人力资本是由本国(地区)投资形成的。

第二,内容上,体现不同类人力资本投资与人力资本积累的内在机理上的差异。虽然人力资本投资包括教育、培训、保健、迁移等多种投资方式,但人力资本存量仅指实际积累起来的知识、技能和健康的总量。就一个特定的被投资人而言,人力资本投资的方式不同、结构不同,同量的投资所形成的人力资本积累是不同的。其中:教育培训投资直接形成被投资人的知识和技能,即直接形成人力资本积累,并且投资越多,一般地积累也就越多。卫生保健投资则通过增进被投资人的健康、延长被投资人的寿命,即通过改善知识技能得以存在的基础(一个有效的载体)从而影响人力资本的有效存量及状态,它是间接地增加人力资本存量。与教育培训投

达国家接收的54.3%。早在20世纪80年代,美国每年接收的高学历人才就超过40 000人,1962—1980年间,发展中国家约有50万高科技人才迁移到美国,同样,伴随这些高科技人才流动的是人力资本,表现为流出国只有人力资本投资而没有形成有效的实际存量,流入国(美国)无需进行人力资本投资但事实上增加了人力资本存量。(见荣芳、何晋秋:"国际人力资本流动的可持续性探讨",《中国软科学》2000年第6期)

资这种投资越多，知识和技能的积累越多不同，卫生保健投资越多，并不会无限地增进被投资人的健康状态，对被投资人的寿命的延长事实上也是有限度的。因此，卫生保健这种形式的人力资本投资与人力资本积累的对应关系，与教育培训投资这种人力资本投资与人力资本积累的对应关系存在显著的差异。流动迁移投资又与教育培训投资和卫生保健投资均不同，如前所述，流动迁移投资只会对已经积累形成的知识、技能、健康进行再配置，它本身并不改变知识、技能、健康的数量，而仅仅改变它们存在的空间位置。

人力资本的投资积累有着与物质资本投资积累完全不同的机理，这种特殊性对人力资本存量水平的统计估算将产生本质的影响，我们将在第五章系统论述人力资本存量的估算方法。

3.人力资本服务水平的估算：S_H

资本服务水平，也就是资本服务流量的估算是十分复杂的。对于物质资本服务流量的估算，已经取得了一些成果。如，乔根森及其合作者第一次从资本服务的概念上度量了资本投入的数量。他们假设 K 是资本投入的数量，K_k 为总资本投入中不同资本品的构成数量，且每一资本品构成的变动均将导致总投入成比例变动，于是资本投入具有规模收益不变的特征。这样，资本总投入可以表示为其各种资本品组成的齐次函数：$K=K(K_1,K_2,\cdots,K_p)$。在加总条件满足的假定前提下，乔根森利用超越对数函数建立了总资本投入与不同资本品存量之间的关系。在乔根森方法的基础上，李京文、张国初(1998)结合中国的数据条件，修正运用乔根森的方法计量估算了中国的资本投入数量。①

然而，与存量估算方法相对成熟不同，即使是物质资本服务流量的估算，进展也是十分有限的。其首要的原因是，虽然服务流量的概念已经被提出并被广泛接受，但真正到统计估值层面上，则其概念的明晰性尚且不足。“比如，一把椅子是只有在其被人坐着的时候才提供服务呢？还是不管坐与不坐都认为是在提供服务流呢？那么，其潜在的服务和实际的服务是否等效呢？其他很多资产都具有问题。对于机器设备，有的设备24小时运转，有的只有8小时或更少，可以说情况非常复杂，另外，还有生产周期导致设备利用率变化的问题”（郑玉歆、许波，1992），如此等等，如何界定资本服务流量的问题就没有形成基本的共识。从实际研究进展看，乔根森等人的一系列研究形成了一套系统的测度资本投入的方法，但“其现实意义有多大仍是个有争议的问题”（郑玉歆、许波，1992）。国内学者李京文等（1996）借鉴乔根森的方法对中国经济运行的相关数据进行了测量，但孙琳琳、任若恩（2005）认为这一测量是“很粗糙的”。而孙琳琳、任若恩（2005）则使用克里斯滕森和乔根森（Christensen and Jorgenson，1969）提出的内部收益率方法求资本收益率，在资本存量、投资品价格指数、折旧率数据的基础上，估计出资本租赁价格序列，从而将资本价格作为权重，使用特

① 参见D.W.乔根森：《生产率：战后美国经济增长》，中国发展出版社2001年版；李京文、张国初：《中国生产力分析前沿》，社会科学文献出版社1998年版。

恩奎斯特(Tornqvist)指数形式构建出了中国的资本投入指数序列。但这一资本投入指数序列的价值和精度仍有待检验。其他关于资本投入量的估算成果极为少见,事实上,李京文和孙琳琳等的研究,其价值和意义主要也是体现在理论和方法上的进展,而不是这些数据本身所提供的信息。

相对于物质资本服务量的统计而言,人力资本服务量的统计估算显然更为困难。物质资本存量水平与服务量水平的差异主要源自资本品统计中的价格、役龄以及与此相关的相对效率差异等因素,而人力资本的存量水平与实际服务量水平的差异,更大程度上还取决于人的主观意志。人力资本的人身依附特性以及人这一人力资本载体本身的能动性,决定了生产运行中的人力资本即时服务量极其易变,且波幅极大,它几乎是一个不确定的量。也正是从服务流量的概念上,部分学者认为人力资本的数量是不可观测的、易变的,因而是不可统计计量的。

因此,我们不得不放弃对人力资本服务流量的估算,在后续研究中直接用人力资本的存量作为人力资本服务流量的替代指标。

4.3　人力资本效率水平估算

1.人力资本投资效率:EI_H

资本投资效率,通常指投资的回报率(收益率)。从这一角度观察资本投资效率,反映的就是投资主体对所投入的资本支出最终能获得多少收益和回报。固定资本的投资回报率,通常用投资的内部收益率、有效生产周期内的平均投资利润率等指标来表示，这在投资评价中是相对成熟的方法。人力资本的投资回报率相对复杂，从个人收入分配的角度看，人力资本投资可被视为是一种"挣得的延迟"。"在自由选择的条件下，每个人基于收益最大化而进行的不同人力投资（或培训）决策，决定了他们之间收入分配的格局"（J. Mincer，1970）。因此，接受教育、参加培训等就是一种为了增加未来收入、为了提高未来相对收入水平而进行的一项投资活动，正如斯蒂格利茨将教育描述为是现期消费与未来消费之间的一种替换，如图 4－6 所示：

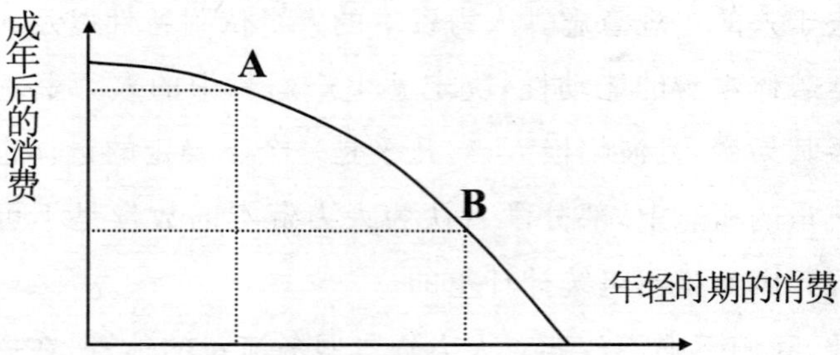

图 4－6　教育是现期消费与未来消费之间的替换

A 点表示"现在有更好的教育和低收入（消费）但将来有更高收入"这样一种选择，B 点表示"现在有更高的收入（消费）和较差的教育但将来有更低的收入（消费）"这样一种选择，人们的决策在 A 点还是在 B 点，或者在 A 与 B 之间的某一点，则取决于现期消费与未来消费之间的替代比率，也就是教育支出（作为一种人力资本投资）的回报率。

鉴于人力资本投资回报率（收益率）的研究主要着眼于从收入分配领域讨论收入的影响因素及收入差异的形成，两者与本研究的目的和重点相左，故不做展开研究。本研究讨论投资效率，主要着眼于投资支出与资本形成之间的比率。

从资本形成的角度观察资本投资的效率，则表现为投资的积累率，即投资主体在一定时期内所进行的人力资本投资最终形成了多少属于本国（地区）的人力资本积累，反映“投资→积累”环节的效率：

人力资本投资效率 = 人力资本积累增量/人力资本投资额

即：
$$EI_H = \Delta K_H / I_H \tag{4-2}$$

该比率是报告期净增加的人力资本存量与同期人力资本投资之比。人力资本投资的支出结构会影响这一投资效率的高低，如果报告期的人力资本投资大量地用于维持被投资对象的基本健康，无疑报告期的 ΔK_H 将是有限的；人力资本投资的对象结构也会影响这一投资效率的高低，如果报告期的人力资本投资大量地投资于非有效劳动人口，则作为生产要素意义上的 ΔK_H 无疑也将是有限的。上述两方面的特征，类似于物质资本投资积累中的效率问题。在物质资本的投资积累中，该比率反映的就是报告期固定资本投资扣除固定资产重置需求和固定资金建设过程占用后，形成新的固定资本净增加的比率。如果原有的固定资本重置需求率非常高，则大量的报告期投资只满足了维持原有固定资本效率的需要，投资生成的新的生产能力将十分有限。如果建筑物的建设周期漫长、机器设备生产购置安装过程缓慢，则固定资金被大量

"在途"占用,报告期投资形成的当期的固定资本增量将十分有限,虽然这一投资将表现为未来时期的资本积累,但考虑到资本使用、资本运用的时间价值,这一现象同样表现为固定资本投资的低效率。

对于人力资本,另有一个影响该投资积累效率的特殊因素是:人力资本依附于人力资本载体而形成的高度流动性。区域人力资本的积累,一靠投资二靠聚集,这是与物质资本投资与积累在地域上的相对一致性不同的。如果一国(地区)人力资本运行环境优良,某一时期内人力资本(伴随其载体)的流动表现为大量净流入,则该国(地区)在该时期就表现为相对少量的人力资本投资而相对大量的人力资本积累增加,即较高的投资积累比例。相反,如果一国(地区)人力资本运行环境不佳,某一时期内人力资本(伴随其载体)的流动表现为大量净流出,则该国(地区)在该时期就表现为相对大量的人力资本投资但只有相对少量的人力资本积累增加,即较低的投资积累比例。由于这种人身依附性及其相应的高度流动性,报告期一国(地区)累计的人力资本投资多少与该国(地区)人力资本积累的增量通常是不一致的,人力资本投资积累效率也反映了这种不一致的方向和程度。

2. 人力资本积累效率:EK_H

作为人力资本投资效率反映"投资→积累"环节效率的延续,人力资本积累效率反映"积累→运行"环节的效率。"积累→运行"环节的效率,本质上就是,已经积累起来的资本品,为经济运行提供了多少现实的资本服务,即:

人力资本积累效率＝人力资本服务流量/资本存量

即：
$$EK_H = S_H / K_H$$

然而，鉴于人力资本服务流量统计估算的困难，我们无法给出人力资本服务流量的估算结果，因此也无法从这一严格意义上来理解并量化人力资本积累的效率，有待今后做进一步工作。

3.人力资本运用效率：YK_H

作为资本"积累→运行"环节的连续，人力资本运行效率反映"运行→产出"环节的效率，该环节效率的本质是，服务于生产的人力资本流量与其所形成的最终产出之间的比率关系。

"产出—资本比"是衡量"运行→产出"环节资本效率的理想指标，它表示一个经济体每单位投入的资本所能形成的最终产出量，高的产出—资本比意味着可以用相对少的资本获得相对多的产出。

产出—资本比所度量的"运行→产出"环节资本效率，是影响资本整体效率的极其重要的方面。无论一国(地区)投资规模有多大，无论其投资的积累率有多高，也无论其积累的资本有多少被真正运用了，如果被运用了的这部分资本的生产率十分低下，则资本的整体投入—产出效率是不可能高的。赵志耘、吕冰洋(2005)援引帕金斯(1990)的研究，通过一个简单的例子说明产出—资本比的重要性：假如A国和B国的产出—资本比分别是1/4和1/3，而A国的投资增长率为10%，B国的投资增长率为5%，并假设在初始时A国和B国的经济总量均1 000，可供投资的资源都为150，那么经过5年的发展，B国的年均增长率可达到5.5%，而A国仅为4.2%。

一般认为,产出—资本比与技术水平具有一定的对应关系,因为技术往往起着节约资本的作用,保持其他情况不变,投入同样的资本,高技术的使用总是带来更多的产出,因此产出—资本比被视作衡量某个经济体技术水平高低的重要参数。罗默(1989)的研究也表明,发达国家的产出—资本比大致相当,发展中国家则存在较大差异,发展中国家的产出—资本比往往低于发达国家,这也说明了产出—资本比与技术水平的关联性。

除了技术水平外,资本配置也是影响产出—资本比的重要方面。如果资本在地区之间、部门之间、产业(行业)之间,以及不同的资本形态如物质资本与人力资本之间、人力资本内部各类别之间等各方面匹配合理,则无疑会提高产出—资本比。余长林(2006)使用扩展的M-R-W模型,将对人力资本的健康投资和教育投资引入C-D生产函数中,使用动态方程在理论上证明了人力资本在健康投资与教育投资上的结构关系对经济增长有着重要影响,并采用随机效应模型对中国29个省、市、自治区1978—2004年的数据进行了实证分析,表明人力资本投资于教育和健康的数量和结构均对经济增长产生重要的影响。类似地,郭继强(2005)构建了人力资本配置投资和转换投资的最佳比例,将具有最佳比例的人力资本投资带入到M-R-W模型的生产函数中,证明了具有最佳比例的人力资本投资能够在给定的人力资本投资总量下形成最大产出,从而促进经济的增长。

因此,产出—资本比指标可以综合地反映投入经济运行的资本要素的实际效率水平。严格意义上计量产出—资本比，显然应该是最终产出与对应的资本服务流量之比，但同样鉴于资本服务流量的数据限制，学术界关于产出—资本比的实证研究几乎都是从资本存量概念上来观察的，如樊英等(1998)、葛新元等(2000)、张军(2002)、王友广等(2005)、赵志耘等(2005)，等等。我们的研究也一样，基于资本存量数据观察产出—资本比。

与上述文献关于产出—资本比估算不同的是，我们并不将产出总量与资本存量做简单的直接对比。我们首先分离产出总量中由物质资本贡献的部分、由人力资本贡献的部分以及由其他贡献的部分，从而分别估算物质资本的产出—资本比、人力资本的产出—资本比。基本思路如下：

以 Y 表示产出 GDP，用 K_S 作为物质资本服务量的替代指标，用 K_H 作为人力资本服务量的替代指标，依据 Cobb - Dauglass 生产函数形式①，设定：

$$Y = AK_S^{\alpha}K_H^{\beta}e^{\mu} \quad (4-3)$$

$$\ln Y = \ln A + \alpha\ln K_S + \beta\ln K_H + \mu \quad (4-4)$$

(4 - 4)式两边对时间 t 微分，并用 y, k_S, k_H 分别表示产出(Y)增长率、物质资本(K_S)增长率、人力资本(K_H)增长率，则有：

$$y = c + \alpha k_S + \beta k_H \quad (4-5)$$

① 在 Cobb-Dauglass 生产函数的原始模式 $Y = AK^{\alpha}L^{\beta}e^{\mu}$ 中，K 是物质资本投入，即本研究所指的 K_S 。L 是劳动投入，劳动投入本质上就是劳动力对其所拥有的人力资本的运用，也即本研究所指的 K_H 。

用 Y_0 表示初始产出，Y_t 表示报告期产出，并进一步假设在初始年份由物质资本、人力资本和广义技术进步三个因素对产出增长率的贡献份额等于对产出绝对值的贡献份额，即初始年份产出（Y_0）中：

由物质资本投入（K_{S0}）形成的产出为：$Y_{S0}=Y_0\cdot(\alpha k_{S0}/y_0)$

由人力资本投入（K_H）形成的产出为：$Y_{H0}=Y_0\cdot(\beta k_{H0}/y_0)$

由广义技术进步因素形成的产出为：$Y_{C0}=Y_0\cdot(c/y_0)$ ①

当 $t=1$ 时，

因为：$y_1=\dfrac{Y_1-Y_0}{Y_0}=\dfrac{Y_1}{Y_0}-1$

所以：$Y_0(y_1+1)=Y_1$

从而：$\alpha k_{S1}Y_0+\beta k_{H1}Y_0+cY_0+Y_0=Y_1$

即：$(\alpha k_{S1}Y_0+Y_{S0})+(\beta k_{H1}Y_0+Y_{H0})+(cY_0+Y_{C0})=Y_1$

同理，当 $t=2$ 时，

因为：$y_2=\dfrac{Y_2-Y_1}{Y_1}=\dfrac{Y_2}{Y_1}-1$

所以：$Y_1(y_2+1)=Y_2$

从而：
$$(\alpha k_{S2}Y_1+Y_{S1})+(\beta k_{H2}Y_1+Y_{H1})+(cY_1+Y_{C1})$$
$$=(\alpha k_{S2}Y_1+\alpha k_{S1}Y_0+Y_{S0})+(\beta k_{H2}Y_1+\beta k_{H1}Y_0+Y_{H0})$$
$$+(cY_1+cY_0+Y_{C0})=Y_2$$

① 这一假设显然是有误差的，但类似于资本存量估算中，有关初始存量的某种设定所形成的误差，会随着时间的推移影响越来越小一样，这里的误差影响也是逐渐减小的。

依此类推，第 t 年有：

$$\left(\alpha\sum_{i=1}^{t}k_{Si}Y_{i-1}+Y_{S0}\right)+\left(\beta\sum_{i=1}^{t}k_{Hi}Y_{i-1}+Y_{H0}\right)+\left(c\sum_{i=1}^{t}Y_{i-1}+Y_{C0}\right)=Y_{t} \tag{4-6}$$

其中：$\left(\alpha\sum_{i=1}^{t}k_{Si}Y_{i-1}+Y_{S0}\right)$ 为第 t 年份物质资本投入形成的产出，$\left(\beta\sum_{i=1}^{t}k_{Hi}Y_{i-1}+Y_{H0}\right)$ 为第 t 年份人力资本投入形成的产出。这样，我们就可以给出人力资本的产出—资本比（YK_{H}）：

$$YK_{Ht}=\frac{Y_{Ht}}{K_{Ht}}=\frac{\beta\sum_{i=1}^{t}k_{Hi}Y_{i-1}+Y_{H0}}{K_{Ht}} \tag{4-7}$$

相应地：

物质资本的“产出—资本比”（YK_{S}）指由物质资本形成的产出部分与所投入的物质资本存量之比：

$$YK_{St}=\frac{Y_{St}}{K_{St}}=\frac{\alpha\sum_{i=1}^{t}k_{Si}Y_{i-1}+Y_{S0}}{K_{St}} \tag{4-8}$$

全部资本（物质资本与人力资本之和）的“产出—资本比”（YK）指由全部资本形成的产出和与所投入的物质资本存量和人力资本存量和之比：

$$\begin{aligned}YK_{Tt}&=\frac{Y_{St}+Y_{Ht}}{K_{St}+K_{Ht}}\\&=\frac{\left(\alpha\sum_{i=1}^{t}k_{Si}Y_{i-1}+Y_{S0}\right)+\left(\beta\sum_{i=1}^{t}k_{Hi}Y_{i-1}+Y_{H0}\right)}{K_{St}+K_{Ht}}\end{aligned} \tag{4-9}$$

综上所述,一国(地区)人力资本水平,全面地反映在从"投资→积累"、"积累→运行"、"运行→产出"三个层面的数量水平和效率水平上,我们尝试从这一体系上来系统地估算中国的人力资本水平。但是,鉴于运行层面的人力资本服务流量估算的现实困难,我们不得不放弃这一努力,相应地从人力资本投资总额和人力资本总存量水平两个指标分别反映人力资本投资层面、人力资本积累层面的数量水平,从人力资本投资积累率和人力资本产出—资本比两个指标分别反映从"投资→积累"环节的效率和从"积累→产出"的效率,如下表:

<table>
<tr><th></th><th>数量水平</th><th colspan="2">效率水平</th></tr>
<tr><td>投资层面</td><td>人力资本投资总额</td><td rowspan="2">人力资本投资积累率</td><td></td></tr>
<tr><td>积累层面</td><td>人力资本总存量</td><td rowspan="2">人力资本产出—资本比</td></tr>
<tr><td>运行层面</td><td></td><td></td></tr>
</table>

其中,人力资本投资总额依据(4-1)式估算,人力资本投资积累率依据(4-2)式估算,人力资本产出资本比依据(4-7)式估算。而人力资本积累总存量的估算,我们将在第五章做专门讨论,提出估算方法。

第五章

人力资本存量估算的方法论研究

资本水平，体现于从资本投资→资本积累→资本运用整个资本运动的各环节。这其中，资本积累是一个承上启下的节点。资本积累是资本投资的结果，资本积累又是资本运用的前提，因此，反映资本积累的资本存量水平是资本水平估算的关键。资本存量水平反映了现实可运用的资本总量，它是资本服务流量估算的基础，同时也是从投资积累率估算资本投资效率、从产出—资本比估算资本运行效率的基础。

从资本水平估算方法论研究的本质看，人们实际上也是聚焦于资本存量水平的估算。事实上，资本投资水平只是估算范围和口径确定的问题，在资本投资的内容和统计边界得以明晰的条件下，则资本投资水平的估算就仅仅是一个加和的过程，可以说不存在方法论上的困难。

资本存量水平的估算,则涉及由于资本品的耐久性所产生的一系列方法论问题。仅就物质资本而言,资本品是一个被固定在生产过程中供重复使用的物品,在其退出生产过程之前始终保持原有的物质形态,只有附着在资本品上的价值在生产过程中随资本品的使用逐渐转移到产品上去而不断减少,表现为不同年代资本品的效率差异。同时,不同年代的资本品还存在着由于技术进步所导致的质量差异。由于这种效率差异和质量差异,导致不同年代资本品的简单加总没有意义,由此产生资本存量估算的一系列方法论问题。而在人力资本存量的估算中,由于人力资本的人身依附性和人力资本载体的高度流动性,使得这一存量水平的估算更为复杂。当资本存量数据得以估算以后,则基于资本存量水平的投资积累率、基于资本存量水平的产出—资本比的估算问题也就迎刃而解了。

在第四章,我们已经结合资本水平估算的基本框架和体系的讨论,给出了人力资本投资的数量水平——人力资本投资总额、人力资本"投资→积累"环节的效率水平——人力资本投资效率、人力资本"积累→运行"环节的效率水平——人力资本产出—资本比三个指标计算的基本式。本部分研究主要着眼于人力资本积累的数量水平——人力资本存量的估算,所做的主要工作是:以现有物质资本存量估算方法为基础,遵循与物质资本存量估算在理论假设、估算思路等基本一致和可比的原则下,提出人力资本存量估算的可行方法,研究估算过程中的具体技术处理。

5.1　原则：总资本观察视角下，保持与物质资本估算的基本可比一致

如第三章介绍，人力资本存量水平估算有基于人力资本收益的方法，有基于人力资本投资支出的方法，有基于教育成果的非价值量方法等等，每一类中，又有众多不同的指标形式和具体处理差异。如何对这众多的方法进行取舍？哪种方法是相对客观、科学、可行的？我们从资本的基础概念和基本范畴梳理，认为在总资本视角下，保持与物质资本存量水平估算在理论假设和估算思路的基本可比和一致，是必要和重要的。

1.资本范畴的扩大及资本形态的多样性

资本最早提出时是用来代表贷款的本金，其含义专指生息的金额。近代以来，资本一词被广泛地使用并在所指上有了各种不同的解释。崔友平(2000)从经济学说史角度总结归纳了十种资本理论：以托马斯·孟和孟克得钦为代表的商业资本理论、以法国重农主义者魁奈为代表的农业资本理论、以法国重农主义者杜尔阁为代表的多部门资本论、以英国亚当·斯密为代表的资财资本论、以英国大卫·李嘉图为代表的生产资料资本论、以马克思为代表的完整资本论、以英国马歇尔为代表的财富资本论、以后凯恩斯主义者琼·罗宾逊和斯拉法为代表的非生产要素论、英国布利斯为代表的时间资本论和由西奥多·舒尔茨提出的人力资本论。田应奎(2001)将伴随三百多年工业革命的资本理论发展划分为四个阶

段：第一阶段——唯资本理论发展阶段，认为经济最终取决于资本积累率，第二阶段——人力资本理论发展阶段，认为人力资本是推动经济增长的最重要的动力源泉，第三阶段——新经济增长理论阶段，认为经济增长对于技术、知识和人力资本的依赖程度越来越强，第四阶段——知识资本理论创新阶段，认为知识的生产、传播和消费将对21世纪经济与社会发展产生深刻影响。另有学者（罗福凯、孙建强，2002）分别对古典资本理论、马克思资本理论、庞巴维克资本理论、新古典资本理论等加以评述，试图厘清资本理论演说的演进线索、过程和发展方向。

无论从哪一视角、怎样的逻辑去观察资本理论的演进过程，从结果来看，资本理论发展到今天，其内涵已十分丰富和复杂，形成了一个庞大的概念体系，我们从各种渠道可以看到的关于资本的表述，除了传统概念上的物质资本外，还有人力资本、知识资本、智力资本、社会资本、文化资本、制度资本、政治资本、组织资本、信息资本、技术资本等等。

人力资本是除物质资本外被最广泛接受的一种资本形态。自20世纪五六十年代在一系列现实经济难题的挑战下人力资本理论得以诞生以来，人力资本作为经济增长的一个不可替代的要素，被广为接受。

随着新制度经济学的发展和成熟，制度因素被作为经济增长的一个变量来观察，随之，制度资本概念或者说制度资本这一资本形态被正式提出并加以界定。姚洋（2000）定义“制度资本是组织和以组织为依托而建立起来的成文或不成文的行为规则和社会共识的集合”，这里的组织在宏观经济活动中即为政府，规则即规章制度、政策、计划、规划等，共识即由于人们对这些规则的认可而产生的自觉行为。周阳敏(2003)比较物质资本和人力资本来解释制度资本，认为“制度资本就是制度作为投入要素参与企业的生产和销售等过程，并因而取得了利润分享的机会”，并进一步认为，由于制度所有者也平等地参与了企业利润的分享，所以，应该将制度资本等同于其他资本纳入分析视野。陈志武(2004)用制度资本和制度成本来解释中国经济在制度资本欠缺的情况下为什么仍能保持快速增长，认为“促使经济增长的资本包括自然实物资本、人力资本和制度资本。即使一国的制度资本欠缺，但如果其人力资本和自然资源出奇的丰富，那么这两种资本可在一定范围内弥补制度资本的不足。也就是说，人力资本和制度资本有一定的相互替代性”，但反过来，“在给定的人力资本与自然资本的情况下，如果想挖掘其最大潜力并使市场达到最深化的地步，那么制度资本则会是决定性因素”，判断制度资本数量的标准在于一国的制度是否有利于市场交易的发生与深化，“如果一国的制度有利于交易市场的容量最大化，有利于经济的深化，那么我们就说该国具有高的制度资本”。

组织资本，是企业管理研究领域的重要内容。普雷斯科特和菲舍尔(Prescott and Visscher，1980)把知识和信息看作是组织资本的基本源泉，“知识和信息是企业的一种资产，因为知识和信息影响到企业的生产可能性曲线，我们把这一企业的资产称为组织资本”。组织资本不仅影响物质资本和人力资本的结合方式，而且也对企业的知识存量和流量产生重要影响。托梅(Tomer,1987)把组织资本定义成“一种体现在组织关系、组织成员以及组织信息的汇集上,具有改善组织功能属性的人力资本”。埃德温松和马隆(Edvinsson and Malone,1970)认为,组织资本是人力资本的具体化、权力化以及支持性的基础结构,也是一种组织的能力,包括用来传递和储存知识的有形系统。邸强、唐元虎、张超(2005)总结上述关于组织资本定义认为,“组织资本实质上是体现在个人和组织中的显性及隐性知识的集合”,并进一步采用营业费用、管理费用、无形资产、总资产周转率和组织规模作为反映组织资本的指标,对组织资本与企业绩效之间的关系进行了定量研究,认为“企业组织资本变动1%,使得企业的资产回报率变动0.02%”。张钢(2000)从现代企业理论与人力资本理论的内在关系以及人力资本契约在企业中的核心地位着手,通过分析人力资本的特性,区分出纯粹人力资本和组织资本。认为人力资本具有组织依赖性,这种组织依赖性决定了人力资本应包括两部分:以自然人为基础的健康资本和教育资本存量部分、以社会人为基础的依赖于特定组织和社会交往模型的资本存量部分。这其中的后者,即“基于人的社会属性的人力资本”就是组织资本。具体说,“组织资本是对组织资源进行开发性投资所形成的,可带来物质资本、人力资本和组织资本增值的资本形式,它代表了物质资本与人力资本以及人力资本之间的结合方式”,“组织资本也可以看作是一种关系资本,正是这种关系资本反映了企业的组织特性对企业核心能力和劳动生产率的影响”。作者认为这种组织资本具有收益递增性、专用性,对一般物质资本和纯粹人力资本具有激活和催化作用，其各要素存量（战略资本存量、结构资本存量和文化资本存量）间具有相互依赖性，是互为因果、不可分割的。完颜绍华、杨华军、许庆瑞（2001）从组织资本积累角度讨论整合的意义，认为整合有利于促进企业中个体智力资本与团队智力资本向组织资本的转化。

知识资本是另一种重要资本形态。自从加尔布雷斯提出知识资本概念后，先后有斯图尔特、埃德文森、沙利文等对知识资本进行了研究。加尔布雷斯把知识资本定义为是一种知识性的活动，是一种动态的资本，而不是固定的资本形式。斯图尔特认为，知识资本是企业、组织和一个国家最有价值的资产，虽然它们常常以潜在的形式存在，是你无法触摸到的，但却是能够使你富有的东西。埃德文森和沙利文则提出知识资本是企业真正的市场价值与账面价值之间的差距，是知识企业财务资本与非财务资本的合成。斯维比将知识资本定义为企业或组织的无形资产，“知识资本是你摸不着但能使你致富的某种东西”，其价值体现在人力资本、结构性资本和顾客资本三者之中。斯堪地亚财团的 AFS 公司定义知识资本为人力资本 + 结构资本。国内学者王兴元、成冰（2003）认为知识资本为企业所拥有或控制的，能为企业带来收益，并投入企业生产运营中的具有知识含量的无形资产及其载体。姚丽琼、任杰玉（2005）认为，知识资本是指知识在一定条件下转化而成的，是企业在其生产经营及其管理活动中所积累起来的最具有价值增量的预付价值，它包括人力资本、管理资本、技术资本、市场资本、顾客资本五大部分。刘国武、陈少华、贾银芳定义知识资本为“组织系统所拥有的或者控制的,能给组织带来经济效益的知识资源”。党兴华、李晓梅(1999)定义知识资本是以知识为主体,可参加社会再生产循环,具有高增值性的资本化的知识要素,主要由人力资本和技术资本两部分构成。

从社会运行角度观察资本形态,最具代表性的就是法国社会学家皮埃尔·布尔迪厄提出的社会资本概念,布尔迪厄定义社会资本为“实际或者潜在资源的集合,这些资源与由相互默认或承认的关系所组成的持久网络有关,而且这些关系或多或少是制度化的”。在其《资本的形式》中,他指出资本有三种基本形态:经济资本以金钱为符号,以产权为制度化形式;文化资本以作品、文凭、学衔为符号,以学位为制度化形式;社会资本以社会声誉、头衔为符号,以社会规约为制度化形式。目前,社会学研究领域已经认同社会资本这一资本形态,认同社会资本是指这样一种社会资源,它是人们之间制度化了的相互认知和认可的持续的社会关系网络,这种资源可以给其拥有者带来好处或便利,并且在特定条件下能够转化为经济资本,布尔迪厄称之为实际的或潜在的资源集合体。社会资本具有两个性质:一是具有不可转让性,二是对于所有者来说,它不仅仅是一种私人资产而更具有公共物品的性质。社会资本有利于促进个体之间的合作,有利于克服经济生活中的机会主义,降低市场的交易成本,从而弥补制度安排的不足,保证契约的自我实现。个人的社会资本存量对于其成功发展至关重要,同样对于一个企业或社会,社会资本是经济增长的重要前提条件。

除了社会资本，布尔迪厄还划分了多种资本类型，包括政治资本、文化资本、符号资本、法律资本等等。其中文化资本被视为与社会资本和经济资本并列的基本的资本类型。文化资本与社会资本可以合称为象征资本，它们往往不具有物质资本那样的可触摸性，但在社会支配与社会关系的生产与再生产中同样十分重要。文化资本主要存在于知识与文化生产的领域，它包括主体化的特征如容貌气质，客体化的要素如享有知识产权的种种精神产品，以及制度化的要素如文凭、荣誉学衔、所在研究所或大学的名望等等。文化资本之所以重要，也成为人们争夺的对象，是因为它也是权力与地位、支配与统治的基础。文化资本通常以三种形式存在：具体的状态，以精神和身体的持久“性情”的形式；客观的状态，以文化商品的形式（图片、书籍、辞典、工具、机器等），这些商品是理论留下的痕迹或理论的具体体现；体制的状态，是一种客观化的形式，这种形式赋予文化资本一种完全原始性的财产，而文化资本正是受到这笔财产的庇护。目前，文化资本这一资本形态也如同社会资本一样从概念上被人们所接受，在研究休闲生活时人们运用文化资本概念（马惠娣，2005），在研究战略成本管理时运用文化资本理论（李民、韩洪云、宋向明，2004），在讨论城市发展问题时运用文化资本理论（张鸿雁，2004）。

政治资本也是被频频提及的一种资本形态。在布尔迪厄所划分的资本类型里，政治资本被作为与社会资本、文化资本并列的资本形态，丁栋红（1999）将政治资本作为社会资本的一种类型，专指个人（包括家庭）在社会经济体制的权力结构中所据有的社会资源,如包含职业、职位、身份等因素的社会地位、政治面貌以及类似的家庭背景、某一团体的成员资格、同政治名人之间多少具有稳定性的、得到认可和承认的、持久的关系变量。这些要素在传统体制中充分结构化,成为个人所拥有的资本财产。李菁(2003)将政治资本与人力资本、社会资本等一起视作影响求职过程的诸种资本形态,并讨论研究了政治资本如何影响求职,以及对初次择业与再就业求职者的影响上的不同。

综上所述,资本范畴的内涵十分丰富和复杂,并且随着经济社会的发展,人们对资本范畴的认识和理解还在不断深入,资本范畴的内涵也在变化和发展。我们看到,不同的经济学流派、不同的经济学者基于不同的研究目的和研究主题,对资本范畴常常有不同的理解,尤其是不同学科(如管理学、社会学、心理学等)对资本的理解上存在差异显著。

2.人力资本与物质资本构成总资本的两个基本分量

尽管差异存在,尽管学界到目前为止尚未对资本下一个明确的、并为人们普遍接受的概念或定义,但是,人们对资本的理解在一些方面是基本一致和普遍认同的,这些方面构成了资本的最一般特性。朱舟(1999)总结了这种最一般特性至少表现在四个方面:

营利性。营利性是货币转化为资本的前提和目标,货币所代表的价值是以追求价值增值为目的进入生产过程的。马克思对此做了详尽说明:“价值在这里(商品生产流通过程)已经成为一个过程的主体,在这个过程中,它不断交替采取货币形式和商品形式,改变着自己的量。”由此可知，资本的本性就是在生产、流通过程中追求利润，并在这一过程中推动资本的流动和分配。体现在资本理论中，即运用投资收益率对资本运用进行分析，并据此对资本投资项目的优劣进行排序。

耐久性。资本的另一基本特征是耐久性。资本是可以长期使用的，也就是说，在生产中作用的资本不会立刻被消耗或毁坏，它向资本持有者所提供的不仅是以一种特有的形式连续地转移价值的能力，同时也是不断地以不同的价值形式存在的长期投入要素。资本的耐久性一方面来自于生产过程是一个延续的时间过程这一事实，另一方面也是由资本追求赢利的本质所决定的，即资本正是在生产、分配与交换过程的不断循环中实现其价值增值的。资本的耐久性使得资本持有者必然面临着代表未来生产过程和市场需求变化的任何不确定性。

风险性。资本的固有特征不只是报酬，还有风险。资本的投资风险包括两类：赢利下降的风险和破产风险。资本的市场风险直接源于资本的耐久性。生产中投入的各种资源、劳动与一定量的物质资本相结合所产出的产品，必须在实现其私人劳动向社会劳动转化的过程后，才能获得超出投入成本的利润。在这一转化过程中存在大量的不确定性。

既是生产活动的产物又是生产过程的投入。资本的显性表现就是为满足生产需要而生产的各种资本品的总存量，资本品的作用在于参与生产过程。与“处在自然状态，或称原生状态的”劳动力和未开垦状态的土地不同，资本品不是固有的，它们本身是生产活动的产物。资本品既是产出，又是投入，它们的规模及其变动是内在的经济现象，即投资或资本形成是经济过程中所有其他决定因素，如技术进步、劳动供给的变化、自然资源开发状态变化等的主要表达途径，并将影响一个经济系统的长远发展。

根据这四个方面，人力资本与物质资本一样，具备上述四个基本的特征。人力资本的整个理论分析框架是以营利性为前提的，它假定人们以完全理性对人力资本投资的投入成本和未来收益进行分析权衡，并在收益率分析的基础上做出投资决策，这表明，运用于人力资本投资的经济资源分配也是追求经济效益最大化的理性决策的结果。与大部分物质资本相比，人力资本的耐久性更为突出。人力资本投资主要集中于青少年时期，在不考虑人力资本贬值与过时的情况下，其投资收益期的上限可以是劳动者生命周期终结的时刻，通常至少可以估计至劳动者的退休年龄。人力资本投资也与物质资本投资一样具有风险，在技术进步和产业结构调整的过程中，投资所积累的人力资本面临劳动力市场需求的不确定性，且由于人力资本与其所有者无法分离，使得人力资本所有者很难通过进入资本市场转让或分散资本所有权来减少人力资本贬值过时的风险，人力资本投资的成本很高，从这个意义上说，人力资本投资的风险甚至还大大超过物质资本投资。人力资本的形成是在劳动力再生产过程中通过花费一定的经济资源投资形成的，投资主体必须为获得人力资本付出相应的努力和费用，同时积累形成的人力资本必然会与其他资本和要素结合再投入到生产中，成为再生产过程的重要投入要素。

事实上，人力资本从其理论形成之始，就是作为一种重要的宏观经济变量被研究的。人力资本虽然没有正式进入国民经济核算体系，但已有相关国际组织开始对人力资本核算开展研究。世界银行于1995年首次公布的一种新的国民财富核算方法，其基本特点就是在国民财富的估算中增加了人力资本因素，与自然资本、人造资本等其他资本一起构成一个财富总量。

除了人力资本，对于众多的其他资本形态，我们暂时将它们排除在总资本范畴之外。其中：社会资本、文化资本、政治资本、观念资本等主要是体现社会阶层间的一种资本关系，组织资本、顾客资本、市场资本等主要是一种管理要素，它们缺乏一个予以统计估值的客观实体。制度资本也类似，作为“组织和以组织为依托而建立起来的成文或不成文的行为规则和社会共识的集合”，要对这一“集合”的水平——制度资本的水平进行科学地统计估值从而纳入总资本，与物质资本、人力资本等其他资本一起构成总资本水平的一个分量，目前也缺乏一个统计计量的实体基础。

知识资本、技术资本、智力资本等资本形式，人们对它们的定义存在包含、交叉、重叠，事实上这些资本形式之间在内容上也相对比较接近。但如果从资本的载体上来观察这些资本形式，则无论是知识资本、技术资本还是智力资本，或以物为载体，表现为机器设备等耐用品的现代化、智能化、自动化程度等，或以人为载体，表现为劳动者的知识层次、能力水平、综合素养等。因此，知识资本、技术资本、智力资本等资本水平，总体上是以物质资本的水平和人力资本的水平来体现的，以“物质资本＋人力资本”表达的总资本水平不存在对上述资本形式的大的遗漏。作为资本数据运用的最核心的领域——经济增长研究中,物质资本和人力资本是经济增长模型中的两种基本资本形态。

为此,依据资本的本质特征,遵循各分量互不交叉和重叠原则,同时考虑到各分量的可计算性等,我们界定,人力资本与物质资本构成全社会总资本,人力资本存量和物质资本存量是总资本存量的两个分量。

3.作为总资本的两个分量,保持人力资本存量估算在理论假设和估算思路上与物质资本估算基本可比和一致是必要和重要的

物质资本的统计估值在方法论上已经相对成熟。物质资本投资是各国制度性经济统计中的重要统计指标之一,中国官方自开展统计工作以来,就发布历年物质资本投资数据。物质资本存量核算是国民经济核算的重要内容。按照 SNA 国民经济核算体系,国民经济核算体系包括社会再生产核算表和经济循环账户两部分,社会再生产核算表的基本部分由国内生产总值及其使用表、投入产出表、资金流量表、国际收支平衡表、资产负债表组成,其中资产负债表核算各种资产与金融负债的存量,物质资本存量构成了资产存量核算的主要内容。目前,世界上已有美国及其他十多个 OECD 国家发布资本存量数据。1993 年 OECD 统计理事会秘书处出版《OECD 国家固定资本度量方法》,对其成员国的资本存量核算理论和实践加以全面总结作为堪培拉回合成果的总结,2001 年 OECD 正式出版《OECD 资本度量手册——对资本存量、固定资本消耗和资本服务的度量》。所有这些足以反映物质资本存量

估算的相对成熟性。

相对成熟的物质资本存量估算方法，可以为人力资本存量估算提供借鉴。作为与物质资本一起构成总资本分量的人力资本，在强调其投资—积累—运行特殊性对存量估算要求的同时，尽可能保持其与物质资本存量估算在方法论上的相互可比和一致，有利于开展两种资本比较研究，提高研究的客观性和科学性。这种可比和一致性包括：

①估算的思路上，是从未来收益上观察，还是从历史投入上观察，抑或是从标准化的生产能力上考量，物质资本存量的估算与人力资本存量的估算在这一基本思路上保持尽可能可比和一致。

②指标形式上，采用总量指标形式还是平均指标或相对指标形式，采用价值量指标还是实物量指标形式，应保持可比和一致，否则，物质资本和人力资本作为总资本的两个分量是无法汇总加和的。

③假设和依据上，无论采用怎样的思路和方法，对应地均会对估算对象和估算过程做出一些基本的假设，我们强调对物质资本估算的假设与对人力资本估算的假设力求可比，以此尽量保障估算中的误差相对一致。

在总资本的视角下估算资本存量，将物质资本、人力资本分别视为构成总资本的两个分量，按照物质资本与人力资本之间可比、一致从而可加总的整体原则估算各资本分量水平，在分量水平的基础上可以汇总形成总资本存量水平，将大大改善资本数据信息的应用价值。

4.人力资本存量估算的其他原则

(1)客观性与重要性相结合原则

所谓客观性原则，指所估算的资本存量要能客观地反映人力资本的本质内涵，估算方法要科学地体现和反映人力资本概念的质的规定性。所谓重要性原则，指不能遗漏人力资本内涵中重要和关键的部分，不能包含人力资本边界以外的重要要素，但也不能一味强求精确。人力资本的构成是复杂而多样的。按照周其仁教授的观点，"人力资本不只是对人力的教育和训练，更关键的是能力、创新精神、企图心和对风险的态度。至少企业家人力资本主要由这些特质构成。经验表明，企业家人力资本不仅来源于正规教育，还来源于个人对环境的悟性，来源于那些我们现在还说不清楚的东西"。显然，这其中的"悟性"和"说不清楚的东西"我们无法给以计量。即便按照我们对人力资本投资的界定——教育支出、培训支出、保健支出构成人力资本投资，对于这其中的培训支出，理论上应包括脱产学习、半脱产学习、学徒制、干中学，甚至还包括劳动者在生产过程中的相互影响和相互提高，显然，我们同样不可能对以此积累的人力资本存量加以精确的计量。

事实上，一味强调准确精确，最终也往往是徒劳的。白菊红(2004)在6项假设下提出了复杂的人力资本存量衡量模型：

$$AHC = P\left\{\alpha_{ij}\eta\beta_j E \cdot \left[1+\left(N-\frac{\sum_{j=1}^{J}\beta_j E}{J}-6\right)^{\gamma}\right]+(\delta-\rho)\cdot H\right.$$

$$+\xi\cdot\frac{\left(\frac{1}{T_H}\sum_{t=1}^{T_H}w_t\right)^2}{\left(\frac{1}{T_L}\sum_{t=1}^{T_L}w_t\right)\cdot C}\Bigg\}$$

其中 α 表示先天获得人力资本的能力，β 为单位受教育时间(年)获得的人力资本，η 为教育质量系数，δ 为单位健康投资积累的人力资本，ρ 为人力资本贬值系数，w 为迁移的工资率，ξ 为单位迁移的影响力增加的人力资本积累，E 为受教育年限，J 为受教育等级，H 为健康投资，T_L 为低收入地区劳动力总数量，T_H 为高收入地区劳动力总数量，P 为劳动力总量，N 为劳动者平均年龄，C 为迁移的实际成本。这一模型考虑到了一个人的先天能力、所接受的教育的质量、健康状况等等。但是，作者本人在紧接着的实证研究中却并没有采用这一模型，而是简单地认为“在农业生产过程中，劳动力的人力资本水平越高，越有思路和胆识进行固定资产投资(假定资金不成为限制因素)”，在农村人力资本对农村经济增长影响的“模型中可以采用农村劳均个人固定资产投资水平表示农业生产过程中的人力资本投入”。

因此，我们追求对人力资本水平反映的科学和客观，但实现途径是：有效地把握人力资本构成中的重点和关键内容。

(2)可行性原则

这包括两个必要的方面：一是计算方法的可操作性；二是基础数据的可得性。我们强调估算所需要的基础数据能从现有的基础统计体系中获取，这是保证人力资本存量估算现实可行的基本前提。如果所需的基础数据大量地依靠估计、推断或相关替代数据，则研究工作的可行性就受到了很大制约,同时,指标计算的误差也不易控制。

一项典型的例子是李宝元(2000)对1978—1996年中国健康投资额估算中,对卫生固定资产投资(1)、卫生事业费(2)、医疗费中的劳保费部分(3)、公费部分(4)和自费部分(5)做如下注释:"(1)1978—1984年数据见《中国固定资产投资统计年鉴(1950—1985)》,中国统计出版社;1985—1996年数据为卫生、体育、福利业基建投资和更新改造投资,见《中国统计年鉴(1997)》;(2)包括体育事业费,1979年数据为1978年和1980年平均值,1993—1996年数据用卫生、体育、社会福利业工资总额代替,见《中国劳动统计年鉴(1995)》、《中国统计年鉴(1997)》和《中国社会统计资料(1993)》;(3)1978—1984年数据见《中国社会统计资料(1990)》,1984—1992年数据见《中国社会统计资料(1993)》,1993、1995、1996年数据根据《中国统计年鉴(1997)》的全国保险福利费总额按1992年和1994年的劳保费比率推算所得;(4)见《中国劳动统计年鉴(1995)》,1995年为估计数据;(5)根据《中国统计年鉴》年(末)城乡人口数和城乡居民家庭平均每人全年医药保健费支出估算而得,1981—1983年数据因缺农村居民数据,故用城镇居民平均每人全年医药保健费支出乘年末总人口数估算,1979—1980年数据依据世界银行《中国:卫生模式转变中的长远问题与对策》提供的自费比重(约20%左右)估算而得"。

无疑,作者对数据处理的态度是严谨的,处理方法是明确而具体的。但是我们认为,一项统计估算,如果基础数据本身太多地依赖于估计，尤其是不得不同时采用多种估计方法、依据多项估计标准，则不仅大大增加工作难度，而且还很难把握由此产生的误差。

我们强调基于现有的政府统计体系所提供的基础统计和核算信息开展人力资本存量水平的估算，以保障连续地开展人力资本存量估算的可行性。

5.2 方法：永续盘存法及应用于人力资本存量估算的合理性与可行性

1.永续盘存法的基本原理

永续盘存法(Perpetual Inventory Method, PIM)由戈德史密斯于1951年提出(R. W. Goldsmith, 1951)，它以耐用品生产模型为理论基础，其基本思想是：某时期期末的资产存量 K_t ，是过去的历期有效投资 I_{t-s} 的加权和($s=1,2,\cdots$)，权重为资本品的相对效率系数序列 φ_s ，即：

$$K_t = \sum_{s=1}^{\infty} \varphi_s I_{t-s} \qquad (5-1)$$

对(5－1)式一阶差分有：

$$K_t - K_{t-1} = I_t - \sum_{s=1}^{\infty} (\varphi_{s-1} - \varphi_s) I_{t-s} \qquad (5-2)$$

令 $\sum_{s=1}^{\infty} (\varphi_{s-1} - \varphi_s) I_{t-s} = R_t$ ，R_t 表示为了保持原有资本品效率所必须进行的重置数量。φ_s 取决于资本品的使用年限和实际的物质磨损情况。取新的资本品的相对效率为1，且假定相对效率是非增的，资本品最终退役或报废时的相对效率为0，则：$\varphi_0 = 1$；$\varphi_{s-1} - \varphi_s \geqslant 0, s = 0,1,\cdots,T-1$；$\varphi_s = 0, s = T, T+1,\cdots$（$T$为资本的使用年限或寿命）。

用θ_s表示重置序列（重置分布），则R_t又可表示为：

$$R_t = \sum_{s=1}^{\infty}\theta_s(K_{t-s} - K_{t-s-1}) \qquad (5-3)$$

现实资本运用中，真实的相对效率系数序列φ_s是难以观测到的，经常使用的相对效率模式假设是：恒定效率型、线性递减型、几何递减型，它们的相对效率序列和重置分布序列如下：

恒定效率型：

相对效率序列 $\varphi_s = \begin{cases} 1 & s = 0,1,2,\cdots,T-1 \\ 0 & s = T, T+1,\cdots \end{cases}$

重置分布序列 $\theta_s = \begin{cases} 0 & s \neq T, 2T,\cdots \\ 1 & s = T, 2T,\cdots \end{cases}$

线性递减型：

相对效率序列 $\varphi_s = \begin{cases} 1-(s/T) & s = 0,1,2,\cdots,T-1 \\ 0 & s = T, T+1,\cdots \end{cases}$

重置分布序列 $\theta_s = \frac{1}{T}\left(1+\frac{1}{T}\right)^{s-1} \quad s = 1,2,\cdots,T$

几何递减型：

相对效率序列 $\varphi_s = (1-\theta)^s, \quad s = 0,1,2,\cdots$

重置分布序列 $\theta_s = \theta \quad s = 1,2,\cdots,T$

可以证明，在几何递减型效率模式假设下，有（肖红叶、郝枫，2005）：

①平均重置率等于重置率，因而重置需求为：$R_t = \theta K_{t-1}$，从而：

$$K_t - K_{t-1} = I_t - R_t = I_t - \theta K_{t-1}$$

即：
$$K_t = I_t - (1-\theta)K_{t-1} \tag{5-4}$$

其中 θ 为重置率。

②定义折旧为 t 时刻为保持资本品效率所需要恢复的价值，它是未来租赁价格与相对效率的和，其值取决于相对效率模式。在几何递减型效率模式假设下，平均折旧率等于平均重置率，都等于相对效率损失，从而：

$$K_t = I_t - (1-\delta)K_{t-1} \tag{5-5}$$

其中 δ 为折旧率。

实际操作中，永续盘存法就是依据(5－4)式，或在几何递减型效率模式假设下依照(5－5)式估算资本品存量。

2.依据永续盘存法估算人力资本存量，是保持与物质资本存量估算基本一致可比的需要

物质资本存量普遍使用永续盘存法作为估算工具，其中OECD国家在物质资本存量核算领域处于领先水平，郝枫(2005)系统介绍了这一领域的国际进展。

理论研究方面，由OECD统计理事会秘书处出版的《OECD国家固定资本度量方法》(1993)报告，对其成员国使用PIM度量资本存量的理论和实践进展做了很好的总结。1995年联合国统计委员会要求在SNA93框架之下，对经济统计中有关资本度量的许多关键性问题进行了研究，并在这一背景下启动了堪培拉回合。

在堪培拉回合期间,与会者提交的上百篇论文几乎涵盖了资本度量所有重要领域的进展,包括:各国资本核算实践,PIM的实践和问题,度量和使用资本存量数据的新进展等等,其中针对PIM研究,在资产服务寿命、死亡率函数、年龄效率剖面、年龄价格剖面、折旧剖面、PIM估计的灵敏性以及利用二手资产数据修正PIM参数等方面,都取得了重要进展。

估算实践方面,国际上目前通行的物质资本存量核算程序有四类:第一类是以新加坡统计局为代表的,程序简单,处理较为粗糙,但对于数据条件一般和较差的国家(地区)有较强的适用性;第二类是以法国为代表的,属于PIM的标准做法,技术处理详细,估算结果质量较高,广泛应用于OECD国家;第三类以美国经济分析局为代表,利用美国数据的特殊条件,将退役模式与折旧模式合而为一,大大简化了操作程序;第四类仅由澳大利亚等少数国家使用,强调资本的财富度量和生产投入度量之间的内在一致性,方法先进但对数据要求很高,实践中对多数国家尚难采用。上述四类虽然处理程序不同,但本质上都属于永续盘存法。

中国的资本存量核算至今尚未正式进入国民核算体系,当然也没有官方发布的资本存量数据,但这方面的研究已有相当进展,积累起了一大批成果。从这些成果看,国内关于物质资本存量估算,在研究思路上也是基本一致的,基本上都是采用永续盘存法,差异仅仅存在于永续盘存法处理程序中的具体技术细节。

因此,永续盘存法在物质资本存量估算中是被普遍认可的估算方法,已经得到广泛应用,相关的技术处理也已经相当成熟。人力资本存量估算采用永续盘存法，一方面可以借鉴这一成熟的资本估算技术，更重要的，可以保持与物质资本存量估算在总体方案上的基本一致和可比，作为总资本存量的两个分量，实现人力资本存量与物质资本存量之间的可加性。

3.依据永续盘存法估算人力资本存量是合理且可行的

永续盘存法的本质是以过去投资——资本性支出为依据来估算特定时刻的资本存量。在目前实践应用中的众多人力资本水平估算方法中，本研究认为按照永续盘存法，即依据投资估算人力资本存量是合理的，理由在于：

(1)从投资角度估算，符合商品价值计量的一般原则

按照马克思的价值理论，商品的价值是由凝结在商品中的无差别的社会必要劳动决定的。人力资本蕴藏于劳动者人身，在承认了劳动力是商品的前提下，人力资本也就具有了与其他商品一样的价值计量尺度。因此，人力资本的价值应该由其形成所需要接受的教育、培训等等一系列费用投入(人力资本投资)的数量而决定，也就是说，依据累计的投入数量来确认人力资本价值符合商品价值计量的一般原则。对此，亚当·斯密也曾做过经典的解释："学习一种才能，须受教育，须进学校，须做学徒，所费不少。这样费去的资本，好像已经实现并且固定在学习者的身上……。工人增进的熟练程度，可和便利劳动、节省劳动的机器和工具同样看作是社会上的固定资本。"(亚当·斯密，1972)

从目前学界就人力资本水平的估算实践看，基于历史投资支出的累计成本法也是被相对广泛接受的方法，如 E.恩格尔

(1883),F.马克卢普(1962),W.D.诺德豪斯和J.托宾(1972),R.艾斯纳(1978),周天勇(1994),J.W.肯德里克(1976,1994),沈利生、朱运法(1999),C.戴甘姆和D.斯罗杰(2000),李宝元(2000),梁昭(2000),盛乐(2000),洪银兴(2000),徐小飞(2003),叶飞文(2004),孙景尉(2005),胡鞍钢(2006),侯风云(2007)等等,都是直接或间接地基于人力资本投资支出来估算人力资本存量的。

永续盘存法就是基于资本性投资支出估算资本存量,与目前人力资本存量估算的累计成本法本质上是一致的,差异在于永续盘存法采用相对效率系数序列为权数,对过去投资进行加权求和,从而有效地解决了不同年代资本投资的效率差异和资本品质量差异,而累计成本法则是将过去投资简单加总。运用永续盘存法估算人力资本存量,可以认为是对目前所运用的累计成本法的进一步改进和完善,是更为科学而合理的。

(2)从投资出发,人力资本价值存量估算才具备一个确定的基础

按照所凝结的无差别的人类劳动计量商品的价值,商品在特定时点的价值存量是一个确定的量。依据教育、培训等人力资本投入数量计量人力资本价值,人力资本在特定时点的价值存量也是一个确定的量。这种确定性是对商品价值进行计量的基本前提,也是对人力资本价值进行计量的基本前提,人们不可能也不值得对一个不确定的量进行计算。

从这个意义上讲,收益基础法有其不合理之处,杨同卫、马曙光(2003)认为,其不合理在于将"商品自身内在的价值与其使用中

带来的功效”混为一谈。由于人力资本天然归劳动者所有，具有天然的垄断性，人力资本所有者可能会利用其对自己的行为和人力资本的使用环境、使用绩效的天然控制优势，通过“隐蔽行为”和“隐藏信息”从事机会主义行为。奴隶们可以采用逃跑、怠工、破坏工具等形式反抗奴隶主剥夺其人力资本所有权的行为。同样，企业家在企业中拥有控制权和决策权，企业家的行为更多的是一种事后行为，具有更强的不可视性和难以监督性。给付人力资本所有者的报酬是与人力资本所有者对企业的贡献相匹配的，无论是报酬的确定，还是激励与约束的目的，都是为了让人力资本所有者更加卖力地工作，最大可能和最大限度地发挥其人力资本的作用，而不是评估、核算人力资本的内在价值。评估、核算人力资本的价值，主要应该看人力资本价值的重置成本。杨同卫、马曙光(2003)举了一个简单的例子：花 3 元钱，从配件市场买回 1 颗螺丝钉，可能用它修好了铲车，用铲车当月获取了 3 万元收益。也可能螺丝钉买回不合适，废弃一旁，再重新买别的型号。不管哪一种情形，该螺丝钉的价值都不依赖于它所发挥的效用，而取决于生产该螺丝钉的成本。

因此，使用一种商品所能产生的功效很大程度上取决于商品的使用者，同样的商品在不同的使用者手里会产生截然不同的功效。人力资本则更甚，由于其载体是活生生的、复杂的人，同样的人力资本在不同的制度环境中、在不同的群体合作中，其愿意发挥的和所能发挥的功效会有极大的差异。用这样一个事实上不确定的预期收益来估计一个应该确定的人力资本价值，显然不尽合理。

(3)教育存量法在方法论上不符合存量指标的一般属性

存量，首先是一个总量概念，在统计指标类别划分上属于时点总量——特定时刻现象达到的总规模或总水平。人力资本是“以人为载体，表现为人的劳动技能与知识，具有生产效用和价值创造功能的价值存量”(姚先国，2003)。显然，人力资本存量的计量是要获得特定时点关于蕴藏于劳动者人身的知识和技能的价值总量信息。

教育存量法使用的是反映教育成就或国民受教育程度的指标，所有这些指标中，除人口或劳动者受教育年数总和这一类指标外，其余指标均不反映总量。平均受教育年限属平均指标——反映的是现象达到的平均水平或代表水平，识字率、入学率、人力资本指数等属相对指标——反映的是现象发展中的相对程度和相对深度，均不反映总量。因此，教育存量法虽然直观、易于操作，是目前最为广泛地被采用的人力资本存量的测度方法，但它本质上是一类代理指标。因为教育是人力资本积累的最主要的渠道和形式，因为个体受教育程度与个体的人力资本拥有量存在高度的相关性，因而用这一类代理变量来反映人力资本存量的大小，它本质上不反映人力资本存量水平本身。

(4)收益基础法所必需的市场条件在中国尚不完备

收益基础法是依据人力资本所能产生的收益流来计量人力资本的现值，而收益能客观地反映人力资本现值的前提是：劳动力市场收入高低直接取决于人力资本存量；劳动力的收入分配深刻地反映着个人自愿的、自利的人力资本投资决策及基本的先天能力分配；劳动力市场的收入分配是公正而有效率的。然而，现实的劳动力市场是有缺陷的，投资者的理性是有限的，市场信息是不完备的，尤其在一些发展中国家和地区更是如此。（朱舟，1999）

在我国，仅从劳动力市场的分割现实观察，收入就不完全是人力资本的回报。从城乡分割看，姚先国、赖普清（2004）的研究发现，城市工和农民工工资收入差异中，人力资本特征和企业特征变量可以解释 70%，户籍歧视可以解释 30%。两类工人在三大社会保险（养老保险、医疗保险、失业保险）享有率方面，人力资本和企业特征变量可以解释 69%、74%、79%，户籍歧视可以解释 31%、26%、21%。杨和郭（Yang and Guo，1996）利用 1985—1990 年全国人口普查 1%的抽样数据研究发现，进城农村劳动力从事专业技术、管理人员和办公室文员的概率要远远低于城镇户口劳动力，成为产业工人的概率要远远高于城镇户口劳动力，成为销售和服务人员的概率将近是城镇户口劳动力的两倍。从部门分割看，王美艳（2005）的研究结果显示，如果外来劳动力受到与城市劳动力同等的对待，外来劳动力中自我雇佣比例将降低 30%以上，作为公有单位职工的比例将提高近 30%；如果城市劳动力与外来劳动力受到了同等的对待，城市中自我雇佣的比例将提高 45%以上，作为公有单位职工的比例将降低 50%以上。从行业分割看，张展新（2004）对第五次全国人口普查数据的分析表明，户口是影响不同劳动群体进入垄断产业机会差别的重要因素。张原、陈建奇等（2008）使用中国城镇家庭调查的横截面数据和行业中观数据研究表明，人力资本和行业特征均是影响行业间工资差异的原因，并且,两者相比较,行业特征的影响更为显著。从职业分割看,孟昕等(2001)利用上海市流动人口调查和上海市居民调查的微观数据,研究结果表明,城镇劳动者和农村劳动者间在职业取得上存在结构性的差异,如果农村劳动者可以取得与城镇劳动者相同的待遇,超过6%的蓝领劳动者可以得到白领工作。如果城镇劳动者被当作农村劳动者来看待,他们中22%的原白领将只能找到蓝领工作,从事白领工作的比例下降到只有14%。此外,钱雪亚、张昭时、姚先国(2009)基于浙江数据的研究显示,城镇劳动力市场总的城乡分割程度约为2.78%。从工资回报层面看,相对高端领域的分割程度弱于相对低端领域:一级部分劳动力市场几乎不存在分割而二级部分劳动力市场城乡分割显著,二级部分劳动力市场内部,相对好的行业的分割程度弱于相对差的行业,外资和国有部门的分割程度弱于个体和私营部门;与上述分布规律不同,从就业机会获得的层面观察,相对高端领域的城乡分割程度显著强于相对低端领域:“农村户籍”特征是构成进入一级部分劳动力市场就业的显著障碍,相比于城镇户籍的劳动力,农村户籍劳动力进入一级部分劳动力市场的概率低16.4个百分点;在二级部分劳动力内部,农村户籍劳动力就业机会劣势最为突出的行业是科学研究、技术服务和地质勘察业,金融业,教育,卫生、社会保障和社会福利业,文化、体育和娱乐业,公共管理和社会组织,就业机会劣势最为突出的所有制部门是联营经济,股份制经济,外商和港、澳、台地区经济单位和各级党政机关、人民团体及其所属国有企业、事业单位。

因此，改革开放三十年，中国基本实现了劳动力的大范围流动和城乡间的重新配置，大大促进了生产力发展，但是，劳动力市场尚未真正发育成熟。尽管我们有理由相信，对劳动力市场一系列改革大大推进了城乡一体化进程，但劳动力市场的城乡分割仍然存在，即便在浙江这样市场化程度较高的地区也是不容否认的。在这样的市场环境里，收益基础法估算人力资本存量的上述几项前提都将难以成立，这必然影响计量结果的科学性和客观性。

因此，比较而言，基于过去投资的永续盘存法既是总资本框架下保持各资本分量可比一致的选择，也具备必要的理论依据和可靠的估算基础。而且，按照永续盘存法估算人力资本存量在方法论上是完全可行的，后面的研究将给出具体的估算过程。

5.3 技术：永续盘存法下人力资本存量估算的具体处理

永续盘存法下资本存量估算的基本公式是：$K_t = I_t - (1-\theta)K_{t-1}$，或 $K_t = I_t-(1-\delta)K_{t-1}$。针对目前国内学者就物质资本存量估算中永续盘存法的运用，任若恩、刘晓生(1997)提出了许多批评，如部分研究中资本存量的初始数据不符合永续盘存法要求，对重置和折旧不加区分，等等。但学者们反过来也认为无须苛求理论上的严谨，例如对于利用折旧率来表示重置率，“作为一种广泛使用经验性的做法，在不苛求理论上的严谨时，也有着简单直观的优点"(黄勇峰、任若恩、刘晓生,2002)。

从资本存量估算实践看,除了 OECD 国家和其他部分发达国家外,严格按照 PIM 的标准进行技术处理的并不多,主要受制于基础数据条件。对于中国的资本存量估算,数据条件显然不支持严格标准的估算过程。因此,我们主张按照 PIM 估算资本存量,但事实上也没有条件做严格的标准处理。我们的基本做法是:在几何递减型效率模式假设下,依据 $K_t=I_t-(1-\delta)K_{t-1}$ 估算存量数据,并且,在估算过程的各环节处理上,力求在现有数据条件下的科学和客观而相对忽略理论解释上的严密性。

依据 $K_t=I_t-(1-\delta)K_{t-1}$ 估算人力资本存量,主要涉及四个内容的处理,这就是初始资本存量(K_0)、报告期投资(I_t)、投资价格指数(P_t)、折旧率(δ)。

我们依据可比一致的原则,在系统梳理目前物质资本存量估算相关技术处理(详见附录 1)的基础上,讨论相应的人力资本存量估算中这四个方面的具体技术处理问题,并同时确定对应的物质资本存量估算技术(详见附录 2)。

1. K_0 的确定

永续盘存框架下物质资本初始存量的确定方法,大致有三类:一类是依据永续盘存法本身的思想和程序进行的估算,代表性的研究成果是黄勇峰、任若恩、刘晓生(2002),他们分十五个行业,对中国制造业 1978—1995 年的资本存量进行分行业估计。孙琳琳、任若恩(2005)采取了与黄勇峰、任若恩、刘晓生(2002)同样的寿命期假设和估算方法。在目前众多的资本存量估算中,只有黄勇峰、任若恩、刘晓生(2002)的估算被认为是使用永续盘存法推导出来的基期资本存量,并且其估计也被认为是更为准确的(孙琳琳、任若恩,2005)。第二类是直接依据对经济变量间的比例关系的某种设定来估算,代表性的研究成果有:张军扩(1991),贺菊煌(1992),邹(1993),胡鞍钢(1999),蔡昉、王德文、张车伟、谢建华(2000),杨(2000),王金营(2001),张军、章元(2003),张军、吴桂英、张吉鹏(2004),郭庆旺等(2004),毛军(2005),胡永远、刘永呈(2006)等。第三类是根据对资本存量的时间变动特征的假设,通过数学换算的方法估算,代表性的成果包括:贺菊煌(1992),唐志宏(1999),王友广、陈清华、方福康(2005),岳书敬、刘朝阳(2006)等等。

综合分析上述初始资本存量的各种估算技术,我们研究借鉴岳书敬、刘朝明(2006)提出的估算方法估算人力资本初始存量:

设第一期(即计算期 $t=0$ 期)的资本存量是过去投资的加总,则投资时间序列可近似表示为(I^0 为历史最初期的资本投资):

$$I(t) = I^0 e^{\lambda t}$$

两边取对数有:

$$\ln I(t) = \ln I^0 + \lambda t, \quad t = 1, 2, \cdots, T$$

利用投资数据对上式进行回归模拟,得到 I^0 和 λ,从而,第一期的资本存量为:

$$K(0) = \int_{-\infty}^{0} I(t) dt = \frac{I^0 e^{\lambda}}{\lambda} \qquad (5-6)$$

理由有四:

第一,按 PIM 的标准处理,缺少所需要的大量基础数据。

从物质资本估算看,黄永峰、任若恩、刘晓生(2002)将全部资本投资分为建筑投资和设备投资,假设建筑物寿命 40 年、设备寿命 16 年,倒推 40 年从 1938 年开始的以不变价表示的建筑投资序列和倒推 16 年从 1962 年开始的设备投资序列来估计 1978 年的资本存量,最终给出中国制造业建筑存量为4 714.05亿元,设备存量为1 107.61亿元(1978 价)。他们的估算提供了一个基于中国统计体系的、基本按 PIM 的程序处理的估算物质资本初始存量的方法,但是这一研究是针对制造业进行的,如果想要推广到全部国民经济行业部门,则基础数据并不满足要求。

从人力资本估算看,J. W. 肯德里克(1976)的估算方法与 PIM 在本质上是一致的:对于确定的基年(1929 年),先估算直至 95 岁的各年龄组人群的人均年消费;累加各年龄组在存量计算范围内的人均教育、培训和健康总消费;各年龄组内总消费乘以相应的总人数并对所有年龄组加总,即得基年的人力资本存量。按照这一方法,J. W. 肯德里克在估算中将对应的人力资本投资从 1929 年往回倒推 95 年,即需先获得 19 世纪 30 年代的人力资本投资,以及从那时起的历年人口年龄分布、死亡分布等数据。显然,我们即便将基年定为 1995 年,即便生命周期假设为 80 年,我们的统计体系也难以支持我们从 1915 年起的基础数据需求。因此,按照 PIM 的标准程序确定本书所界定的物质资本和人力资本初始存量,可行性极小。

第二,该方法是所有目前应用方法中与 PIM 思想最具一致性的方法。

PIM 的基本思想是，某时期期末的资本存量为过去有效投资的加权和，而 $K(0)=\int_{-\infty}^{0} I(t)dt$ 的基本假设是“第一期的资本存量是过去投资的加总”。两者都是基于过去投资的累加来估算初始资本存量，虽然在累加的方式和权重处理上不同，但估算依据和基本思想上有非常大的一致性。

与其他类似的这种基于某种假设的数理推算法比较，贺菊煌(1991)对生产性资本的估算基于“生产性资本在 1964—1971 年间的平均增长率，等同于它在 1971—1978 年间的平均增长率”假设，王友广、陈清华、方福康(2005)的估算基于“资本—产出比在短期内相对稳定”假设。显然，“第一期的资本存量是过去投资的加总”假设更具现实性。

孙景尉(2005)采用类似于贺菊煌(1991)的做法，对 1990 年人力资本存量做出估算，其方法是：假设 1990 年和 1991 年的人力资本存量（LK）具有大致相同的人力资本损耗（LO）存量比率 a：

$$LO_{1990}=a\times LK_{1990}$$

$$LO_{1991}=a\times LK_{1991}$$

同时：

$$LK_{1991}=LK_{1990}+LI_{1991}-LO_{1991}$$

其中 LI 为当期人力资本投资。

解上述三个方程组成的方程组，便得到了 1990 年的人力资本存量 LK_{1990}。孙景尉(2005)假设“1990 年和 1991 年的人力资本存量具有大致相同的人力资本损耗存量比率”的前提是认为“1990 年和 1991 年间，中国年龄结构无显著变化，知识更新和技术进步的速度稳定”。显然,任意两个相邻年度之间,年龄结构都不会有“显著变化”,“知识更新和技术进步的速度”也是基本稳定的,而对于不同的“相邻年度”,按照上述方法所估算的初始存量水平却会有大的差异。因此,这种方法在假设所针对的时间段选择上,显然随意性极大。并且,这类假设与PIM的整体思想体系无较密切的关联性。

第三,简单的基于初始存量与某一个或几个经济变量间关系假设,随意性大。

直接依据对初始存量与经济变量间的比例关系的某种设定来估算某一特定时期的初始存量,是目前物质资本存量估算实践中的主要方法。如:张军扩(1991)的估算是借鉴美国学者珀金斯的假设“1953的资本总存量为当年国民收入的三倍”;张军、章元(2003)的估算“假设上海市拥有的资本存量占全国资本存量的比例与上海市的投资占全国总投资的比例和上海市的GDP占全国总GDP的比例基本相当”,“假设工业企业K占全国K的比例与其GDP占全国GDP的比例相等”;蔡昉、王德文、张车伟、谢建华(2000)假定经过十年“文革”浩劫以后,1977年的分省物质资本存量为零……我们承认,这些假设的提出均有其必要的依据,但毕竟不同假设会形成不同的估算结果,随意性是不可避免的。尤其是,物质资本存量与某些经济变量间的关系在一定的技术水平、一定的经济结构下有其相对稳定性,而人力资本存量与相关经济变量间的关系则要复杂得多。我们很难寻求到支持人力资本存量与某一经济变量间相对稳定关系的假设依据。

侯风云(2007)关于人力资本存量的估算,是由公共投资形成的人力资本存量、城乡居民个人投资形成的人力资本存量、科学研究费用支出形成的人力资本存量、各项人力资本投资形成的机会成本、接受教育的时间机会成本五个部分组成的,其中对公共投资部分,作者"将 1952—1978 年文教卫生事业费逐年累加并以累加值作为 1978 年的人力资本存量",类似地,对科学研究费用支出形成的人力资本存量部分,作者"将 1953—1978 年科学研究支出逐年累加并以累加值作为 1978 年的科学研究支出总存量"。理由之一是"在'文化大革命'中,人力资本大幅度下降,而这种下降在很大程度上可以抵消 1952 年人力资本初始值"。我们认为这一处理本质上是基于过去投资确定特定时点的资本存量,与永续盘存法的核心思想具有一致性,但是我们不主张采用这一处理方法确定初始存量,理由是:第一,这一方法对于 1978 年为初始年份的存量估算有一定的合理性,但对于其他计算期,则所对应的假设就不适用,相对而言,$K(0)=\frac{I^0 e^\lambda}{\lambda}$ 方法更具一般性。第二,这一方法并不能应用于人力资本存量的其他部分的估算,事实上作者对其五个部分的人力资本存量初始(1978 年)值的估算中,只有对公共投资和科学研究支出形成的人力资本这两个部分,是按上述方法处理的,而其他三部分均按不同的方法处理。其中关于城乡个人投资形成人力资本,直接依据城乡人均支出量与城乡人口数量的乘积作为当期人力资本存量;各项人力资本投资的投资机会成本,直接根据公共投资、科学研究支出、城乡个人人力资本投资形成的人力资本存量与一年期银行存款利率的乘积来确定;接受教育的时间机会成本,直接用人均国内生产净值与高中、大学在校生人数的乘积来表示。显然,这三项的估算均不涉及初始存量问题。严格地讲,这已经影响到了五个部分加和的实际意义。第三,这一方法被用以估算公共投资形成的人力资本存量,本身有其不足之处,这就是:报告期卫生投资的累加值与报告期末形成的健康存量是不对应的,人的健康存量不会因为持续的卫生投资而不断地线性增加,作者没有考虑不同投资内容在积累机制上的这种特殊性。我们将在关于 I_t 的讨论中详细阐述这一思想。

第四,按重置价值法处理,缺少固定资产的实物量数据和相应的完整的市场价格数据。

在专门针对人力资本存量的研究中,钱雪亚(2004、2005)曾提出人力资本初始存量估算的重置成本法,即以培养初始年份各类学历劳动人口所需要的全部人力资本投资支出总和为报告期人力资本存量。但是,我们在总资本视角下估算人力资本存量水平,强调物质资本存量估算与人力资本存量估算在理论假设、估算思路等方面的基本一致和可比。而想要以重置成本法估算物质资本的资本初始存量,则原则上需要在固定资产普查的基础上获得初始年份物质资产的实物量数据,以及这些实物量在初始年份的市场价格数据,显然,我们不具备这样的数据条件,即使2004年的经济普查资料,最终也未提供关于第二、第三产业的完整的资本存量数据。因此,鉴于重置成本法估算物质资本初始存量的不可行性,我们也就放弃这种方法在人力资本初始存量估算中的应用。

基于以上原因，综合考虑方法的科学性和合理性、物质资本与人力资本估算的可比性和一致性、基础数据的可得性等方面，本研究确定依据(5－7)式估算资本初始存量，具体如下：

人力资本初始存量 $$K(0)=\frac{I^0 e^{\lambda}}{\lambda} \tag{5-7}$$

其中 I^0 代表教育培训等以知识技能积累为目的的人力资本投资，而不包括卫生保健等以保持增进健康为目的的人力资本投资。之所以这样处理，是因为教育培训投资与卫生保健投资在人力资本积累中的积累轨迹有显著差异，我们将在下面的内容中详细阐述这一差异。

2. I_t 的确定

报告期投资变量直接决定着报告期的新增资本存量大小。如何表达这一报告期投资水平？

首先，我们主张从投资支出的发生来观察 I_t 。

在目前已有的物质资本存量估算实践中，对这一报告期投资数量的处理有三类：依据资本积累数据、依据固定资本形成数据、依据固定资本投资数据（详见附录1）。其中基于国民经济核算所提供的“积累”数据的估算方法，由于现有的核算体系已经不支持这一数据需求，故我们撇开不予讨论。依据资本形成数据与依据资本投资数据的区别是什么呢？

根据《中国统计年鉴》的解释，固定资产投资是指报告期建造和购置固定资产所发生的投资支出总和，固定资本形成是指报告期内获得的固定资产减处置的固定资产的价值总额。[①] 它们的区别在于:从内容上看,固定资产投资仅限于形成有形固定资本的投资,而固定资本形成则包括无形固定资本;从时间标准看,固定资产投资是以投资支出发生为标准,而固定资本形成是以资本品交付使用为标准;从归属看,固定资产投资是以投资主体为归属统计的,不论投资形成的资本品最终为谁所有,而固定资本形成是以资本品的所有者为归属统计的,不论该资本品由谁投资形成;从反映的内容看,固定资产投资只反映新资本品的形成,而固定资本形成则同时反映由销售、转出等方式产生的资本品的减少。

比较资本形成数据与资本投资数据,两者均能较好地反映报告期 I_t 的水平,其中采用“固定资产投资总额”作为报告期投资 I_t 的观察数据又相对更为合理。这是因为:第一,符合永续盘存法的核心思想:某时期的资产存量 K_t 是过去的历期有效投资 I_{t-s} 的加权和($s = 1,2,\cdots$)。永续盘存法自始至终是基于资本投资来估算资本存量的。第二,从需求的角度看,只要发生固定资产投资,即使未能达到固定资产使用标准的投资,也将通过乘数效应影响报告期总产出,因此,从资本投资支出发生开始而不是从资本品实际形成开始考虑资本活动,是合理的。第三,从资本估算实践看,大部分学者运用的是资本投资额指标,而依据资本形成来估算报

① 固定资本形成可分为有形固定资本形成总额和无形固定资本形成总额。前者包括一定时期内完成的建筑工程、安装工程和设备工器具购置(减处置)价值,以及土地改良、新增役、种、奶、毛、娱乐用牲畜和新增经济林木价值;后者包括矿藏的勘探、计算机软件等获得减处置。

告期新增资本的学者，本质上也是从投资角度考虑的，正如张军、吴桂英、张吉鹏(2004)认为，固定资本形成总额“是衡量当年投资 I 的合理指标”，它可以“被视作未扣除折旧的投资指标”；毛军(2005)“选用资本形成作为当年投资指标”，这样可以较容易地折算出相应的资本价格指数和实际资本形成额，从而避免使用其他指数替代可能造成的误差。第四，用报告期固定资产投资总额指标，确实会产生资本投资主体与资本所有主体之间的不一致而形成的误差问题，但是，我们的估算是就一个宏观主体——一国或地区进行而不是一个企业或微观单位进行的，这样，由于销售、转让以及赠予等导致的资本投资与资本形成在主体上的不同所产生的误差不会太大。

更重要的是，就人力资本而言，我们所能观察的只有人力资本投资支出的发生，而无法检验知识技能的实际形成。因此，用投资指标表示报告期投资 I_t，既是永续盘存法框架下科学合理的处理方式，也是总资本分析框架下保证各资本分量估算可比一致的可行选择。

其次，我们主张依据积累于新增人力资本载体的教育培训投资以确定报告期人力资本投资水平。

用人力资本投资支出指标来反映人力资本存量估算中的 I_t，我们必须考虑“人力资本投资→人力资本积累”与“物质资本投资→物质资本积累”两者在投资积累机理上的差异。物质资本投资中，对于一个国家、一个地区而言，资本投资形成相应的资本积累，两者之间的误差是十分有限的，它们几乎是一一对应的。但人力资本投资积累中则显著不同，人力资本投资与人力资本积累之间存在高度的不对应性，具体表现在两个方面：

①卫生保健投资形成的健康不会无限积累，迁移投资主要是配置已经积累的人力资本存量。

比较教育培训投入与卫生保健投入，教育培训直接增加被投资人的知识和技能，投入越多，一般积累也越多。但卫生保健投入是通过影响被投资人的生命及健康来影响人力资本积累的。

杨建芳、龚六堂、张庆华(2006)从直接影响和间接影响两方面分析了健康的作用。他们认为，健康通过劳动者质量的提高和数量的增多直接影响经济增长。健康使劳动者工作精力充沛，而疾病却会导致缺勤率上升，大面积的疫情更会给经济造成重创。2003年第二季度中国内地受到SARS疫情影响，经济活动大量减少，经济秩序遭到破坏，致使第二季度GDP同比增长速度由第一季度的9.9%回落到6.7%，回落3.2个百分点，增速为1992年以来同期的最低水平。可见，健康的直接影响是通过影响人力资本载体的有效性来实现的。健康还通过影响教育以及其他人力资本形成因素，对经济增长产生间接影响。首先，改善健康状况可以提高学习效率，从而可以提高教育的回报率。保持健康的关键在于维持人体内各种生命元素的平衡，营养状况不仅会影响人的体魄，而且会影响人的智力功能。据世界卫生组织的研究，较高的小学辍学率与儿童营养不良的发病率较高有关。巴尔加瓦(Bhargava,2001)发现，健康儿童的认知能力较强而缺课率较低，这让他们在将来有机会接受更高的教育并取得较高的收入。其次，健康状况会影响人们在教育上的投资行为。人们能够从教育投资中获得多少回报,跟个人的健康状况及寿命长短有很大关系。健康状况越好,寿命越长,从教育中获利就越大。因此,存活概率和寿命预期势必会影响人们的教育投资行为,父母在决定对子女教育投资的时候,子女的健康状况也是他们的考虑因素之一。可见,健康的间接影响是通过影响教育培训投入的效率来实现的。

总之,与教育培训等人力资本投资直接产生知识和技能积累从而影响经济增长不同,卫生保健投入的多少,一是通过影响人力资本的投资效率——投资积累效率的高低影响人力资本积累,表现为被投资人的健康状况越好,教育培训的投资积累效率越高,同量的人力资本投入形成更多的知识和技能的积累;二是影响人的生命长短从而进一步影响实际有效的知识和技能的多少——无论被投资人拥有多少的知识和技能,当其生命不复存在,知识和技能也就随之消失;三是影响被投资人的健康状态从而进一步影响所积累的知识和技能的实际有效性——一个生理上不完全健康的人,积累于其人身的知识和技能不可能得以有效运行,一个生理上失去劳动能力的人,不具有现实意义的人力资本。

因此,与教育培训投资不同,教育培训投资越多,一般情况下被投资人由此积累的知识技能越丰富,而卫生保健投资虽然也能延长人的寿命、增进人的健康,但当被投资人已经处于健康状态时,继续的卫生保健投资是需要的,但这些投资只是维持人的健康而不是继续增进人的健康。卫生保健投资对寿命的影响也类似,尤其当被投资人退休退出劳动力市场时,对其发生的卫生保健投资事实上不再对人力资本概念上的数量产生影响。因此,在人力资本投资积累估算中,教育培训投资,可以做类似于物质资本投资的处理,但卫生保健投资则应该通过有效劳动人口的数量间接地体现对人力资本增量的影响更为合理。

迁移投资又与其他人力资本投资不同,迁移投资是对教育培训、卫生保健投资形成的一定量的人力资本积累的一种配置支出,我们认为,这种投资改变的是人力资本存量被运用的条件以及人力资本投资积累的回报水平,但并不改变存量本身。因此,在估算人力资本存量中,迁移投资不应该被作为 I_t 的一个部分来处理。

②人力投资的发生与人力资本积累的形成明显不对称。人力资本具有高度的人身依附特征,而人力资本载体处于不断流动之中,从而人力资本也处于流动之中。当人力资本载体从外地迁入时,人力资本也随之流入,表现为本国(地区)的人力资本存量增加,但是,该国(地区)并未为这部分增加的人力资本而进行过人力资本投资。相反,当人力资本载体从本国(地区)迁出时,人力资本也随之流出,表现为本国(地区)的人力资本减少,但是,该国(地区)已经投入的人力资本投资并不可能因为这部分人力资本的流出而得以收回。赖德胜(2001)估算了1979—1994年伴随人口迁移而流入深圳市的人力资本总量达293.48亿元,显然,这部分人力资本是深圳市经济运行中的现实要素,但并不是由深圳市投资形成的。荣芳、何晋秋(2000)介绍美国作为世界上最大的人力资本净流入国,接收的人力资本占所有发达国家接收的54.3%。早

在 20 世纪 80 年代，美国每年接收的高学历人才就超过40 000人，从 1962—1980 年间，发展中国家约有 50 万高科技人才迁移到美国，同样，伴随这些高科技人才流动的是人力资本，表现为流出国只有人力资本投资而没有形成有效的实际存量，流入国（美国）无需进行人力资本投资但事实上增加了人力资本存量。

统计的基本原则是“在地原则”，显然，与人力资本投资水平计量中以投资主体的区域归属为原则不同，一国（地区）人力资本存量水平的计量，应以人力资本载体的区域归属为原则，凡是积累于本国（地区）人力资本载体身上的人力资本均计为本国（地区）的人力资本存量，而不论这些人力资本是由谁投资形成的，凡是积累于他国（地区）人力资本载体身上的人力资本均不计为本国（地区）的人力资本存量，即便这些人力资本是由本国（地区）投资形成的。也就是，人力资本投资应该按投资主体的“在地”特征估算，而人力资本积累应该按人力资本载体的“在地”特征估算。这种投资主体与资本拥有主体的不一致性在物质资本估算中可以忽略不计，但在人力资本估算中则必须专门处理。

考虑到人力资本投资与积累的上述特殊性，我们采取以下方式来确定报告期人力资本投资 I_t 的水平：

假设劳动者受教育的程度从低到高分为 S 级，$s=1,2,\cdots,s,\cdots,S$，对应各级教育的学制年数为 K_s；

有效劳动人口向量为L_t：

$$L_t=(L_{St},L_{S-1t},\cdots,L_{st},\cdots,L_{2t},L_{1t})$$

其中元素（L_{st}）代表受过第 s 级教育的健康而有劳动能力的适龄

劳动者人数。

学校教育中生均教育事业经费支出向量$\overline{\boldsymbol{X}}_{GT}$：

$$\overline{\boldsymbol{X}}_{Gt}=\begin{pmatrix} K_s\overline{X}_{Gst}+K_{s-1}\overline{X}_{G(s-1)t}+\cdots+K_s\overline{X}_{Gst}\cdots+K_2\overline{X}_{G2t}+K_1\overline{X}_{G1t} \\ K_{s-1}\overline{X}_{G(s-1)t}+\cdots+K_s\overline{X}_{Gst}\cdots+K_2\overline{X}_{G2t}+K_1\overline{X}_{G1t} \\ \vdots \\ K_2\overline{X}_{G2t}+K_1\overline{X}_{G1t} \\ K_1\overline{X}_{G1t} \end{pmatrix}$$

其中元素（$K_s\overline{X}_{Gst}$）代表接受第 s 阶段的教育所需的生均教育事业经费支出。

个人投入的教育培训支出向量 $\overline{\boldsymbol{X}}_{Pt}$：

$$\overline{\boldsymbol{X}}_{Pt}=\left(\overline{X}_{Pt}\sum_{s=1}^{S}K_s,\overline{X}_{Pt}\sum_{s=1}^{S-1}K_s,\cdots,\overline{X}_{Pt}\sum_{s=1}^{2}K_s,\overline{X}_{Pt}K_1\right)^T$$

其中 $\overline{X}_{Pt}\sum_{1}^{s}K_s$ 代表受过第 s 级教育的适龄劳动者人均累计接受的个人教育培训支出。与学校教育中不同层次的一年教育所发生的生均教育事业费开支不同一样，个人为完成一年低层次教育培训与完成一年高层次教育培训所需支付的教育费用也是不同的。因此，严格意义上讲，个人投入的人均教育培训支出 $\overline{\boldsymbol{X}}_{Pt}$ 均应像生均教育事业费支出一样予以细分，即：

$$\overline{\boldsymbol{X}}_{Pt}=\begin{pmatrix} K_s\overline{X}_{Pst}+K_{s-1}\overline{X}_{P(s-1)t}+\cdots+K_s\overline{X}_{Pst}\cdots+K_2\overline{X}_{P2t}+K_1\overline{X}_{P1t} \\ K_{s-1}\overline{X}_{P(s-1)t}+\cdots+K_s\overline{X}_{Pst}\cdots+K_2\overline{X}_{P2t}+K_1\overline{X}_{P1t} \\ \vdots \\ K_2\overline{X}_{P2t}+K_1\overline{X}_{P1t} \\ K_1\overline{X}_{P1t} \end{pmatrix}$$

但是,按中国现行统计体系,个人教育培训支出资料来自城乡住户抽样调查,城乡住户抽样调查并不按受教育程度高低分别登记教育培训支出多少,所以实际操作上无法做这样严格的处理。我们用报告期人均个人教育培训支出与被投资人的受教育年数之积,近似地表示累计的个人教育培训投资。

在职培训支出向量 $\overline{\mathbf{X}}_{Ct}$:

$$\overline{\mathbf{X}}_{Ct} = \left(\overline{X}_{Ct}\sum_{s=1}^{S}K_s, \overline{X}_{Ct}\sum_{s=1}^{S-1}K_s, \cdots, \overline{X}_{Ct}\sum_{s=1}^{2}K_s, \overline{X}_{Ct}K_1\right)^T$$

其中元素 $\overline{X}_{Ct}\sum_{1}^{s}K_s$ 代表受过第 s 级教育的适龄劳动者人均累计接受的在职培训支出。需要指出的是,企业(单位)对员工的教育培训支出,无疑发生在劳动者离开学校进入工作岗位之后的阶段,员工接受在职培训的时间不可能超过其工龄,这是肯定的。但是,如果类似于政府教育投资和个人教育投资,按照人均教育经费支出($\overline{X}_{Gst}$ 、$\overline{X}_{Pt}$)与受教育的年数乘积之和($\sum \overline{X}_{Gst}K_s$ 、$\overline{X}_{Pt}\sum K_s$)表示由教育投资形成的人力资本积累一样,用历年企业的人均教育培训支出乘以员工工龄长短来估计企业投资形成的人力资本积累量,则会出现学历层次越低的员工(更早地参加工作,从而工龄更长)接受的在职培训越多从而由此积累的人力资本也越多的不真实、不客观现象。从企业培训行为的一般特征看,技术人员和管理人员(通常学历层次较高)接受在职培训的机会和由此发生的支出通常比一般员工(通常学历层次较低)要多;当员工持续从事一类工作时,他需要和可能获得的培训通常是一个有限的量；对员工进行某一类技术或业务的重复培训，效果往往是保持员工已有的知识水平和已有的技术熟练程度，而不是增加知识和增进技术水平；当员工更换工作岗位而需要接受新的培训并形成的新的专业技能时，通常意味着原有的专业技能变得无效或低效。考虑到上述各个方面，本书假设员工进入工作岗位后可能接受在职培训的时间与其已经接受的正规教育时间相等，从而依据不同学历层次员工接受培训时间 $\sum K_s$ 与人均培训支出 $\overline{X}_{Ct}$ 的乘积 $\overline{X}_{Ct}\sum K_s$ 来反映在职培训形成的人力资本积累。因此，向量 $\overline{\mathbf{X}}_{Gt}$ 虽然与向量 $\overline{\mathbf{X}}_{Gt}$ 和 $\overline{\mathbf{X}}_{Pt}$ 一样都是依据正规教育的年数来计量的，但本质含义上并不同，前者是“假设员工接受在职培训的年数等于其接受正规教育年数”从而用正规教育时间代替在职培训时间而得的。

从而，报告期人力资本投资 I_t ：

$$I_t = (L_t - L_{t-1})(\overline{\mathbf{X}}_{Gt} + \overline{\mathbf{X}}_{Ct} + \overline{\mathbf{X}}_{Pt}) \qquad (5-8)$$

以(5－8)式反映区域内报告期投资于增加的有效劳动人口身上的人力资本投资数量。我们认为这一处理是合理性的，既考虑了物质资本估算与人力资本估算的可比一致性，也反映了人力资本相对于物质资本在投资积累机制上的差异性。根据教育事业经费统计、人口统计、劳动力统计，可以估算得同期全国及各省市区的人力资本投资数据。

对照两项同类研究，孙景蔚(2005、2006)和侯风云(2007)，他们的估算方法都非常类似于永续盘存法。在确定报告期投资形成新增人力资本量时，他们都没有区别教育培训投资与卫生保健投资两者在人力资本存量形成上的机理差异。而且，在其他一些处理技术上也存在值得商榷之处：

孙景尉（2005，2006）提出 i 地区的人力资本存量 $PLK_{it} = PLK_{i,t-1} + PLI_{it} + MLK_{it} - PLO_{it}$，式中 PLK_{it}、$PLK_{i,t-1}$ 分别为 i 地区在第 t 期末和第 $t-1$ 期末的人力资本存量，PLI_{it} 为 i 地区在第 t 期的人力资本投资，PLO_{it} 为 i 地区在第 t 期的人力资本损耗，MLK_{it} 为 i 地区在第 t 期从外省市流入的暂住人口所代表的人力资本的数量，MLK_{it} = 第 t 期 i 地区的暂住人口数量 × 第 t 期全国人均人力资本存量，暂住人口的数据主要取自公安部治安管理局编的《全国暂住人口统计资料汇编》。与大部分依据历史投资所做的人力资本存量估算都忽略了人力资本流动而导致的人力资本投资与人力资本积累的不一致不同，孙景尉（2005，2006）则考虑了这种偏离，认为“在估算各地区人力资本时必须考虑流入的暂住人口对本地区人力资本存量的影响”，因而在地区人力资本估算模型中增加了变量 MLK_{it}，用以表示“i 地区在第 t 期从外省市流入的暂住人口所代表的人力资本的数量”。这是孙景尉（2005，2006）相对于同类研究的一个突破。

然而，该项研究的一个疏漏是：只考虑了从外省市流入的暂住人口导致本地区人力资本存量增加的因素，却遗漏了流出省外人口导致本地区人力资本存量减少的因素。将其地区人力资本估算模型 $PLK_{it} = PLK_{it-1} + PLI_{it} + MLK_{it} - PLO_{it}$ 两边就 31 个省市区求和，有：

$$\sum_{i=1}^{31} PLK_{it} = \sum_{i=1}^{31} PLK_{i,t-1} + \sum_{i=1}^{31} PLI_{it} + \sum_{i=1}^{31} MLK_{it} - \sum_{i=1}^{31} PLO_{it}$$

对照孙景尉（2005，2006）用以估算全国人力资本存量的一般模型：

$$LK_t = LK_{t-1} + LI_t - LO_t$$

下列变量关系应该成立：

$$\sum_{i=1}^{31} PLK_{it} = LK_t\,,\ \sum_{i=1}^{31} PLK_{i,t-1} = LK_{t-1}\,,$$

$$\sum_{i=1}^{31} PLI_{it} = LI_t\,,\ \sum_{i=1}^{31} PLO_{it} = LO_t$$

显然，全国模型与地区模型之间存在一个数量偏差：$\sum_{i=1}^{31} MLK_{it}$，这一偏差正是孙景尉（2005，2006）所遗漏的各省市区流出省外人口的人力资本存量之和。

此外，与大部分基于历史投资估算人力资本存量的研究相似，孙景尉（2005，2006）将报告期人力资本投资 LI_t 表示为教育投资、职业培训投资、卫生保健投资之和，即 $LI_t = EI_t + TI_t + SI_t$，在地区人力资本存量估算模型中，将 i 地区报告期人力资本投资 PLI_{it} 表示为 i 地区的教育经费支出与卫生总费用之和，从而，LI_t 直接进入全国人力资本存量估算模型，PLI_{it} 直接进入地区人力资本存量估算模型。考虑到前述教育培训投资与卫生保健投资在人力资本投资积累机理上的差异，这种处理是值得商榷的。

侯风云（2007）的研究提出人力资本存量的估算公式：

$$\sum_{j=1}^{5} H_{jt} = \sum_{j=1}^{5} (H_{j(t-1)} + \Delta H_{jt})$$

其中 $j = 1,2,\cdots,5$ 分别表示 t 年人力资本公共投资的直接成本、个人投资的直接成本、R&D 费用、投资机会成本、时间机会成本，H_{jt} 和 ΔH_{jt} 分别为第 j 类投资形成的第 t 期末的人力资本存量和第 t 期内的人力资本增量。作者将之称为“形成基础法”，显然，这一形成基础法所表达的思想与永续盘存法无本质差异。

从作者提供的估算过程和结果看，作者依据 $H_{1t} = H_{1(t-1)} + \Delta H_{1t}$ 和 $H_{3t} = H_{3(t-1)} + \Delta H_{3t}$ 估算了公共投资与科学研究费用(R&D)支出两类人力资本投资形成的人力资本存量。其中，ΔH_{1t} 用国家财政支出中“文教卫生事业费”代替，ΔH_{3t} 用“科技经费内部支出”代替。

对于城乡居民个人投资形成的人力资本存量，作者给出的估算式是：$H_{2t} = H_{2(t-1)} + \Delta H_{2t}$，即“ t 年城乡居民人力资本个人投资形成的总存量等于 $t-1$ 年总量加上 t 年城乡居民进行的人力资本投资量”。“城乡居民个人人力资本投资包括文化教育和医疗保健费用等”，用反映人民生活水平的“人均医疗保健支出和文化教育娱乐服务支出”指标代替。作者考虑到中国一直存在的城乡二元经济结构，对城市和农村分别进行计算：$H_{2t} = \sum_{i=1}^{2}(H_{2i(t-1)} + \Delta H_{2it})$，其中 $i = 1,2$，分别代表农村和城市。作者明确：“ $\Delta H_{2it} = t$ 年农村人均医疗保健支出和文化教育娱乐服务支出数× t 年农村人口＋ t 年城市人均医疗保健支出和文化教育娱乐服务支出数× t 年城市人口”，从而给出了“农村个人人力资本投资形成的人力资本存量”、“城镇个人人力资本投资形成的人力资本存量”，并在估算其他三部分的基础上给出了“不考虑折旧的人力资本总量”。

观察作者给出的数据计算关系,我们发现,作者以当年实际支出与人口数的乘积作为当年形成的人力资本存量。例如 1990 年,农村个人人均文化教育服务支出与医疗保健支出和为 50.4 元,当年农村人口数 84 138 万人,由此作者估算的农村 H_2 = 4 242.055 5亿元;城镇个人人均文化教育服务支出与医疗保健支出和为 145.03 元,当年城镇人口数30 195万人,由此作者估算的城镇 H_2 = 437.918 1亿元。其他年份及城镇个人人力资本投资形成的人力资本存量估算均一样。作者将这样估算的个人投资形成的人力资本与其他投资(公共投资、R&D 费用、机会成本等)形成的人力资本加和,形成 t 年各种投资形成的人力资本总存量。这实际上意味着将某些分量的存量与另一些分量的增量相加,这一处理是欠妥的。

3. P_t 的确定

永续盘存法估算资本存量本质上是对历史投资作加权求和,因此,对历史投资的价格调整是估算中的关键之一。在报告期投资水平 I_t 确定后,如何对 I_t 进行价格因素剔除处理?

在物质资本存量估算中,1990 年以前,学者对报告期投资的价格调整处理方法也是各种各样,差异悬殊。自 1991 年开始,政府统计部门系统地编制并发布了全国和各省市的固定资产投资价格指数,这为物质资本存量的估算工作提供了最理想的数据条件。但是在人力资本存量的估算中,始终没有一个可直接借用的理想的人力资本投资价格指数替代指标。

从以往学者关于人力资本水平估算的相关研究看，沈利生、朱运法(1999)采用“居民消费价格总指数”，叶飞文(2004)采用“商品价格平减指数”来对人力资本投资序列进行价格调整。但居民消费支出的构成与人力资本投资支出的构成差异甚大，商品价格平减指数也一样，它们事实上并不直接合适用以对人力资本做价格调整处理。周天勇(1994)、张帆(2000)的研究均表示做了价格调整但如何调整却未做详细说明。李宝元(2000)认为“对教育投资额和健康投资额进行价格可比性调整，选用商品零售价格指数或居民消费价格指数或其他任何现行价格统计指数都不合适”，因而在其研究中未做价格调整，事实上绝大部分涉及人力资本投资的研究，均回避了人力资本投资的价格调整问题，包括近期的孙景尉(2005,2006)、侯风云(2007)，钱雪亚(2004,2005)的研究中也未对人力资本投资进行价格剔除处理。

我们从物质资本与人力资本估算的可比性、一致性原则出发，依据固定资产投资价格指数的编制思路和方案来构建人力资本投资价格指数。

现行固定资产投资价格指数的编制，将总投资分为“建筑安装工程投资”、“设备、工器具购置投资”、“其他费用投资”三类，在类指数的基础上加权形成总指数。

类指数的计算采用加权调和平均指数的形式。以建筑安装工程内的材料费价格指数为例，其计算过程如下①：

① 这里所用的符号与国家统计局制定的“固定资产投资价格统计调查方案(2002 年定期报表)”保持一致。

首先计算某种材料某规格品的价格指数:

$$K=\frac{\sum W_i}{\sum \frac{1}{K_i}W_i}$$

其中 K_i 为 i 样本工程该种材料该规格品的价格指数, W_i 为该规格品的购进额。

其次计算某种材料所有规格品的价格指数:

$$I_j=\frac{K_{j1}+K_{j2}+\cdots+K_{jn}}{n}$$

即以该种材料下属所有规格品价格指数的算术平均数为该种材料的价格指数。

最后计算全部材料费价格总指数:

$$I=\frac{\sum W_j}{\sum \frac{1}{I_j}W_j}$$

其中 W_j 为第 j 种材料各样本工程购进额之和。

同样的方法计算建筑安装工程内的人工费价格指数和机械使用费价格指数。

总指数的计算,以建筑安装工程投资、设备、工器具购置投资、其他费用投资这三类投资前三年投资完成额的平均比重为权数,对类指数加权算术平均:

$$I=\frac{\sum I_s W_s}{\sum W_s}$$

式中 I,I_s,W_s 分别为投资价格总指数、投资价格类指数和各类权数。

参考固定资产投资价格指数,并利用固定资产投资价格的类指数、利用居民消费价格指数及类指数,我们提出人力资本投资价格指数编制的基本方案如下:

以《中国教育经费统计年鉴》统计范围内的教育事业费支出为编制依据。从现行的教育经费统计看,《中国教育经费统计年鉴》统计的范围涵盖国家财政性教育经费、社会团体和公民个人办学经费、社会捐(集)资经费、事业收入及其他教育经费,占到了全部教育投资经费来源的极大部分。同时考虑到居民家庭个人教育支出部分只有支出总额而无分类支出数据,所以我们依据《中国教育经费统计年鉴》中的教育事业费来编制构建教育培训投资支出的价格指数。

根据《中国教育经费统计年鉴》提供的教育事业费支出明细分类数据,将教育事业费支出分解为两部分:一是个人支出部分加公用支出部分的公务费、业务费和其他费用,我们暂且称之为常规性支出;二是设备购置费和修缮费,我们暂且称之为专门性支出。

对照《中国教育经费统计年鉴》给出的指标解释,教育事业费中个人部分包括基本工资、补助工资、其他工资、职工福利费、社会保障费、奖贷助学金。教育事业费中公共部分的公务费和业务费包括办公费、劳务费、水电费、邮寄费、取暖费、物业管理费、交通费、差旅费、租赁费、会议费、专用材料费、印刷费以及招待费、培训费等。我们认为,这两部分的支出与“居民家庭消费性支出”的范围和内容基本接近。《中国教育经费统计年鉴》关于设备购置费和修缮费的解释是:指国家一般预算支出目级科目的办公设备购置费、专用设备购置费、交通工具购置、图书资料购置费、维修费。我们认为,这一设备购置费和修缮费与固定资产投资中的“设备、工器具购置投资”的内容和范围基本接近。

为此,可以用居民消费价格指数近似地反映由个人支出与公共业务费支出两部分构成的常规性教育事业费的价格变动,用固定资产投资价格指数中设备和工器具购置支出的类指数近似地反映公共支出中由设备购置费和修缮费构成的专门性教育事业费的价格变动。

对于企业(单位)和居民个人所支付的教育培训支出,居民生活消费价格指数统计中给出了对应的类指数。

与固定资产投资价格指数编制中从类指数加权平均计算总指数一样,我们构建人力资本投资价格总指数为:

$$P_{HI} = \frac{\sum P_{Hi} W_{Hi}}{\sum W_{Hi}} \tag{5-9}$$

其中,$P_{Hi}(i = 1,2,3)$ 分别为居民生活消费价格总指数(CPI)、固定资产投资中设备工器具购置价格类指数、居民生活消费中教育支出价格类指数;$W_{Hi}(i = 1,2,3)$ 分别为教育事业费支出中的常规性支出额、教育事业费支出中的专门性支出额、企业(单位)和居民个人所支付的教育培训支出额。

当然,依据(5-9)式反映人力资本投资的价格变动存在一定偏差,偏差主要来自两方面:一是居民生活消费支出与常规性教育事业费支出之间、固定资产投资的设备和工器具购置支出与专门性教育事业费支出之间，范围和内容都不可能完全一致；二是，居民生活消费支出的内部结构与常规性教育事业费支出的内部结构之间、固定资产投资的设备和工器具购置支出与专门性教育事业费支出的内部结构之间，可能存在比较大的差异。后者表现为人力资本投资价格指数编制中类指数所用替代指标的精度，前者反映从类指数到总指数计算中所用权重的精度，两者最终都影响到人力资本价格总指数编制的精度。但是，用(5－9)式来反映人力资本投资价格变动，无疑优于直接用“居民消费价格总指数”、“商品价格平减指数”替代。

因此，我们根据(5－9)式来调整处理人力资本投资的价格变动，其中所涉及的基础数据可分别取自教育事业费统计、价格统计、城乡住户统计。

4. δ的确定

永续盘存法估算资本存量公式 $K_t = I_t - (1-\theta)K_{t-1}$ 中，θ为重置率，即为保持原有资本品效率所必须进行的重置比率。在几何递减型效率模式假设下，$K_t = I_t - (1-\theta)K_{t-1}$ 等价于 $K_t = I_t - (1-\delta)K_{t-1}$，其中 δ 为折旧率，指为保持资本品效率所需要恢复的价值。我们在几何递减型效率模式假设下估计资本存量，讨论 δ 水平的确定问题。

从物质资本存量估算实践看，固定资本折旧率确定的主要处理方式有三类(详见附件录 1)：在资本品的寿命期假设下依据几何递减型效率模式确定，从国民经济核算中直接取得折旧额数据，或直接假设为某一水平。我们认为,直接将折旧率设定为某一水平,有过于主观之嫌。事实上从我们所看到的关于中国物质资本折旧率水平的假设看,较低的在5%左右,较高的在10%左右,而如宋海岩(2003)用"全国折旧率+各省经济增长率"来表示各折旧率水平,则无疑在一些省份的一些年份,折旧率大大超过10%。如此大的差异,很难判断何者更为客观。从国民经济核算中直接取得折旧(或以此换算为折旧率),从数据出处看是最具说服力的。但是,国民经济核算中的折旧数据本质上是相应财务制度下的数值水平,它是否能够客观反映 $K_t = I_t - (1-\delta)K_{t-1}$ 中 δ 所应该反映的"为保持资本品效率所需要恢复的价值",值得怀疑。正如宋海岩(2003)认为,"中国的官方发展政策强调新的资本投资项目而忽略对已有设施和装备的替换投资。结果,官方的折旧率同刻画了资本资产相对效率的真实价格函数几乎毫无关系"。

比较而言,我们认为在资本品的寿命期假设下依据几何递减型效率模式来确定折旧率水平的方式较为合理,因为其折旧率水平的确定是一个科学的导出过程。假设资本品在寿命期终了时的残值率为 S,资本品的寿命期为 T,则:$S = (1-\delta)^T$,从而:

$$\delta = 1 - \sqrt[T]{S} \qquad (5-10)$$

虽然这一过程中我们仍必须对资本品的寿命期和寿命期终了时的残值率做出设定,但这一设定的误差控制无疑要比直接设定整体折旧率水平的误差控制容易得多。

正如人力资本积累机理与物质资本积累机理的差别,人力资本折旧比物质资本折旧复杂得多。对于物质资本,从投入使用开始，其价值变动基本上是明确的、可预期的，因为在使用过程中，资本品净值的变化是单向的，变动的程度一般是稳定和可观察的。从效率变动看，物质资本相对效率是非增的，取新的资本品的相对效率为1，资本品最终退役或报废时的相对效率为0，则有：$\varphi_0 = 1$；$\varphi_{s-1} - \varphi_s \geqslant 0, s = 0,1,\cdots,T-1$；$\varphi_T = 0, s = T, T+1,\cdots$。而人力资本则不然。首先，人力资本使用中的价值变动是双向的，有使用消耗从而贬值的一面，也有从使用中（即工作中）积累经验、增进知识从而增值的一面（冯子标 2000）：一方面，当人力资本投入生产运行，与物质资本一样会产生消耗，这种消耗表现为人力资本载体的有效性下降从而人力资本的价值量下降，但当人力资本的载体通过补充物质资料、闲暇休息而恢复有效体能时，人力资本的价值量随之也得到了恢复；另一方面，与物质资本价值随着使用过程中的不断磨损而持续减少不同，一个有效载体中的人力资本会随着这一载体对其人力资本的不断使用而使其人力资本价值随之增加。例如，科研人员不会因为从事科研项目过多最终“磨损”掉所有知识、技能；相反，会因此而积累更丰富的经验，掌握更新、更多的知识，从而有能力从事更深入的研究。其次，人力资本贬值的方式是多元的。除了由于知识技能过时导致贬值外，即便实用的知识技能，如果长时间中断使用，也会导致遗忘、不熟练从而导致人力资本损失。因此，如果从知识技能实际运用和效能发挥的具体表现上去观察，则人力资本的折旧几乎是不可描述的。

从人力资本水平估算实践看，J. W. 肯德里克（1974）对有形人力资本[①]的折旧采用余额递减法，对无形人力资本[②]折旧采用双倍余额递减法，但作者没有明示所采用的折旧率。张帆（2000）在估算中国的物质资本和人力资本时，明确“人力资本存量由……每年真实人力资本投资减去折旧累加而成”[③]，但关于其中的折旧率水平是多少、如何确定这一折旧率水平等，文中未做说明。而沈利生、朱运法（1999）、梁昭（2000）、盛乐（2000）都是从投资角度计量人力资本价值存量的，但他们均没有考虑折旧问题，钱雪亚（2004，2005）的研究中也忽略了折旧问题。

近期的文献（孙景蔚，2006）“假设人力资本的损耗来自技术过时和体力老化导致的人力资本存量的减少及人力资本的投资效率所造成的损失两方面”，这一“损耗”就是其人力资本存量一般估算模型“$LK_t = LK_{t-1} + LI_t - LO_t$”中的“$LO_t$”和地区人力资本估算模型“$PLK_{it} = PLK_{it-1} + PLI_{it} + MLK_{it} - PLO_{it}$”中的“$PLO_{it}$”。我们理解，这里的“损耗”在数量上对应于 $K_t = K_{t-1} + I_t - D_t$ 中的 D_t（即对应 $K_t = K_{t-1}(1-\delta_t) + I_t$ 中的 $\delta_t K_{t-1}$），也就是折旧。

作者提出的具体估算方法是：第 t 期的人力资本损耗 = 第 t 期劳动者日常生活消费支出中的教育和卫生保健支出 = 第 t 期农村人均教育和卫生保健消费支出 × 第 t 期农村经济活动人口 + 第 t

---

① 作者定义有形人力资本为把儿童抚养到工作年龄的消费支出。

② 作者定义无形人力资本为教育培训、卫生保健、流动迁移投资形成的人力资本。

③ 张帆：“中国的物质资本和人力资本估算”，《经济研究》2000 年第 8 期，第 65—71 页。

期城镇家庭人均教育和卫生保健消费支出×第 t 期城镇经济活动人口。其依据是:每年维持机器正常生产能力所支出的维护费用是间接度量机器损耗大小的一种有效方法。类似地,一个劳动者在其不能适应市场中快速发展的新技术要求,或因为体力不济等原因感到难以胜任现有工作时,通常在业余时间对自己的脑力和体力进行"充电",这种"充电"行为便非常类似于对机器的维修和维护行为。因此,用这种"充电"行为所发生的费用支出作为人力资本损耗的度量既合理又简单可行,这一"充电"费用支出=劳动者日常生活消费支出中的教育和卫生保健支出。

我们认为这一处理是牵强的。首先,折旧是指"为保持资本品效率所需要恢复的价值",在几何递减型效率模式下,折旧等于重置需求。但是,维修和维护行为最终只能保持机器正常的运行而并不能保持机器按原效率水平运行,无论怎样维修和维护,机器运行的效率无疑在持续下降直到为0。其次,取自城乡住户调查的居民"教育和卫生保健支出",并不全是作者所述的"充电"行为式的支出。其中的教育支出,事实上主要表现为家庭成员上学的学杂费、书本文具费等,与被作者归为人力资本投资的、取自《中国教育经费统计年鉴》的"教育经费支出"相比较,除了支出的承担主体不同外并无二致,因此,即便我们将居民家庭的卫生保健支出视作为维持健康而发生的"充电"行为式的支出,居民家庭的教育支出属于人力投资是毋庸置疑的。第三,作者强调居民家庭的教育和卫生保健支出"日常性(或者说连续性)"以表示这部分支出与人力资本投资的差异,但是,我们认为这种日常性是人力资本投资区别于物质资本投资的特殊性,而不是人力资本的“投资性支出”与“维护性支出”的差异,事实上,政府的教育事业费支出就是连续的、日常的,而不是一次性的。总之,我们认为,居民家庭的教育支出本质上属于人力资本投资的一部分而不是为了维护已经积累的人力资本效率而发生的支出,从而也不代表原有人力资本的损耗,即折旧。

另一文献(侯风云,2007)对人力资本折旧做出如下假设:“1—44岁是人力资本的增长期,正规教育阶段结束后,知识人力资本开始折旧,但经验和体力人力资本开始增进,可以相互抵消;而在45岁以上经验人力资本不仅不能增进,而且可能由于年龄的增加而固守传统观念,拒绝接受新生事物,这时由于知识不断更新,接受新知识的能力不断下降,因此到了这一时期人进入了人力资本的绝对折旧期。”另外作者又进一步假设,“到65岁的人进入了退休年龄,但有些劳动力仍然可以从事劳动,仍包含一定的人力资本量,但从理论上讲,这些人基本不参加劳动,而且身体状况下降,需要大量的保健投资才能维持生命,因此在计算人力资本存量时将这一年龄作为人力资本为零的年龄来对待”。

根据以上分析,作者确定“一个人的折旧年限为21年,即全部人力资本在45—65岁全部折旧完毕。而从人力资本的形成年份看,则体现在1—44岁,即44年的人力资本形成年数,21年的人力资本折旧”。于是,作者提出:

$$\begin{aligned}&\text{全部人力资本平均每年折旧量}\\&\quad=\text{人力资本的形成年数}/\text{人力资本的折旧年数}\end{aligned}$$

$= 44/21 = 2.095$

作者认为,“该数据表明1年折旧2.095年形成的人力资本”,从而有:

人力资本的年折旧率 = 每年折旧量/折旧年数×100%

$= 2.095/21 \times 100\%$

$= 9.98\%$

作者“用此折旧率去乘每年不考虑折旧的人力资本总量,即可得到将人力资本折旧因素考虑进去的人力资本净存量”。

我们认为,上述假设有其合理之处,折旧率的确定似乎也是一个严密的计算过程,但问题是:用“人力资本的形成年数”而不是“已经形成的人力资本可供使用的年数”除以人力资本的折旧年数,这一商数是一种怎样的实际含义?“每年的折旧量除以折旧年数”又是怎样的实际含义?这样计算的折旧率“9.98%”它能否反映“为保持资本品效率所需要恢复的价值”这一折旧的本质?我们无法找到合理的解释。

如何确定人力资本折旧,考虑永续盘存法的基本原理、人力资本与物质资本估算的可比性、一致性,考虑到物质资本折旧率确定方法的选择等等,我们认为借鉴(5－10)式估算人力资本折旧具有合理可行之处:第一,本研究对资本存量的估算采用的是永续盘存法,而(5－10)式正是永续盘存法在几何递减型效率模式下确定资本品折旧的标准方法。第二,物质资本存量估算中目前被学界所运用的其他两类折旧率确定方法均无法借鉴到人力资本折旧率的估算中来,而目前人力资本估算或者忽略折旧问题,或者这些方法本身并不十分合理。第三,依据(5-10)式估算折旧,需要对资本品的寿命期和残值率做出设定。鉴于资本品的异质性和构成的复杂性,无论如何设定,必定存在相应的设定偏差。但是,相对其他估算方法,这种设定偏差本身以及由此产生的资本存量估算的影响是可观察的,这就可以弱化资本估算数据的精确性问题对相关分析研究产生的不利影响。第四,尽管人力资本的价值变动是双向的、复杂的,但当劳动者退出劳动力市场时,人力资本的要素价值降为零这是事实。因此,人力资本在本质上存在一个寿命期,这与物质资本是一致的,基于此,我们根据人力资本的寿命期,借鉴(5-10)式来确定人力资本折旧率是可行的(具体内容将在第六章阐述)。

因此,我们确定人力资本的折旧率水平:

$$\delta_H = 1 - \sqrt[T_H]{S_H} \tag{5-11}$$

综上所述,我们给出人力资本存量估算的基本估算式如下:

$$K_{Ht} = I_{Ht}/P_H - (1-\delta_H)K_{H,t-1} \tag{5-12}$$

其中:I_{Ht} 采用(5-8)式,P_{Ht} 依据(5-9)式,δ_H 采用(5-11)式,$K_{H,0}$ 采用(5-7)式。

根据人力资本投资水平的估算式(4-1)、人力资本存量估算式(5-12)、人力资本投资效率的估算式(4-2)、人力资本运行效率的估算式(4-7),我们在第六章将就中国及各省市的人力资本水平做出全面系统的评价。

第六章

中国人力资本水平实证估算研究

6.1 基础数据来源及计算期确定

依据 $K_{Ht}=I_{Ht}/P_H-(1-\delta_H)K_{H,t-1}$ 估算我国人力资本水平，基础数据可以得到政府统计体系的良好支持，国民经济可核算，人口、劳动力、教育、卫生、物价、固定资产投资等专业统计所提供的基础数据条件，完全满足人力资本存量 K_{HI} 估算的需要。

但是，根据《统计法》及其他统计规章制度对统计资料保密要求的有关规定，我们没有条件获取完整的关于人口、劳动力、教育、卫生等等统计的第一手原始数据，所以这里的估算工作只能依据目前已经公开编辑出版发行的统计资料开展。具体数据来源如下：

(1)GDP 及指数、固定资产投资、固定资产投资价格指数、居民生活消费价格指数、财政用于卫生事业的支出、各级在校学生数等数据均来自历年《中国统计年鉴》(中国统计出版社出版)；

(2)农村人口个人的人均教育培训、卫生保健支出来自历年《中国农村统计年鉴》(中国统计出版社出版)；

(3)城镇人口个人的人均教育培训、卫生保健支出来自历年《中国物价及城镇居民家庭收支调查统计年鉴》(中国统计出版社出版)；

(4)全国及分省市的年末人口数及其学历分布来自历年《中国人口统计年鉴》(中国统计出版社出版)；

(5)国家财政性教育经费、社会团体和公民个人办学经费、社会捐(集)资办学经费、学费杂费、其他教育经费等各类事业性教育经费支出总额、事业性教育经费支出的明细结构、各学历层次教育的教育事业费支出额等均来自历年《中国教育经费统计年鉴》(中国统计出版社出版)；

(6)年末从业人员数及其学历构成来自《中国劳动统计年鉴》(中国统计出版社出版)；

(7)其余某些只涉及个别年度、个别省市的基础数据来源，将做专门说明。

在上述所有的基础支持材料中，除《中国统计年鉴》已经有连续二十多年的出版外，其余年鉴大部分是从 20 世纪 90 年代才首次出版的。其中《中国教育经费统计年鉴》最早出版的是 1996 年版，该版提供的是 1995 年的相关数据。因此，本书对中国人力资本水平的实证估算，将初始年份定在 1995 年，计算期确定为 1995—2006 年。

我们就全国和各省市的人力资本水平做出系统估算和评价，但对各省市的分析将不包括西藏自治区。这是因为，人口和劳动力统计是人力资本统计估算的重要基础，而目前的人口统计制度是，每十年组织一次人口普查，第五年组织一次1%抽样调查，每年组织1‰人口抽样调查。在本研究计算期1996—2005年间，2000年为普查年份，2005年为1%抽样调查年份，其余为1‰抽样调查年份。西藏自治区总人口少，从而抽样调查中的样本容量本身就小，就有可能出现大的抽样实际误差。例如，基于人口抽样调查基础上的人口学历分布统计数据显示，西藏自治区大专及以上样本人数1996年为9人，占调查样本人口的0.41%，1997年这一组数据为7人和0.32%，1998年这一组数据为3人和0.13%，1999年这一组数据为2人和0.09%，2001年这一组数据为6人和0.26%，2002年这一组数据为19人和0.79%，2003年这一组数据为20人和0.82%，2004年这一组数据为23人和0.94%，2005年(1%抽样)这一组数据为293人和0.89%，而2000年普查数据显示，西藏自治区大专及以上人数为25万人，占6岁以上总人口的3.48%。“大专及以上比重”这种普查年份与抽样调查年份之间在数据水平上的巨大差异，以及抽样调查年份之间的大幅度波动，说明受制于样本容量的抽样误差是不可低估的。人口的学历分布直接影响人力资本投资、人力资本存量两个指标的统计估值，并间接影响其他估算指标的数值水平。考虑到西藏在人口统计上的这种特殊性及其对本研究人力资本数据和其他数据估算的影响，我们在分省市观察时，不对西藏自治区做专门统计估算。

6.2 中间数据估算及结果

我们从投资、积累、运用三个维度上来估算中国的人力资本水平及资本效率,并将其与物质资本的水平和资本效率做对比研究。这其中涉及的中间变量估算主要是三大问题:资本投资的价格指数、资本存量的初始水平、资本运用的折旧率。

1.人力资本投资的价格指数

(1)教育投资价格指数

根据 $P_H = \sum_{i=1}^{3} P_{Hi} W_{Hi} / \sum_{i=1}^{3} W_{Hi}$ 估算计算期内全国及各省市教育投资价格指数,其中:

W_{H1}:教育事业费常规支出,数据来自《中国教育经费统计年鉴》,数值水平等于:"分地区中央部门教育经费支出明细"中的"个人部分小计"+"分地区中央部门教育经费支出明细"中的"公务费、业务费、其他费"+"分地区地方教育经费支出明细"中的"个人部分小计"+"分地区地方教育经费支出明细"中的"公务费、业务费、其他费";

P_{H1}:居民消费价格总指数,数据来自《中国统计年鉴》,数值水平等于"全省(区、市)居民消费价格指数";

W_{H2}:教育事业费专门性支出,数据来自《中国教育经费统计年鉴》,数值水平等于:"分地区中央部门教育经费支出明细"中"公用部分"的"设备购置费"与"修缮费"之和+"分地区地方教育经费支出明细”中“公用部分”的“设备购置费”与“修缮费”之和；

P_{H2}：设备工器具购置价格类指数，数据来自《中国统计年鉴》，数值水平等于“各地区固定资产投资价格指数”中的“设备、工器具”类价格指数；

W_{H3}：居民个人所支付的教育培训支出额，数据来自《中国农村统计年鉴》和《中国物价及城镇居民家庭收支调查统计年鉴》，数值等于“农民家庭人均教育支出×农村人口＋城镇家庭人均教育支出×城镇人口”；

P_{H3}：居民生活消费中教育支出价格类指数，数据来自《中国统计年鉴》，数值等于“各地区居民消费价格分类指数”中的“教育”类指数。

估算结果如表6－1所示。

上述计算中没有涉及企业（单位）为员工提供各种培训发生的支出及其价格变动，这是由于基础数据条件不支持。我们试图通过专项调查建立起在职培训投资与相关年报数据之间的推断体系。然而，我们调查了浙江的22家企业发现，即便会计明细分类账，也难以反映这一员工培训支出情况。想要获得确切的企业用于员工培训的实际支出数据，必须查阅原始会计凭证，这在我们研究的条件许可范围内几乎是不可能操作的，因此调查的难度远远超出我们的预期。而且，从我们获得的这些企业的估算数据（由企业相关人员估算给出）看，企业用于员工的培训支出无论与固定资产原值增加额、销售（营业）收入、职工人数等理论上分析可能相关的指标，均呈现低度的或不显著的相关性。我们进一步利

表 6－1　教育培训投资价格指数估算(1995 年＝100)

(单位:%)

年份	1996	1997	1998	1999	2000	2001	2002	2003	2004	2005	2006
全国	109.12	110.75	107.95	105.38	104.10	110.65	111.93	114.35	117.94	121.42	122.08
北京	110.09	112.28	113.22	112.97	115.18	125.61	122.96	123.22	123.56	122.48	123.88
天津	107.91	114.34	113.71	107.81	101.36	107.63	110.17	116.70	119.62	120.02	121.45
河北	106.64	109.00	105.05	102.55	100.92	104.61	104.89	107.19	111.90	116.82	118.53
山西	109.11	112.71	111.88	109.11	109.27	109.40	108.64	110.78	115.56	123.86	125.68
内蒙古	110.84	113.94	111.19	109.84	109.13	112.42	117.63	129.55	130.66	132.80	135.59
辽宁	110.34	113.33	110.06	107.15	106.21	108.46	111.14	112.94	116.97	124.46	124.51
吉林	108.69	111.40	108.38	105.81	104.12	106.35	107.36	107.88	111.01	115.00	117.15
黑龙江	108.79	112.35	109.61	105.90	102.35	103.85	104.11	106.45	109.23	110.84	112.05
上海	106.76	106.85	104.21	103.52	102.06	103.48	105.66	106.35	108.06	109.23	109.88
江苏	109.08	108.95	107.02	104.84	103.50	112.31	115.90	119.64	123.36	128.09	129.69
浙江	109.36	110.43	107.32	104.80	103.19	110.44	111.71	123.73	128.24	130.50	128.30
安徽	109.60	110.66	108.34	105.69	104.18	108.61	108.59	110.39	113.44	115.68	117.72
福建	105.84	105.44	102.40	98.95	97.13	97.83	100.45	104.85	109.89	115.53	114.04
江西	113.45	114.78	114.15	111.30	109.68	112.73	115.17	115.66	118.13	119.36	119.48
山东	110.62	113.33	110.00	107.97	106.09	114.19	114.27	115.22	119.03	123.05	124.54
河南	110.14	109.71	105.10	101.56	99.66	102.55	103.84	104.57	110.17	113.88	115.32
湖北	110.92	109.56	105.93	102.19	98.74	106.01	107.82	111.26	117.57	122.38	123.06
湖南	114.86	118.17	111.28	108.72	111.29	114.22	115.52	118.03	122.74	126.97	127.56
广东	106.51	107.12	104.54	102.25	102.24	104.45	104.55	104.37	106.04	108.51	109.37
广西	110.17	111.92	107.39	104.68	103.28	116.54	118.01	120.73	123.02	132.46	129.82
海南	106.52	111.28	107.89	102.37	100.58	98.83	102.65	102.65	104.54	106.81	108.31
重庆		112.48	106.39	103.81	101.80	119.94	126.65	126.42	132.63	142.06	145.19
四川	111.29	113.96	111.98	109.60	108.78	122.35	122.96	125.72	129.29	128.34	132.54
贵州	107.91	108.65	106.84	105.50	103.71	116.59	116.33	117.78	121.64	122.81	123.63
云南	108.05	111.30	110.12	108.19	106.70	107.64	109.40	115.73	122.86	130.62	130.51
陕西	110.93	115.74	110.76	106.61	105.89	117.78	117.93	119.12	121.05	122.24	117.91
甘肃	109.88	112.81	108.92	105.64	103.60	124.13	126.04	128.03	131.46	139.20	135.23
青海	116.56	125.34	124.17	123.16	121.80	141.19	148.73	155.04	157.01	156.20	150.43
宁夏	107.66	109.22	106.64	103.73	101.12	114.18	118.91	128.05	131.07	129.90	129.53
新疆	109.82	115.02	113.16	111.22	109.25	113.21	113.61	114.16	115.99	116.65	118.10

注:重庆市 1995、1996 两年无数据,以 1995 年为基期的 1997 年以后的价格指数数据是基于这样的假设——1996 年重庆市的教育培训投资价格指数与四川省的教育培训投资价格指数相同。

用2001—2005年浙江省规模以上工业统计年报，以行业小类为观察单位，观察“职工教育经费”与其他报表指标的相关性，发现“职工教育经费”与“产品销售收入”、“年平均从业人员”呈现较密切的相关性。但问题是，只有规模以上工业统计年报中有“职工教育经费”这一栏，而规模以下工业的抽样统计资料以及其他行业的统计报表中均无此项目。因此，我们最终未能就企业（单位）发生的在职培训支出额做出系统估算，也未能将相关信息纳入人力资本投资价格估算的范畴。并且，这也会导致对资本投资水平以及后续资本存量水平估计的一定程度的低估。

(2)卫生保健投资价格指数

关于卫生保健经费支出，目前的统计资料出版物没有提供类似于教育经费支出的系统分类资料。2006年出版的《中国统计年鉴》提供了1998—2004年全国卫生总费用及按筹资来源的构成情况，如表6－2所示：

表6－2　全国卫生总费用及构成

年份	1998	1999	2000	2001	2002	2003	2004
卫生总费用(亿元)	3 776.50	4 178.60	4 586.60	5 025.90	5 790.00	6 584.10	7 590.30
其中:政府预算卫生支出	587.20	640.90	709.50	800.60	908.50	1 116.90	1 293.60
社会卫生支出	1 006.00	1 064.60	1 171.90	1 211.40	1 539.40	1 788.50	2 225.40
居民个人卫生支出	2 183.30	2 473.10	2 705.20	3 013.90	3 342.10	3 678.70	4 071.40
卫生总费用构成(%)	100.00	100.00	100.00	100.00	100.00	100.00	100.00
其中:政府预算卫生支出	16.00	15.80	15.50	15.90	15.70	17.00	17.00
社会卫生支出	29.10	28.30	25.50	24.10	26.60	27.20	29.30
居民个人卫生支出	54.80	55.90	59.00	60.00	57.70	55.80	53.60

《中国统计年鉴》对该表提供的指标解释是:卫生服务总费用反映全国当年用于医疗卫生保健服务所消耗的资金总额,用筹资来源法测算。政府预算卫生支出指各级政府用于卫生事业的财政预算拨款。社会卫生支出指政府预算外的卫生资金投入,主要表现为社会医疗保险。其中包括企事业单位和乡村集体经济单位举办医疗卫生机构设施建设费,企业职工医疗卫生费,行政事业单位负担的职工公费医疗超支部分等。居民个人卫生支出指城乡居民用自己可支配的经济收入支付的各项医疗卫生费用和医疗保险费用。可见,这一"卫生服务总费用"包含了全社会各投资主体的全部支出。

同时历年《中国统计年鉴》提供了财政用于卫生事业的支出(包括全国总额及分省市数据)。依据上述两项基础数据,我们假设1995—1997年全国卫生总费用按筹资来源分的构成与1998年相同,同时假设1998—2004年各省市的卫生总费用构成与全国当年构成基本一致,2005年卫生总费用构成则与2004年相同,从而获得1996—2006年各省市的卫生总费用支出额如表6-3所示。

然而,与教育投资价格指数估算中的数据条件不同,《中国教育经费统计年鉴》提供了各年度教育经费支出的明细分类,我们可据以划分常规性支出(包括用于个人部分的基本工资、补助工资、其他工资、职工福利费、社会保障费、奖贷助学金,以及用于公共部分的办公费、劳务费、水电费、邮寄费、取暖费、物业管理费、交通费、差旅费、租赁费、会议费、专用材料费、印刷费、招待费、培训费等)和专门性支出(用于公共部分的设备购置费和修缮费),但关于卫生费

表 6－3 1996—2006 年各省市卫生保健总费用支出

（单位：亿元）

年份	1996	1997	1998	1999	2000	2001	2002	2003	2004	2005	2006
全国	1 660	2 393	2 539	2 775	3 112	3 507	3 935	4 447	4 896	5 974	7 240
北京	63	108	127	144	184	208	242	292	318	386	486
天津	31	48	50	52	56	63	75	90	108	112	133
河北	68	99	97	106	113	136	157	205	207	265	280
山西	41	55	57	63	67	84	96	120	132	166	198
内蒙古	34	47	48	53	59	71	79	101	103	123	158
辽宁	66	94	96	96	111	111	126	148	150	202	244
吉林	41	56	52	58	61	70	81	95	100	122	150
黑龙江	50	70	74	84	88	102	111	136	139	165	203
上海	87	143	160	187	210	217	194	214	265	307	344
江苏	112	168	179	197	210	235	267	327	367	442	500
浙江	75	118	133	151	176	206	237	267	310	382	467
安徽	45	63	65	72	76	80	91	100	130	147	194
福建	52	79	86	92	104	107	117	122	137	153	190
江西	39	54	57	61	67	74	82	89	103	128	161
山东	104	150	158	164	182	193	214	233	266	320	410
河南	65	87	90	98	112	122	140	178	198	246	343
湖北	61	96	99	112	123	135	142	143	155	183	251
湖南	52	70	68	74	77	85	94	99	116	144	193
广东	168	231	246	259	308	340	410	433	429	484	579
广西	42	58	63	68	75	98	114	124	130	153	187
海南	12	16	16	17	18	18	22	27	32	38	43
重庆	—	39	43	45	141	156	60	64	71	89	111
四川	106	106	115	127	52	55	162	185	201	292	321
贵州	32	48	53	60	71	85	98	102	115	152	168
云南	79	113	113	128	144	158	183	193	213	264	319
陕西	34	48	52	55	53	72	92	98	106	128	161
甘肃	26	37	40	44	52	62	68	69	79	105	130
青海	11	15	15	16	18	26	28	31	37	52	65
宁夏	8	11	12	13	15	25	24	26	26	32	39
新疆	40	52	56	61	69	87	100	107	115	152	167

用的支出明细,我们无法从现有公开出版资料中获得任何信息。

为此,我们做如下简化处理:居民个人的卫生保健支出部分,其价格指数直接取自居民生活费用价格统计中的“医疗保健”支出价格指数,将卫生总费用扣除居民个人卫生保健支出的部分,全部依据居民生活费用价格总指数做调整。这样,卫生保健投资的价格指数为:

$$P_H^* = \frac{\sum_{i=1}^{2} P_{Hi}^* W_{Hi}^*}{\sum_{i=1}^{2} W_{Hi}^*}$$

其中 $P_{Hi}^*(i = 1,2)$ 分别为居民生活消费价格总指数和居民医疗保健消费类价格指数,数据来自《中国统计年鉴》,数值分别等于“全国(区、市)居民消费价格指数”和“各地区居民消费价格分类指数”中的“卫生保健”类指数。W_{H1}^* 为政府、企事业单位和社会团体等非居民个人投入的卫生保健费用,数值等于表 6-3 卫生保健总费用扣除 W_{H2}^*,W_{H2}^* 为居民个人卫生保健支出,数据来自《中国农村统计年鉴》和《中国物价及城镇居民家庭收支调查统计年鉴》,数值等于“农民家庭人均卫生保健支出×农村人口+城镇家庭人均卫生保健支出×城镇人口”。我们估算得 1996—2006 年卫生保健投资价格指数如表 6-4[①] 所示。

① 表中湖北省看似有些异常,2005 年以 1995 年为基期的卫生保健投资价格指数小于 100%。检查原始数据发现,湖北省居民以上年为基期计算的医疗保健支出价格指数,从 1998 年开始到 2005 年分别为 97.90%、97.80%、98.00%、98.35%、94.70%、99.40%、97.44%、97.61%,持续 8 年价格水平趋于下降,这在全国 31 个省市中是唯一的。这一现象与本表计算的数据相一致。

表 6－4　卫生保健投资价格指数估算(1995 年＝100)

(单位:%)

年份	1996	1997	1998	1999	2000	2001	2002	2003	2004	2005	2006
全国	108.87	112.76	113.97	113.86	115.04	115.47	114.43	115.88	116.83	117.19	118.10
北京	111.09	117.08	121.70	129.02	136.96	139.08	140.15	138.76	140.21	138.67	138.05
天津	108.14	111.24	108.57	108.00	106.47	108.66	109.39	105.86	103.15	100.96	103.49
河北	106.45	109.27	109.31	108.98	110.08	107.84	104.17	111.68	115.74	115.06	114.20
山西	107.74	111.58	112.54	114.35	117.57	115.47	109.78	110.07	111.53	112.39	115.20
内蒙古	106.75	112.13	113.27	114.35	115.25	113.68	112.37	112.27	113.04	119.56	119.38
辽宁	108.47	112.08	113.62	114.72	112.91	103.61	98.61	103.26	106.99	105.29	106.60
吉林	107.62	110.81	110.21	109.06	108.48	113.62	114.23	115.89	115.20	113.18	113.28
黑龙江	106.83	112.20	114.85	113.89	111.95	107.05	104.06	103.40	104.16	103.46	104.52
上海	108.87	112.07	112.60	114.20	116.33	115.09	112.98	113.63	114.64	115.82	117.00
江苏	108.60	111.50	112.56	112.78	114.11	115.64	114.66	115.17	115.47	116.04	117.07
浙江	112.27	116.66	122.17	123.95	127.57	127.95	125.38	126.40	120.15	120.81	121.84
安徽	108.19	111.51	114.01	113.68	116.34	115.73	113.94	114.19	114.29	111.42	111.90
福建	106.98	109.53	110.79	110.45	113.78	115.80	116.29	115.54	115.45	114.95	114.42
江西	109.55	115.34	117.74	118.50	121.15	121.57	125.00	122.30	118.42	118.53	118.92
山东	110.46	114.10	116.04	115.85	116.73	120.35	118.59	119.98	120.07	119.63	120.02
河南	108.94	111.44	110.31	107.04	104.13	105.99	115.06	118.20	117.06	114.99	115.34
湖北	108.62	113.47	111.39	108.92	107.27	106.36	101.87	101.49	98.50	96.28	104.07
湖南	113.31	118.04	120.62	120.37	125.37	126.74	123.02	134.73	134.41	131.70	128.54
广东	108.98	112.72	112.52	111.91	111.21	110.71	108.70	110.96	112.09	112.07	112.21
广西	107.79	112.15	112.55	110.58	110.82	108.48	106.45	109.86	114.85	115.78	119.25
海南	105.30	106.54	104.46	104.64	110.24	109.62	112.68	115.64	116.37	115.18	114.70
重庆	—	112.04	107.63	106.45	104.74	105.67	100.02	98.98	96.95	101.08	102.23
四川	108.98	114.17	115.43	115.13	123.53	118.85	115.77	119.60	125.86	125.93	128.34
贵州	108.15	112.59	114.10	113.65	113.01	114.05	113.09	116.86	122.42	123.80	124.37
云南	109.17	113.92	116.94	117.51	116.05	119.22	120.40	121.78	125.90	128.17	131.51
陕西	107.82	113.50	115.73	115.45	117.64	116.06	114.45	122.16	118.82	117.35	117.65
甘肃	109.79	113.24	113.51	112.18	112.04	113.06	112.78	114.33	114.56	117.47	120.25
青海	110.56	115.17	117.40	118.08	118.42	119.49	124.74	128.97	131.77	132.38	134.60
宁夏	107.22	111.54	113.34	116.31	115.55	114.76	114.13	114.42	113.87	112.57	113.90
新疆	111.03	116.42	116.88	115.13	116.69	129.04	130.04	126.56	130.58	140.16	138.96

注:重庆市以 1995 年为基期的 1997 年以后的价格指数数据的处理,是基于与表 6－1 同样的假设。

上表的估算存在偏差,表现为:扣除个人医疗卫生支出后的卫生总费用中,其中必然有一部分用于类似于教育经费支出中的设备购置费、修缮费的支出,这部分支出应该与固定资产投资的"设备、工器具购置"价格变动基本一致。但由于缺乏卫生费用的支出明细数据,我们只能将这部分的价格变动也依据居民生活费用价格总指数做处理,而从实际统计所提供的固定资产投资中"设备、工器具购置"价格类指数、居民生活费用价格指数看,1996—2006 年期间,前者明显低于后者,这导致上表所估算的卫生保健投资价格指数偏高,偏高的程度取决于总投资中设备费、修缮费支出的比重。相应地,依据上表的卫生保健投资价格指数调整后的可比价卫生保健投资额则存在偏低。但显然,上述处理比直接用居民生活费用价格指数对全部卫生保健投资做价格调整要客观得多。

需要指出的是,依据我们所设计的人力资本水平估算体系和方法,卫生保健支出的基础数据,现有统计体系是可以提供良好支持的,之所以在我们的估算中需要做出类似于上面的种种假设,是由于我们只能从公开出版资料收集数据,这些出版资料发布的是汇总数据而不是原始数据。

2.人力资本存量的初始水平

设第一期的资本存量是过去投资的加总,投资时间序列可近似表示为:

$$I(t) = I^0 e^{\lambda t}$$

对投资序列两边取对数有:

$$\ln I(t) = \ln I^0 + \lambda t, t = 1, 2, \cdots, T$$

利用1980—1995年全国教育事业费支出数据做模拟。因为《中国教育经费统计年鉴》1996年才开始出版，这里全国教育事业费支出数据取自《中国统计年鉴》。《中国统计年鉴》仅提供全国教育事业费支出总数而无支出明细，因此无法据以构建人力资本投资价格指数。考虑到1995年以后的教育事业费支出中“专门性支出”部分的比例在10%—16%左右，占比不大，故直接用居民消费价格指数对全部教育事业费支出进行价格调整，统一调整到1995年价格水平。依据价格调整后的全国教育事业费支出数据模拟得：

$$\ln I(t) = 5.959\,591 + 0.068\,548t + 0.617\,217AR(1)$$

$$(67.48) \qquad (9.08) \qquad (2.68)$$

$$R^2 = 0.985\,4 \quad \bar{R}^2 = 0.983\,0 \quad F = 404.87 \quad DW = 1.68$$

并进一步计算 $K(0) = \frac{I^0 e^{\lambda}}{\lambda}$ 得1980年全国人力资本存量为6 053亿元(1995价)，根据这一数据，按5.14%的折旧率[①]和历年按1995年价格的教育事业费支出推算到1995年，则1995年全国人力资本存量为11 250亿元(1995价)。

在全国人力资本存量估算的基础上，如何将这一数据分配到各省市区？对于物质资本存量估算，我们可以依据各省市区固定资产投资历史数据，按累计固定资产投资的省市构成将全国物质资本存量总数分配到各省市区(详见附录2)。但这一方法在人力

① 人力资本折旧率的确定见下一小节内容。

资本估算中不可行也不合理。一方面，我们无法获得分省市的1995年以前的教育事业费支出数据，更重要的是，投资主体进行固定资产投资形成的物质资本积累流动性较小，而投资主体进行的人力资本投资形成的人力资本积累则随着人力资本载体的流动存在高度的流动性，A省进行的人力资本投资完全可能成为B省的人力资本积累。鉴于人力资本的这种人身依附性和高度流动性，我们依据即时状态而不是历史轨迹来估算各省市区的人力资本存量，即依据按1995年各省市区人力资本重置价值存量的构成比例，将全国数据分配到各省市区。

所谓重置价人力资本存量，是指以培养该年份各类学历劳动适龄人口所需要的全部教育培训支出为当年人力资本存量。即初始人力资本总量：

$$K_0 = L_0(\bar{X}_{G0} + \bar{X}_{C0} + \bar{X}_{P0})$$

其中：

$$L_0 = (L_{s0}, L_{s-10}, \cdots, L_{s0}, \cdots, L_{20}, L_{10})$$

$$\bar{X}_{G0} = \begin{pmatrix} K_S\bar{X}_{GS0} + K_{S-1}\bar{X}_{G(S-1)0} + \cdots + K_S\bar{X}_{GS0} + \cdots + K_2\bar{X}_{G20} + K_1\bar{X}_{G10} \\ K_{S-1}\bar{X}_{G(S-1)0} + \cdots + K_S\bar{X}_{GS0} + \cdots + K_2\bar{X}_{G20} + K_1\bar{X}_{G10} \\ \vdots \\ K_2\bar{X}_{G20} + K_1\bar{X}_{G10} \\ K_1\bar{X}_{G10} \end{pmatrix}$$

$$\bar{X}_{C0} = \left(\bar{X}_{C0}\sum_{s=1}^{S} K_s, \bar{X}_{C0}\sum_{s=1}^{S-1} K_s, \cdots, \bar{X}_{C0}\sum_{s=1}^{2} K_s, \bar{X}_{C0}K_1\right)^T$$

$$\bar{X}_{P0} = \left(\bar{X}_{P0}\sum_{s=1}^{S} K_s, \bar{X}_{P0}\sum_{s=1}^{S-1} K_s, \cdots, \bar{X}_{P0}\sum_{s=1}^{2} K_s, \bar{X}_{P0}K_1\right)^T$$

上述估算中直接涉及教育等级的划分以及各级教育的学制年数问题，我们的处理方法是：将教育等级分为文盲、小学、初中、高中、大专及以上五级，设定各级的受教育年数为0、6、3、3、4年。原因有三：第一，要确切地反映各级教育的学制差异几乎不可能，而且，教育等级类别划分越细，由此引起的误差可能越大，因此等级划分不宜过细；第二，文盲、小学、初中、高中、大专及以上这样五级，是目前相对较多被采用的划分口径；第三，也是最重要的原因是，人口统计中的学历分布统计就是按这一口径提供的，《中国人口统计年鉴》关于6岁及以上人口的学历分布统计就是分文盲、小学、初中、高中、大专及以上这样五级。我们照此统计口径估算1995年全国及各省市区重置价人力资本存量①，如表6－5②所示。

3.人力资本的折旧率

依据 $\delta = 1 - \sqrt[T]{S}$ 估计折旧率，关键是要确定资本的寿命期和残值率，我们估算人力资本的折旧率如下：

首先是寿命期。将人力资本——蕴藏于人身的知识和能力分为两类，一类为一般性知识和能力，由基础教育包括小学教育投资、初中教育和普通高中教育投资积累形成；另一类是专业性知识和能力，由专业教育和培训包括职业教育、技工教育、中等专业教

① 从1996年起历年人力资本存量的估算也均照此统计口径。

② 本表不包含重庆市，1995年重庆市尚为四川省的一部分。重庆市1997年的初始存量确定，见后面对应注解。

表 6-5　1995 年全国及各省市区人力资本存量估算

	重置价人力资本各省市存量(亿元)	重置价人力资本存量各省市构成百分比(%)	1995 价人力资本各省市存量(亿元)
全国	36 491	100.00	11 250
北京	1 821	4.99	561
天津	744	2.04	229
河北	1 375	3.77	424
山西	987	2.70	304
内蒙古	752	2.06	232
辽宁	2 080	5.70	641
吉林	1 251	3.43	386
黑龙江	1 548	4.24	477
上海	2 063	5.65	636
江苏	2 904	7.96	895
浙江	1 804	4.94	556
安徽	998	2.73	308
福建	899	2.46	277
江西	621	1.70	191
山东	2 132	5.84	657
河南	1 577	4.32	486
湖北	1 266	3.47	390
湖南	1 496	4.10	461
广东	3 107	8.52	958
广西	828	2.27	255
海南	262	0.72	81
四川	2 540	6.96	783
贵州	388	1.06	120
云南	829	2.27	256
陕西	755	2.07	233
甘肃	475	1.30	147
青海	134	0.37	41
宁夏	121	0.33	37
新疆	694	1.90	214

育和普通高校教育投资积累形成。一般性知识和能力原则上将终身受益，但是，由于人力资本是以人为载体，具有高度的人身依附性，一旦劳动者达到退休年龄退出劳动力市场，则其所拥有的人力资本也将不再是现实意义上的生产要素。因此我们假设一般性知识和能力的受益期为整个劳动适龄周期，即寿命期约为40—45年[①]，取中间值42年，而专业性知识和能力更新速度快，假设其寿命期为一般性知识和能力寿命期的一半，取21年。

其次是人力资本残值率。我们将15—64岁人口视为劳动适龄人口，从而认为65岁及以上人口为非劳动适龄人口，近似地将65岁及以上劳动在业人口占65岁及以上人口的比重作为人力资本的残值率。当然，由于不同个体之间所拥有的人力资本在数量和质量上是有差异的，一般地，到了退休年龄以后还继续在业的个体，其所拥有的人力资本数量和质量往往高于平均水平。因此，这里用65岁以上劳动在业人口占65岁以上总人口比率作为人力资本残值率，而不是用65岁以上劳动在业人口所拥有的人力资本存量占全部65岁以上人口拥有的人力资本存量作为人力资本残值率，会产生一个对残值率的低估偏差，从而形成对折旧率的高估偏差。根据近五年的人口和劳动统计资料，我们计算得出该比例为20.88%左右，并将之作为人力资本残值率。

根据上述寿命期、残值率，利用折旧率公式$\delta=1-\sqrt[T]{S}$可估算

① 假设7周岁入学，小学学制6年，64岁退休，退出劳动力市场。

得一般性人力资本的折旧率为3.66%,专业化人力的折旧率为7.19%。

进一步地,观察基础性人力资本投资与专业性人力资本投资的投资结构,如表6-6所示:

表6-6 1995—2005年基础性人力资本投资与专业性人力资本投资结构 (单位:%)

年份	基础性投资	专业性投资	年份	基础性投资	专业性投资
1995	60.46	39.54	2001	59.43	40.57
1996	57.72	42.28	2002	57.30	42.70
1997	59.72	40.28	2003	57.30	42.70
1998	59.31	40.69	2004	57.30	42.70
1999	59.08	40.92	2005	58.20	41.80
2000	57.26	42.74	2006	58.03	41.97

注:根据历年《全国教育经费统计年鉴》提供的各类别教育支出和城乡住户统计提供的居民个人教育培训支出计算,其中居民个人教育培训支出中,假设基础性投资和专业性投资各占一半。

1995—2006年平均,基础性投资与专业性投资的比约为58.05∶41.95,我们用基础性人力资本投资与专业性人力资本投资的投资结构比例58∶42,对基础性人力资本折旧率和专业性人力资本折旧率加权平均,得出人力资本总折旧率为:5.14%。

依据上述中间数据,我们估算1995—2005年中国的资本投资水平、资本存量水平以及资本效率水平。同时，为了比较人力资本与物质资本的相对水平，为了从总资本视角深入观察人力资本水平，我们同步估算物质资本投资水平、存量水平和效率水平。

6.3　中国人力资本投资水平及特征

根据《中国教育经费统计年鉴》提供的历年国家财政性教育经费、社会团体和公民个人办学经费、社会捐(集)资办学经费、学费杂费以及其他教育经费支出数据，根据《中国统计年鉴》提供的历年财政性卫生经费支出和 1998—2004 年卫生总费用以及据以推算的历年卫生总费用数据，根据《中国农村统计年鉴》提供的农村居民家庭人均文教娱乐用品及服务支出和医疗保健支出数据，根据《中国物价及城镇居民家庭收支调查统计年鉴》提供的城镇居民家庭人均教育支出和医疗保健支出数据，根据《中国人口统计年鉴》提供的人口城乡分布数据，我们估算 1995—2006 年全国及各省市人力资本投资水平，见表 6－7、表 6－8、表 6－9。

1. 投资的绝对水平

2006 年，全国人力资本投资 20 471 亿元(当年价)，相比于 1995 年，可比价增长 3.26 倍，11 年间平均每年增幅达 12.16%，且增长呈稳定加速的态势。

各省市自治区中，历年资本投资额(当年价)最大的省市区相对稳定，广东、江苏、山东、浙江等稳居前列。其中广东在 1995—2006 年间均为第一位，江苏均为第二位，如表 6－9 所示。

表 6－7　1995—2006 年全国及各省市区人力资本投资水平（当年价）

（单位:亿元）

年份	1995	1996	1997	1998	1999	2000	2001	2002	2003	2004	2005	2006
全国	4 803	5 335	6 589	7 156	8 014	9 146	10 508	12 110	13 621	15 253	17 863	20 471
北京	155	170	239	289	337	431	528	628	726	806	943	1 116
天津	74	80	107	115	125	142	166	200	238	267	288	320
河北	204	180	289	298	333	356	409	470	562	602	737	812
山西	111	126	144	145	167	192	234	280	324	368	441	516
内蒙古	92	102	122	128	145	167	193	220	257	283	326	394
辽宁	141	215	263	274	292	345	373	426	486	544	668	738
吉林	122	130	155	157	176	199	229	264	303	323	372	434
黑龙江	153	190	188	189	221	254	308	336	378	425	496	564
上海	188	213	295	328	390	446	498	516	585	705	803	890
江苏	319	382	485	539	601	664	748	867	1 037	1 151	1 380	1 559
浙江	230	256	333	374	428	504	612	727	855	1 006	1 189	1 350
安徽	149	181	222	247	272	283	325	350	397	478	545	678
福建	151	161	215	235	258	300	326	370	396	442	496	571
江西	114	125	159	174	194	215	252	289	310	354	413	480
山东	306	366	442	473	538	627	700	795	870	966	1143	1348
河南	207	255	299	319	337	401	443	500	597	669	785	959
湖北	226	255	310	350	394	427	476	527	554	620	694	814
湖南	225	261	301	327	355	388	441	471	517	577	671	766
广东	531	567	673	722	792	885	966	1 164	1 296	1 393	1 559	1 727
广西	154	180	200	215	233	255	298	335	357	390	452	495
海南	36	37	42	43	46	51	54	63	69	82	94	109
重庆	—	—	117	130	148	270	303	232	250	290	357	385
四川	319	345	303	353	386	355	408	571	633	694	758	906
贵州	79	80	103	111	135	158	191	234	246	281	346	380
云南	153	171	219	229	257	288	316	369	393	446	532	617
陕西	69	119	149	167	189	206	266	320	367	387	455	543
甘肃	67	72	90	96	112	138	168	192	211	234	291	336
青海	22	22	26	29	31	36	48	53	59	67	87	108
宁夏	20	20	24	26	31	37	51	56	61	66	78	89
新疆	97	100	117	119	135	154	192	224	242	267	326	367

表 6－8　1995—2006 年全国及各省市区人力资本投资水平（1995 价）

（单位：亿元）

年份	1995	1996	1997	1998	1999	2000	2001	2002	2003	2004	2005	2006
全国	4 803	4 893	5 911	6 505	7 409	8 502	9 364	10 742	11 860	12 972	14 889	16 973
北京	155	154	209	248	283	349	404	487	562	622	733	860
天津	74	74	95	103	116	137	154	182	212	237	257	283
河北	204	169	265	280	319	343	387	449	516	532	634	694
山西	111	116	128	130	151	172	210	257	293	322	370	425
内蒙古	92	93	108	115	130	150	171	190	211	229	256	306
辽宁	141	196	233	247	266	319	349	398	442	477	566	626
吉林	122	120	139	144	165	189	211	241	274	288	325	374
黑龙江	153	175	168	170	203	241	293	323	359	396	458	516
上海	188	198	270	303	360	412	460	476	537	638	719	791
江苏	319	351	441	496	560	623	660	751	877	953	1 113	1 244
浙江	230	233	296	333	386	456	529	628	686	801	934	1071
安徽	149	166	200	225	253	264	294	318	356	421	476	585
福建	151	152	201	223	251	294	316	353	367	396	430	500
江西	114	111	138	151	171	190	219	245	264	300	346	402
山东	306	331	389	423	488	576	604	689	747	810	937	1095
河南	207	232	272	299	326	398	428	468	551	596	687	831
湖北	226	231	280	326	379	422	448	497	510	553	607	699
湖南	225	228	254	289	320	341	379	403	427	462	524	600
广东	531	529	618	674	752	842	906	1 098	1 217	1 292	1 423	1 566
广西	154	164	178	197	219	242	262	295	306	324	358	394
海南	36	35	38	40	44	49	53	59	65	75	86	99
重庆	—	—	104	122	141	261	270	196	212	239	277	297
四川	319	312	265	312	347	320	334	472	511	541	595	691
贵州	79	74	93	101	124	147	165	204	209	231	281	307
云南	153	158	194	202	228	259	280	322	332	358	411	471
陕西	69	108	130	149	173	190	226	274	306	321	377	461
甘肃	67	65	80	87	104	129	140	159	171	187	223	261
青海	22	19	22	24	25	30	37	39	42	47	62	77
宁夏	20	18	22	24	28	35	45	48	50	53	64	73
新疆	97	90	101	104	119	137	160	186	203	219	258	290

表 6-9　人力资本投资额最大的五个省市区

位次(从大到小)	1	2	3	4	5
1995	广东	江苏	四川	山东	浙江
1996	广东	江苏	山东	四川	湖南
1997	广东	江苏	山东	浙江	湖北
1998	广东	江苏	山东	浙江	四川
1999	广东	江苏	山东	浙江	湖北
2000	广东	江苏	山东	浙江	上海
2001	广东	江苏	山东	浙江	北京
2002	广东	江苏	山东	浙江	北京
2003	广东	江苏	山东	浙江	北京
2004	广东	江苏	浙江	山东	北京
2005	广东	江苏	浙江	山东	北京
2006	广东	江苏	浙江	山东	北京

各省市自治区中,历年资本投资额(当年价)最小的省市区也十分稳定,如表 6-10 所示:

表 6-10　人力资本投资最小额的五个省市区

位次(从大到小)	1	2	3	4	5
1995	宁夏	青海	海南	甘肃	陕西
1996	宁夏	青海	海南	甘肃	贵州
1997	宁夏	青海	海南	甘肃	贵州
1998	宁夏	青海	海南	甘肃	贵州
1999	宁夏	青海	海南	甘肃	天津
2000	青海	宁夏	海南	甘肃	天津
2001	青海	宁夏	海南	天津	甘肃
2002	青海	宁夏	海南	甘肃	天津
2003	青海	宁夏	海南	甘肃	天津
2004	宁夏	青海	海南	甘肃	天津
2005	宁夏	青海	海南	天津	甘肃
2006	宁夏	青海	海南	天津	甘肃

显然，人力资本投资额大的主要是沿海相对发达地区，而投资额小的主要是中西部地区。尽管这种在绝对量上的观察与省市区的行政规模和人口规模等相关，但经济水平无疑也是影响人力资本投资水平的重要因素，经济水平制约着区域人力资本投资的能力。

与人力资本投资绝对量的这种区域差异不同，中西部地区在人力资本投资增长速度上并不呈现系统性落后，如表6－11所示：

表6－11　1996—2006年人力资本投资平均增长速度

（单位：%）

	平均增长速度	位次		平均增长速度	位次
陕西	18.88	1	江西	12.15	17
北京	16.83	2	青海	12.06	18
浙江	15.01	3	河北	11.80	19
辽宁	14.54	4	黑龙江	11.71	20
西藏	14.00	5	福建	11.52	21
上海	13.94	6	内蒙古	11.50	22
河南	13.49	7	湖北	10.79	23
安徽	13.24	8	吉林	10.76	24
甘肃	13.16	9	云南	10.73	25
江苏	13.16	10	新疆	10.50	26
贵州	13.08	11	广东	10.33	27
山西	13.01	12	海南	9.49	28
天津	12.91	13	湖南	9.32	29
宁夏	12.68	14	广西	8.90	30
重庆	12.41	15	四川	7.29	31
山东	12.30	16	全国平均	12.16	—

说明单纯地从人力资本投资看,东、中、西部的经济差异应该趋于缩小,如果说目前这种差距事实上仍趋于扩大的话,则人力资本效率——包括人力资本投资效率、人力资本积累效率、人力资本运用效率——可能是我们应该关注的重点。

2.投资的区域分布

从投资的省市区分布看,投资的区域分布集中度明显。从当年价投资看,前五位的省市区完成的资本投资占各省市区合计投资的比重超过1/3,而前十位的省市区完成的资本投资占各省市区合计投资的比重接近60%左右,如表6-12所示:

表6-12 人力资本投资的区域集中度

(单位:%)

年份	投资额最大的前五个省市区完成的投资比重	投资额最大的前十个省市区完成的投资比重
1995	35.49	57.36
1996	36.01	58.40
1997	34.04	56.60
1998	34.40	57.05
1999	34.34	56.87
2000	34.18	56.08
2001	33.82	55.39
2002	34.53	55.87
2003	35.11	56.62
2004	34.89	56.46
2005	34.79	55.93
2006	34.68	56.08

而投资额最小的五个省市区完成的投资额占全国投资总额的比例不到4%，投资额最小的十个省市区完成的投资额占全国投资总额的比例也始终没有超过13%，与投资额较大的省市区的投资份额比较，差异巨大，如图6－1和图6－2所示：

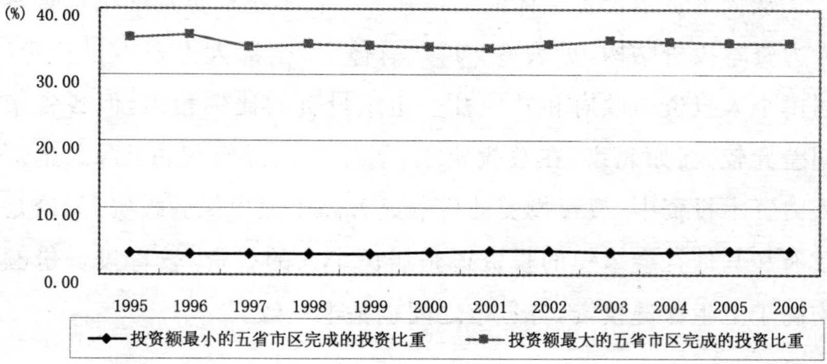

图6－1　投资额最大的五省市区与最小的五省市区比较

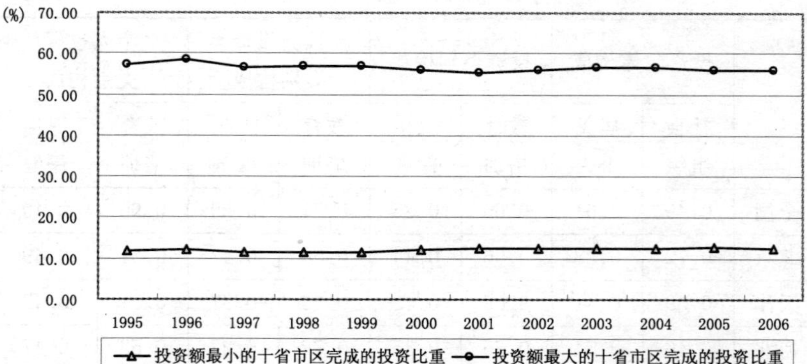

图6－2　投资额最大的十省市区与最小的十省市区比较

人力资本投资分布的上述格局在最近的十多年间并没有改变,投资额最小的省份,其投资占全国的份额没有显著提高的趋势,投资额最大的省份,其投资占全国的份额也没有减小的迹象。

3.投资的结构特征

从人力资本投资主体的结构和人力资本投资类别的结构观察人力资本投资结构,见表6-13。总体上,全部人力资本投资中,居民个人投资与政府和其他社会组织投资的比例相当,但各省市间差异较大,如北京,在总投资中,居民个人投资仅占1/4。全部人力资本投资中,教育投资的份额显著高于卫生保健投资,无论是政府和其他社会组织的投资还是居民个人的投资,教育投资份额均高于卫生保健投资,各省市之间也基本一致。

表6-13　1995—2006年平均全国及各省市区人力资本投资结构(按当年价计算)　(单位:亿元)

	投资主体构成		投资类别构成		社会投资类别构成		个人投资类别构成	
	社会组织	居民个人	教育培训	卫生保健	教育培训	卫生保健	教育培训	卫生保健
全国	0.49	0.51	0.65	0.35	0.71	0.29	0.60	0.40
北京	0.72	0.28	0.56	0.44	0.58	0.42	0.51	0.49
天津	0.59	0.41	0.58	0.42	0.63	0.37	0.51	0.49
河北	0.46	0.54	0.65	0.35	0.78	0.22	0.53	0.47
山西	0.53	0.47	0.62	0.38	0.62	0.38	0.62	0.38
内蒙古	0.47	0.53	0.61	0.39	0.65	0.35	0.58	0.42

（续表）

辽宁	0.43	0.57	0.67	0.33	0.86	0.14	0.53	0.47
吉林	0.46	0.54	0.66	0.34	0.83	0.17	0.53	0.47
黑龙江	0.40	0.60	0.64	0.36	0.87	0.13	0.50	0.50
上海	0.68	0.32	0.56	0.44	0.55	0.45	0.60	0.40
江苏	0.50	0.50	0.67	0.33	0.71	0.29	0.63	0.37
浙江	0.45	0.55	0.66	0.34	0.74	0.26	0.59	0.41
安徽	0.43	0.57	0.72	0.28	0.83	0.17	0.65	0.35
福建	0.55	0.45	0.66	0.34	0.66	0.34	0.66	0.34
江西	0.45	0.55	0.68	0.32	0.70	0.30	0.67	0.33
山东	0.39	0.61	0.70	0.30	0.85	0.15	0.61	0.39
河南	0.43	0.57	0.69	0.31	0.85	0.15	0.57	0.43
湖北	0.44	0.56	0.71	0.29	0.79	0.21	0.65	0.35
广东	0.49	0.51	0.66	0.34	0.70	0.30	0.62	0.38
广西	0.48	0.52	0.67	0.33	0.65	0.35	0.68	0.32
海南	0.57	0.43	0.61	0.39	0.59	0.41	0.64	0.36
重庆	0.46	0.54	0.66	0.34	0.72	0.28	0.61	0.39
四川	0.45	0.55	0.69	0.31	0.76	0.24	0.62	0.38
贵州	0.62	0.38	0.55	0.45	0.47	0.53	0.66	0.34
云南	0.66	0.34	0.49	0.51	0.46	0.54	0.54	0.46
陕西	0.44	0.56	0.71	0.29	0.82	0.18	0.61	0.39
甘肃	0.53	0.47	0.62	0.38	0.64	0.36	0.60	0.40
青海	0.68	0.32	0.42	0.58	0.41	0.59	0.45	0.55
宁夏	0.54	0.46	0.56	0.44	0.62	0.38	0.48	0.52
新疆	0.63	0.37	0.53	0.47	0.53	0.47	0.53	0.47

注：湖南省的数据有异常波动，这里不纳入分析对象。

4.人力资本投资与物质资本投资的比较

将人力资本与物质资本合计为总资本①,在总资本框架下观察人力资本投资与物质资本投资的结构,1995—2006 年 12 年总平均,全国人力资本投资占总资本投资的比重为 18.82%,物质资本投资占总资本投资的 4/5,是总资本投资的主体部分,如图 6-3 所示:

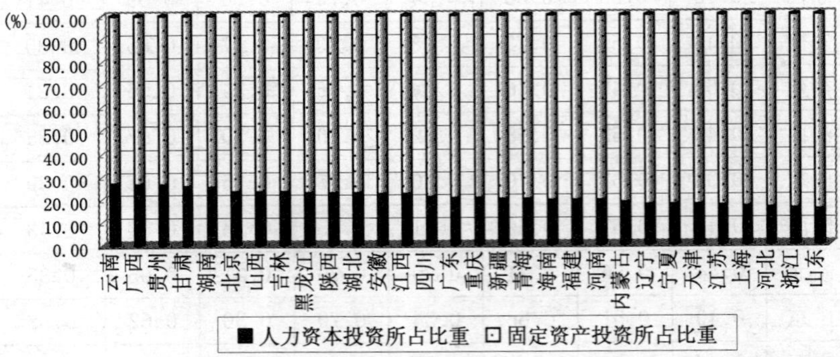

图 6-3 1995—2006 年平均各省市区总资本投资比重

从各省市区分布看,人力资本投资比重相对较高的以中西部地区为主,东部地区的人力资本投资比重总体上低于中西部地区。并且,从 1995 年到 2006 年,这种现象几乎稳定地存在。我们将历年 30 个省市区的人力资本投资占总投资比重依据 1995—2006 年 12 年总平均的人力资本投资占总投资比重从高到低排序,结果如表 6-14 所示。

① 物质资本投资、物质资本存量数据,见附录 2。总资本投资 = 物质资本投资 + 人力资本投资,总资本存量 = 物质资本存量 + 人力资本存量。

表 6－14　1995—2006 年各省市区人力资本投资占总资本投资比重

（单位：%）

	1995	1996	1997	1998	1999	2000	2001	2002	2003	2004	2005	2006	12 年平均
全国	19.35	18.85	20.90	20.12	21.16	21.74	22.02	21.78	19.69	17.79	16.75	15.69	18.82
陕西	27.91	34.73	34.62	33.56	32.33	31.05	29.05	29.97	25.96	25.56	26.73	23.33	27.64
贵州	32.91	29.12	31.58	28.56	30.28	28.50	26.23	26.99	24.72	24.54	25.72	24.10	26.38
云南	28.20	27.31	28.88	25.77	27.92	29.61	29.99	31.15	28.23	25.65	23.02	21.83	26.22
青海	31.44	25.68	27.20	24.19	24.03	25.80	26.76	26.72	25.38	24.17	25.04	24.74	25.44
广西	27.67	27.38	29.37	27.65	28.67	30.40	31.24	30.89	27.93	23.97	21.40	18.37	25.32
湖南	30.09	27.63	31.06	29.07	28.65	27.71	27.31	25.89	24.52	21.77	20.32	19.44	24.24
北京	15.24	16.02	19.44	20.47	22.36	25.18	25.87	25.90	25.06	24.17	25.02	25.28	23.74
黑龙江	22.78	25.04	21.95	19.72	22.70	23.39	24.20	24.33	24.50	22.92	22.20	20.13	22.59
山西	29.02	28.82	27.66	24.22	25.96	25.98	26.07	25.62	22.72	20.30	19.44	18.62	22.43
湖北	22.38	21.44	23.22	23.21	24.14	24.16	24.24	24.72	23.45	21.48	20.58	19.58	22.31
甘肃	18.15	25.65	27.51	24.40	24.34	23.98	25.56	25.91	23.43	20.39	19.47	17.96	21.86
吉林	27.53	26.33	29.98	26.62	26.06	24.80	24.57	24.01	23.80	21.65	17.60	14.32	21.27
安徽	23.82	22.89	24.70	25.49	27.90	26.03	26.65	24.56	21.84	19.82	17.76	16.10	21.16
江西	28.72	28.28	32.51	30.23	29.93	29.41	28.53	24.54	19.23	17.14	15.94	15.16	20.83
四川	26.12	23.64	24.63	23.57	23.99	20.01	20.12	23.07	21.32	19.75	17.46	17.03	20.49
宁夏	29.30	21.81	22.78	20.83	20.73	19.41	19.64	18.66	18.78	18.86	20.90	20.95	20.31
广东	18.65	19.35	22.71	21.45	21.23	21.96	21.70	23.21	21.21	19.18	18.26	17.81	20.14
海南	16.69	16.88	20.58	19.85	18.94	20.49	20.29	21.74	19.88	20.57	20.43	20.52	19.94
福建	18.08	17.12	19.64	18.22	19.20	21.27	21.73	22.81	20.93	18.92	17.65	16.07	19.01
重庆	—	—	23.68	20.85	21.93	32.01	30.27	20.51	17.72	15.89	15.58	13.79	18.96
河南	20.89	19.68	19.83	19.82	21.81	22.56	22.30	22.46	20.88	17.75	15.40	13.97	18.30
新疆	24.03	21.54	22.07	19.78	19.26	19.14	21.20	19.73	16.10	14.86	15.03	15.19	17.34
天津	15.79	15.48	17.65	16.73	17.86	18.86	19.10	19.85	18.63	17.62	16.14	14.96	17.22
上海	10.54	9.63	12.97	14.28	17.36	19.26	19.89	18.90	18.96	18.77	18.62	18.59	17.07
内蒙古	26.90	27.93	30.51	28.82	29.41	28.28	27.67	23.69	17.97	13.68	10.97	10.49	16.77
辽宁	13.97	19.64	21.02	20.59	20.66	21.39	20.79	20.99	18.95	15.43	13.72	11.48	16.48
江苏	15.32	16.30	18.22	18.04	19.74	20.53	20.94	20.09	16.53	14.93	14.45	13.41	16.38
浙江	13.44	13.73	17.14	17.18	17.92	17.65	17.76	17.29	15.27	14.82	15.42	15.10	15.85
河北	18.32	13.22	16.85	15.79	15.84	16.39	17.62	18.86	18.48	15.77	15.11	12.93	15.83
山东	18.93	19.32	20.24	19.64	19.50	19.86	20.06	18.58	14.06	12.18	10.94	10.82	14.58

同时,从时间变化看,人力资本投资占总资本投资的比重有下降的趋势。从另一方面看,1996—2005 年全国固定资产投资平均增长速度为 14.92%,高于人力资本投资平均增长速度 2.76 个百分点。除西藏外的 30 个省(市、区)中,25 个省(市、区)固定资产投资增长高于人力资本增长,仅有 5 个省(市、区)人力资本投资增速高于固定资产投资,如表 6-15 所示:

表 6-15　1996—2006 年各省市区人力资本投资与固定资产投资速度比较　(单位:%)

	人力资本投资平均增速	固定资产投资平均增速		人力资本投资平均增速	固定资产投资平均增速
全国	12.16	14.92	河南	13.49	17.82
北京	16.83	10.83	湖北	10.79	11.96
天津	12.91	13.62	湖南	9.32	14.83
河北	11.80	16.08	广东	10.33	10.21
山西	13.01	18.96	广西	8.90	15.38
内蒙古	11.50	23.59	海南	9.49	6.42
辽宁	14.54	16.70	重庆	12.41	20.90
吉林	10.76	18.37	四川	7.29	13.13
黑龙江	11.71	12.20	贵州	13.08	17.97
上海	13.94	7.04	云南	10.73	13.84
江苏	13.16	15.26	陕西	18.88	16.81
浙江	15.01	15.09	甘肃	13.16	16.44
安徽	13.24	18.00	青海	12.06	18.29
福建	11.52	13.41	宁夏	12.68	17.79
江西	12.15	20.09	新疆	10.50	12.21
山东	12.30	19.09			

注:重庆:指 1997—2005 年平均。

在我们基于2003年完成的全国哲学社会科学规划课题"中国人力资本水平统计研究"的相关成果中，我们的基本结论是：与固定资产投资相比，1996—2001年，全国固定资产投资平均增长速度为10.89%，低于人力资本投资平均增长速度4.67个百分点（钱雪亚、刘杰，2004）。31个省（市、自治区）中，9个省（市、自治区）固定资产投资增长高于人力资本增长，22个省市人力资本投资增速高于固定资产投资。之所以与本研究研究的结论相悖，原因在于两方面：一是在2003年完成的课题中，我们对卫生保健人力资本投资只考虑了财政用于卫生保健支出的部分；而本研究由于从2006年出版的《中国统计年鉴》中获得了历年财政、社会团体、居民个人各投资主体的卫生保健支出占卫生保健总费用支出的比重，从而得以推算全社会卫生保健人力资本投资总额，这无疑使人力资本投资与物质资本投资结构比重、相对增长速度发生变化。二是在2003年完成的课题中，我们未能解决人力资本投资的价格调整问题，只能在当年价估算的人力资本投资额上观察其动态变化，为了比较的一致性，对固定资产投资的动态变化也是依据当年价固定资产投资额描述的；而在本研究中，我们提出了人力资本价格指数的编制方法，初步编制了教育培训投资价格指数和卫生保健投资指数，从而能够以按可比价估算的人力资本投资和物质资本投资来观察它们的动态变化。因此，本研究对人力资本投资、固定资产投资的动态描述相对于2003年完成的研究更为客观。

我们统计估算的数据与其他研究提供的资料也基本一致。有学者估算认为,我国各级政府现在大约把国民生产的2.5%用于教育投资,30%用于物质投资。[①] 这两项投资在美国分别是5.4%和17%,在韩国是3.6%和30%。物力资本与人力资本二者投资的比例,中国是12∶1,韩国是8∶1,美国是3∶1。我国对人进行投资的支出,远远低于各国平均数。芝加哥大学经济学教授詹姆斯·赫克曼在北京大学演讲时也指出,中国目前对人力资本的投资低于世界平均水平,甚至低于一些发展中国家。

与人力资本投资比重持续下降相对应的是,同期我国GDP却持续加速增长,年平均增速9%。这是否意味着,人力资本尚未成为推动经济增长的根本动力,区域经济的增长主要还是取决于物质资本?

大量研究表明,人力资本投资是经济增长的重要动力,对经济增长的贡献甚至超过物质资本投资。其中教育培训投资是人力资本投资的核心,这一方面是因为教育培训决定的文化知识在人力资本总体积累中有着类似于"投资乘数"的效应,它不仅本身就是人力资本,而且又进一步决定着从业者以教育以外的其他方式继续积累人力资本的潜力大小和效率高低。从业者在以后的工作、学习、培训中进一步掌握科学知识,提高生产技能的数量、质量、速度和效率主要取决于教育所形成的文化知识基础;从业者流动迁移能力大小,即人力资本发挥作用的效率高低也主要取决于教育

① 参见"我国人力资本投资水平低于世界平均水平",《组织人事报》2003年12月15日第5版。

所形成的文化知识水平，此外，从业者的思想、道德准则、价值观念和敬业精神等心理素质的好坏也主要取决于教育所形成的系统的文化修养；另一方面则随着世界历史向现代时期演进，科学发现和技术发明的基本方式已经从前现代时期主要依赖于工匠、农夫的经验和思维敏捷的天才对自然的观察，演变为主要借助于大量的科学实验和科学分析，而教育形成的系统、扎实的文化知识恰恰是进行这种科学实验和分析的基础。可以说，文化水平的高低是影响人力资本积累从量变到质变的关键因素，即从业者在生产经营实践中技能和经验的不断积累，仅仅是一个人力资本量变的过程，而且最终形成人力资本的质变——开拓创新能力的形成和发挥，也取决于从业者的受教育程度。一个高学历高技能者往往能够在多个专业性质不同的岗位驰骋自如的原因就是在于教育培训赋予的知识造就了受教育者较强的应变能力和不断接受掌握新知识的能力。

虽然我们看到人力资本投资的比重总体上较低、经济增长不是最快的中西部地区的人力资本投资比重超过经济增长最快的东部沿海地区，但是，这并不说明东部地区的实际人力资本要素条件不如中西部地区，资本存量数据（详见后面关于资本存量及人均资本存量的描述）显示，作为中国经济最亮点的东部沿海地区，无论是物质资本要素还是人力资本要素条件均大大优于中西部地区。

综上所述，在1995—2006年间，中国人力资本投资的基本特征是：人力资本投资增长持续稳定，11年间平均增长速度超过同期GDP增长速度；投资分布的区域集中度高，且分布的密集区域高度稳定,主要是广东、江苏、上海、浙江、山东等东部沿海省市;全社会的资本投资主要是物质资本投资,人力资本投资占总资本投资的比例仅为1/5;东部沿海地区人力资本投资占总资本投资的比重低于中西部地区,但这并不表明东部地区的人力资本要素条件劣于中西部地区,资本存量的东西部差异可以解释这一点。

6.4 中国人力资本存量水平及特征

根据《中国教育经费统计年鉴》提供的历年中央部门和地方部门各级教育事业费支出数据,根据历年《中国统计年鉴》提供的各级教育在校学生数据,根据《中国农村统计年鉴》提供的农村居民家庭人均文教娱乐用品及服务支出数据,根据《中国物价及城镇居民家庭收支调查统计年鉴》提供的城镇居民家庭人均教育支出数据,根据《中国人口统计年鉴》提供的历年人口年龄分布和学历分布数据,以及我们已经估算的分省市1995年人力资本存量、1995—2006年人力资本投资价格指数以及折旧率数据,我们估算1995—2006年全国及各省市区人力资本存量水平表,见表6-16。

上述估算中需要说明三点:

一是关于原始数据异常波动问题。在我们使用《中国人口统计年鉴》估计历年各省市区人力资本存量时,发现一些数据的异常波动:

如关于总人口:依据《中国人口统计年鉴》(1998)第3页,北京

表 6－16 1995—2006 中国人力资本存量水平(1995 价)

(单位:亿元)

年份	1995	1996	1997	1998	1999	2000	2001	2002	2003	2004	2005	2006
全国	11 250	12 143	15 949	16 857	18 864	28 625	30 796	33 518	39 558	42 931	35 741	43 948
北京	561	826	687	919	1 236	1 778	2 332	554	2 851	3 754	4 214	5 513
天津	229	160	283	172	358	596	442	618	646	912	939	1 125
河北	424	500	725	940	920	1 090	1 059	1 483	2 082	2 036	1 607	1 540
山西	304	328	381	308	443	534	620	666	754	785	774	1 059
内蒙古	232	295	317	399	372	482	491	561	517	722	740	698
辽宁	641	683	995	812	946	1 246	788	1 046	1 738	1 589	1 378	1 845
吉林	386	349	510	522	569	640	731	889	914	1 012	717	909
黑龙江	477	591	702	593	529	797	841	885	943	988	1 046	1 502
上海	636	695	663	788	1 035	2 041	1 762	2 269	3 267	3 672	4 251	5 219
江苏	895	751	557	889	808	2 117	1 811	1 562	1 941	2 184	3 116	3 473
浙江	556	500	768	944	898	1 541	1 156	1 888	1 992	2 695	1 992	3 567
安徽	308	312	514	425	440	573	945	736	1 547	1 313	440	831
福建	277	296	514	463	525	1 153	1 278	1 248	1 285	1 299	1 348	1 515
江西	191	230	384	334	429	520	706	542	1 128	892	440	591
山东	657	396	482	605	762	2 006	2 515	3 022	2 621	2 781	2 287	3 213
河南	486	570	711	883	746	1 171	1 800	1 915	1 607	2 072	1 477	1 503
湖北	390	574	791	830	759	1 397	1 460	794	1 574	1 816	1 063	1 811
湖南	461	601	740	745	970	1 165	1 394	1 528	1 696	1 860	1 011	1 222
广东	958	550	1 905	1 880	2 044	4 728	2 188	3 468	2 975	3 892	6 860	7 136
广西	255	269	254	328	318	638	831	969	1 082	1 288	586	948
海南	81	61	105	122	152	190	183	219	304	309	266	283
重庆	—	—	269	223	349	552	663	631	729	407	251	327
四川	783	840	705	908	633	967	1 560	1 605	1 701	1 663	248	867
贵州	120	178	169	157	234	135	416	470	637	582	125	169
云南	256	334	317	301	284	671	517	541	452	1 112	754	1 693
陕西	233	307	291	230	346	596	571	495	1 002	1 128	868	1 133
甘肃	147	172	163	174	247	301	395	378	511	620	362	325
青海	41	31	29	49	93	103	74	93	130	132	147	151
宁夏	37	53	50	56	57	94	122	141	134	178	145	187
新疆	214	321	304	298	480	459	606	745	751	844	665	758

市 1997 年总人口1 240万人，而依据《中国人口统计年鉴》(1997) 第 3 页，北京市 1996 年总人口1 259万人，减少 19 万人。类似地，依据《中国人口统计年鉴》(2003) 第 3 页，北京市 2002 年总人口1 123万人，而依据《中国人口统计年鉴》(2002) 第 3 页，北京市 2001 年总人口1 383万人，更是减少 260 万人！依据《中国人口统计年鉴》(2001) 第 40 页，广东省 2000 年总人口8 642万人，而依据《中国人口统计年鉴》(2000) 第 3 页，广东省 1999 年总人口仅 7 270万人，当年增加1 372万人。

如关于 15—64 岁人口：《中国人口统计年鉴》(2002) 第 3 页显示北京市 2001 年总人口1 383万人，第 16 页显示调查样本中全部人口数13 097人，其中 15—64 岁人口数10 314人，以此推算 2001 年北京市 15—64 岁人口数为1 089万人；而《中国人口统计年鉴》(2003) 第 3 页显示北京市 2002 年总人口1 123万人，第 16 页显示调查样本中全部人口数13 723人，其中 15—64 岁人口数10 675 人，以此推算 2002 年北京市 15—64 岁人口数为 873 万人。这样，北京市 15—64 岁人口数 2002 年比 2001 年减少 216 万人。而从 2004 和 2005 两年的数据看，《中国人口统计年鉴》(2005) 显示，全国 2004 年总人口129 988万人，当年调查人口总数1 253 065人，其中 15—64 岁人口数903 897人，这样推算出 2004 年全国 15—64 岁总人数为93 766.69万人；而《中国人口统计年鉴》(2006) 显示，全国 2005 年总人口130 756万人，当年调查人口总数16 985 766 人，其中 15—64 岁人口数12 123 681人，这样推算出 2005 年全国 15—64 岁总人数为93 327.79万人。这样，全国 15—64 岁人口数

2005 年反而比 2004 年减少 438.9 万人。

如关于 6 岁及以上人口中大专及以上人口比重，依据《中国人口统计年鉴》(1997—2003)，天津 6 岁及以上人口中大专及以上人口比重 1996 年为 4.90%，1997 年为 7.27%，1998 年为 5.74%，1999 年为 7.90%，2000 年为 9.43%，2001 年为 8.24%，2002 年为 10.57%，交替年份间的这种变化方向或幅度似乎是令人难以置信的。其他省市一些年份也有类似表现。2000 年的全国数据也表现为异常波动，当年“大专及以上”、“高中”和“初中”三个学历组分别比上年上升 0.79、1.25 和 2.11 个百分点，“不识字或识字很少”组则大幅下降近 4 个百分点。而 2005 年 6 岁以上人口的学历分布与 2004 年比较，则表现为系统性的相对高学历比重下降而相对低学历比重上升：全国大专及以上比重下降0.206 5个百分点，高中比重下降0.957 3个百分点，初中比重下降0.947 0个百分点，而小学和不识字的比重则分别上升0.905 1和1.205 7个百分点。分省市看，全国 31 个省市区中，西藏和宁夏表现为“不识字或识字很少”级比重大幅上升而其他所有学历组比重全部下降；吉林、浙江、安徽、江西、山东、广西、四川、贵州、云南、甘肃这 10 个省份，则表现“初中”、“高中”和“大专及以上”三个学历组的比重同时下降；天津、河北、上海、河南、湖北、陕西、新疆这 7 个省市区表现为“高中”和“大专及以上”两个学历组比重同时下降。2005 年这种 6 岁及以上人口中相对高学历比重全面系统下降的现象(详见附录 3)，反映的可能是一种数据的异常波动。

本研究关于人力资本存量的估算是直接建立在对人口数据、

学历分布数据以及各类人口的人均教育培训投资支出数据基础上的,上述所列的基础数据问题直接影响我们所估算的人力资本存量。例如我们给出的 2005 年全国人力资本存量比 2004 年减少 6 571亿元,除北京市、山西省以外,其他所有省市区 2005 年的人力资本存量全部小于 2004 年。除了基础数据问题以外,我们无法对这一现象做出任何合理的解释。

但是,在本研究范围内,我们无法深入讨论这些基础数据问题,对于基础数据中这些可能存在的误差,我们未加以处理和调整,分析中也将忽视由此可能产生的对人力资本存量及人力资本效率统计的误差。

二是关于有效劳动适龄人口。人力资本存量的计算以有效的劳动适龄人口为依据,但《中国人口统计年鉴》和其他相关年鉴均没有提供严格意义上此口径的人口数,本研究人力资本存量估算中关于全国和各地区有效劳动适龄人口数是这样形成的:根据当年调查样本的总人口数、调查样本中 15—64 岁人口数,计算出样本人口中 15—64 岁人口所占比重,将这一比重乘以当年实际总人口数,作为当年有效劳动适龄人口总数。调查样本的总人口数、调查样本中 15—64 岁人口数,以及实际总人口数,均取自《中国人口统计年鉴》。

上述推算存在两方面误差:(1)样本人口中劳动适龄人口所占比重与全部人口中劳动适龄人口之间的抽样误差。由于不同年份抽样比例不同(逢"5"年份抽样比为 1%,其他年份抽样比为 1‰),同一年份不同地区的抽样比不完全一致(有些省市区可能略高于

1%或1‰，而另一些省市区则略低于1%或1‰），故各年各地区的抽样误差大小不一。（2）劳动适龄人口中全部或部分丧失劳动能力的人未剔除或做其他处理，这会导致人力资本存量的高估。但是考虑到15—64岁人口中全部或部分丧失劳动能力的人数值小，因此由此产生的高估应该不会太大。

三是关于劳动适龄人口的学历分布。人力资本存量的计算还需要劳动适龄人口（15—64岁）学历分布数据，但公开出版的相关年鉴中仅有6岁及以上人口的学历分布和15岁及以上人口文盲率数据。我们试图通过以下方法将6岁及以上人口的学历分布调整到15—64岁人口的学历分布：

$$b_i = a_i \times (1 - a_5^*)/(1 - a_5) \qquad i = 1,2,3,4$$

$$b_5 = a_5^*$$

其中 a_5^* 为15岁及以上人口文盲率，a_i 为原6岁及以上人口的各级学历比重，$i = 1,2,\cdots,5$ 分别代表大专及以上、高中、初中、小学、不识字或识字很少，b_i 为原15—64岁人口的各级学历比重。

但是，我们发现按此程序估算的学历比重存在问题，典型的表现是每年各省市大专及以上15—64岁人口的数量均小于当年该省市实际从业的大专及以上人数，可以推测，大专及以上学历的15—64岁人口被稳定地低估了。为此我们不得不放弃这一程序，直接用6岁及以上人口的学历分布代替15—64岁人口的各级学历比重。

用6岁及以上人口的学历分布代替15—64岁人口的各级学

历比重无疑也存在偏差,我们有理由推测这种偏差表现为:低估大专及以上人口比重,高估小学人口比重。1997 年的《中国人口统计年鉴》第 74 页提供了 1995 年 1%人口抽样调查数据,其中有全国 6 岁及以上调查人口的按年龄和学历的交叉分组数据。该数据显示,对于 6 岁及以上人口,大专及以上、高中、初中、小学、不识字或识字很少,五个学历层次的人口比例分别为:2.238 3%、9.128 6%、30.166 1%、42.445 9%和16.021 1%,对于 15—64 岁人口比例分别为:2.942 3%、12.183 5%、36.404 5%、35.164 1%和13.305 5%。

相对于用 $b_i = a_i \times (1 - a_5^*)/(1 - a_5)$, $b_5 = a_5^*$ 做调整所形成的误差而言,直接用 6 岁及以上人口的学历分布代替 15—64 岁人口的各级学历比重所存在的误差更为明了和可认识,故本研究对人力资本存量的估算直接用 6 岁及以上人口的学历分布代替 15—64 岁人口的各级学历比重。

需要指出的是,现有统计体系所开展的人口统计和其他相关专业统计的基础数据本身是可以满足本研究所设计的人力资本存量估算所需要的基础数据的,但本研究只能根据公开出版物汇总整理数据开展工作,才不得不采用上述替代数据。

1. 资本总量水平

2006 年全国人力资本存量16 973亿元(1995 价,下同),比 1995 年的4 083亿元增加12 890亿元。从各省市的人力资本存量水平看,我们对 1996、2000、2006 三年各省市区的人力资本存量进行排序,如表 6 - 17 所示:

表 6－17　人力资本存量的省市区分布及排序

（单位：%）

1996 年			2000 年			2006 年		
省市区	比重	累计比重	省市区	比重	累计比重	省市区	比重	累计比重
四川	7.14	7.14	广东	15.61	15.61	广东	13.96	13.96
北京	7.02	14.15	江苏	6.99	22.61	北京	10.79	24.75
江苏	6.38	20.54	上海	6.74	29.35	上海	10.21	34.96
上海	5.90	26.44	山东	6.63	35.97	浙江	6.98	41.94
辽宁	5.80	32.24	北京	5.87	41.84	江苏	6.79	48.73
湖南	5.10	37.34	浙江	5.09	46.93	山东	6.29	55.02
黑龙江	5.02	42.36	湖北	4.61	51.55	辽宁	3.61	58.63
湖北	4.87	47.24	辽宁	4.11	55.66	湖北	3.54	62.17
河南	4.84	52.08	河南	3.87	59.53	云南	3.31	65.48
广东	4.67	56.75	湖南	3.85	63.38	河北	3.01	68.50
浙江	4.25	61.01	福建	3.81	67.18	福建	2.96	71.46
河北	4.25	65.25	河北	3.60	70.78	河南	2.94	74.40
山东	3.37	68.62	四川	3.19	73.98	黑龙江	2.94	77.34
吉林	2.96	71.58	黑龙江	2.63	76.61	湖南	2.39	79.73
云南	2.84	74.42	云南	2.22	78.82	陕西	2.22	81.95
山西	2.79	77.21	吉林	2.11	80.94	天津	2.20	84.15
新疆	2.72	79.93	广西	2.11	83.04	山西	2.07	86.22
安徽	2.65	82.58	陕西	1.97	85.01	广西	1.86	88.07
陕西	2.61	85.19	天津	1.97	86.98	吉林	1.78	89.85
福建	2.51	87.70	安徽	1.89	88.87	四川	1.70	91.55
内蒙古	2.51	90.20	重庆	1.82	90.70	安徽	1.63	93.17
广西	2.28	92.49	山西	1.76	92.46	新疆	1.48	94.66

(续表)

江西	1.95	94.44	江西	1.72	94.18	内蒙古	1.37	96.02
贵州	1.51	95.95	内蒙古	1.59	95.77	江西	1.16	97.18
甘肃	1.46	97.41	新疆	1.51	97.28	重庆	0.64	97.82
天津	1.36	98.77	甘肃	0.99	98.28	甘肃	0.64	98.46
海南	0.52	99.29	海南	0.63	98.90	海南	0.55	99.01
宁夏	0.45	99.74	贵州	0.45	99.35	宁夏	0.37	99.37
青海	0.26	100.00	青海	0.34	99.69	贵州	0.33	99.70
			宁夏	0.31	100.00	青海	0.30	100.00

注:(1)1996年的省市区排序中不包括重庆,重庆的资本存量数据从1997年开始。因为我们将全国1995年的资本初始存量分配到当年各省市区的数据,是分别按各省市区的1995年重置价人力资本存量比例进行的,因此重庆没有1995和1996年的存量数据。(2)1997年重庆市的人力资本存量是这样确定的:合并重庆、四川1997年的全部基础数据,计算合并后的15—64岁人口及各学历层次人口、合并后的教育培训支出、合并后的价格指数等,按永续盘存法计算1997年重庆四川合并的人力资本存量;分别计算重置价的重庆1997年人力资本存量、重置价的四川人力资本存量;则:1997年重庆的人力资本存量=1997年重庆四川合并的人力资本存量×(重庆1997年重置价人力资本存量/1997年重置价人力资本重庆四川存量之和),1997年四川的人力资本存量=1997年重庆四川合并的人力资本存量×(四川1997年重置价人力资本存量/1997年重置价人力资本重庆四川存量之和)。(3)由于1997年前后重庆的计划单列,四川省1997年及以后的资本存量数据与1995和1996两年不可比。

我们看到,除1996年四川由于计算口径差异特殊外,三年中,人力资本存量最高省市区全部为北京、上海及其他沿海省市,2000年人力资本存量最高的五个省市的人力资本存量占到各省市人力资本存量和的42%左右,2006年这一比例进一步上升至49%。2000年人力资本存量最高的十个省市的人力资本存量占到各省市人力资本存量和的63%左右,2006年这一比例进一步上升至

69%。人力资本存量分布的集中度趋于显著提高。相反，人力资本存量最少的十个省市区所拥有的资本存量，1996 年为 12.30%，2000 年为 9.30%，2005 年为 6.83%，不仅所占份额极低，并且显著地趋于下降。

对照表 6－9，比较表 6－12 和表 6－17，我们看到，1996 年，人力资本存量最大的前五个省市区累计人力资本存量 32.24%，而当年人力资本投资最大的前五个省市区累计人力资本投资为 36.01%，人力资本投资的区域分布集中度高于人力资本存量。2000 年，人力资本存量最大的前五个省市区累计人力资本存量为 41.84%，而当年人力资本投资最大的前五个省市区累计人力资本投资为 34.18%，人力资本存量的区域分布集中度高于人力资本投资。到 2006 年，人力资本存量最大的前五个省市区累计人力资本存量达 48.73%，比当年人力资本投资最大的前五个省市区累计比重高 14.05 个百分点。同时我们还看到，人力资本投资的区域分布集中度是相对稳定的，1995—2006 年间人力资本投资最大的前五个省市区完成全国人力资本投资的 33%—36%，但是，人力资本存量的区域集中度则显著趋于提高，人力资本存量最大的前五个省市区拥有的人力资本存量占全国总存量的比重 1996 年、2000 年、2006 年分别为 32.24%、41.84%、48.73%。比较相同省份的人力资本存量与人力资本投资的区域分布，见表 6－18。表 6－18按当年人力资本存量从高到低排列省份，我们看到，人力资本存量较高的省份，其累计人力资本存量比重显著超过其累计人力资本投资比重，尤其是北京、上海、广东、浙江、江苏、山东等省市区。上述现象一方面可能是由于人力资本存量作为历史投资积累与人力资本投资作为当年投资之间的一种不对称,但也不排除人力资本投资所形成的积累在区域间的重新流动和配置方面的原因。可以判断,这些省市区总体上属于人力资本净流入区域,这也与我国社会经济现实相一致。

表6－18　人力资本投资与人力资本存量区域分布比较（累计比重）

（单位:%）

1996年			2000年			2006年		
	人力资本存量	人力资本投资		人力资本存量	人力资本投资		人力资本存量	人力资本投资
四川	7.14	6.43	广东	15.61	9.65	广东	13.96	8.48
北京	14.15	9.60	江苏	22.61	16.89	北京	24.75	13.95
江苏	20.54	16.73	上海	29.35	21.75	上海	34.96	18.33
上海	26.44	20.70	山东	35.97	28.58	浙江	41.94	24.95
辽宁	32.24	24.72	北京	41.84	33.28	江苏	48.73	32.60
湖南	37.34	29.60	浙江	46.93	38.77	山东	55.02	39.22
黑龙江	42.36	33.14	湖北	51.55	43.42	辽宁	58.63	42.84
湖北	47.24	37.91	辽宁	55.66	47.18	湖北	62.17	46.84
河南	52.08	42.66	河南	59.53	51.55	云南	65.48	49.87
广东	56.75	53.24	湖南	63.38	55.78	河北	68.50	53.85
浙江	61.01	58.02	福建	67.18	59.06	福建	71.46	56.66
河北	65.25	61.38	河北	70.78	62.94	河南	74.40	61.36
山东	68.62	68.21	四川	73.98	66.81	黑龙江	77.34	64.13

（续表）

吉林	71.58	70.63	黑龙江	76.61	69.58	湖南	79.73	67.89
云南	74.42	73.83	云南	78.82	72.71	陕西	81.95	70.56
山西	77.21	76.19	吉林	80.94	74.88	天津	84.15	72.13
新疆	79.93	78.05	广西	83.04	77.66	山西	86.22	74.66
安徽	82.58	81.42	陕西	85.01	79.90	广西	88.07	77.09
陕西	85.19	83.64	天津	86.98	81.45	吉林	89.85	79.22
福建	87.70	86.64	安徽	88.87	84.54	四川	91.55	83.67
内蒙古	90.20	88.54	重庆	90.70	87.47	安徽	93.17	87.00
广西	92.49	91.89	山西	92.46	89.57	新疆	94.66	88.80
江西	94.44	94.22	江西	94.18	91.91	内蒙古	96.02	90.73
贵州	95.95	95.71	内蒙古	95.77	93.73	江西	97.18	93.09
甘肃	97.41	97.04	新疆	97.28	95.41	重庆	97.82	94.98
天津	98.77	98.54	甘肃	98.28	96.91	甘肃	98.46	96.63
海南	99.29	99.23	海南	98.90	97.47	海南	99.01	97.16
宁夏	99.74	99.60	贵州	99.35	99.20	宁夏	99.37	97.60
青海	100.00	100.00	青海	99.69	99.59	贵州	99.70	99.47
			宁夏	100.00	100.00	青海	100.00	100.00

注:本表按人力资本存量从大到小排序。人力资本存量按1995价,人力资本投资按当年价。

比较人力资本存量与物质资本存量,我们计算1996—2006年11年间的年平均物质资本和年平均人力资本数量,整体而言,东部沿海省份无论物质资本存量还是人力资本存量均排序在前,西部内地省份则排序在后,东部沿海省份拥有资本数量和资本结构的全面资本优势。

进一步比较人力资本存量与物质资本存量以及总资本存量的区域分布集中度,我们以总资本存量从大到小对各省市区排序见图6-4。1996年、2000年、2006年累计分布如图6-5、图6-6、图6-7所示。

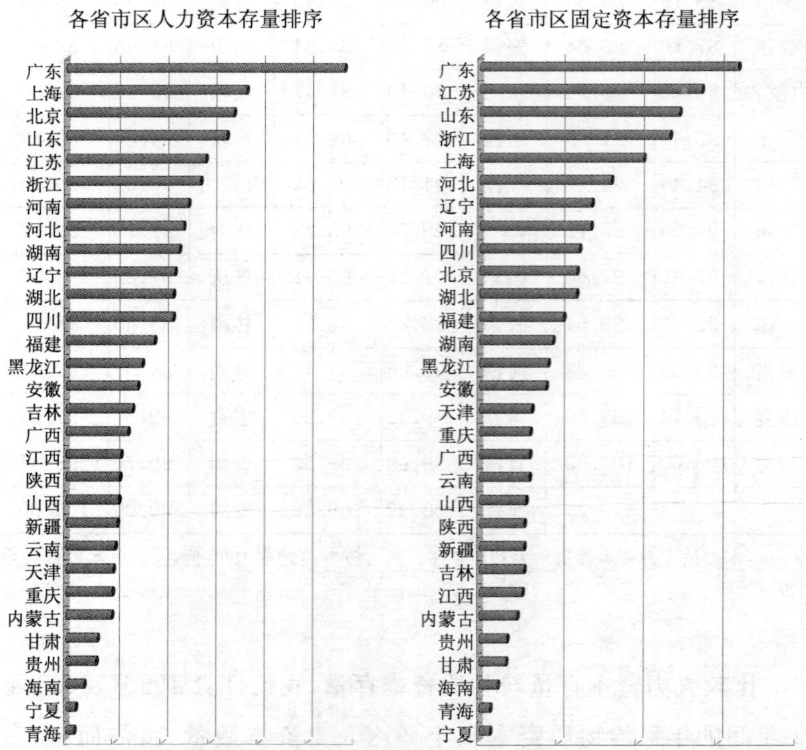

图6-4　1996—2006年平均的各省市区物质资本存量和人力资本存量

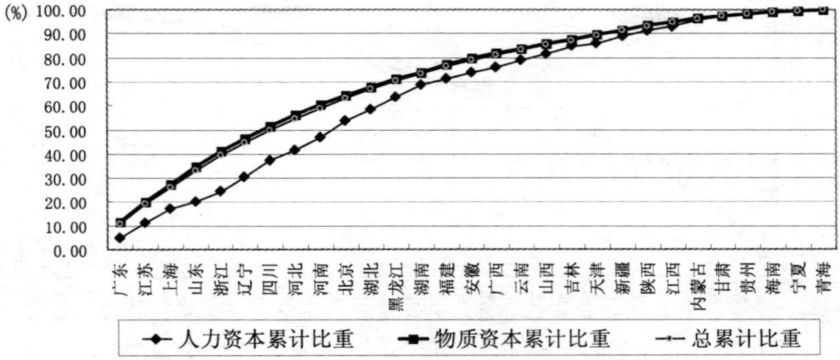

图 6-5　1996 年累计资本分布(按总资本存量排序)

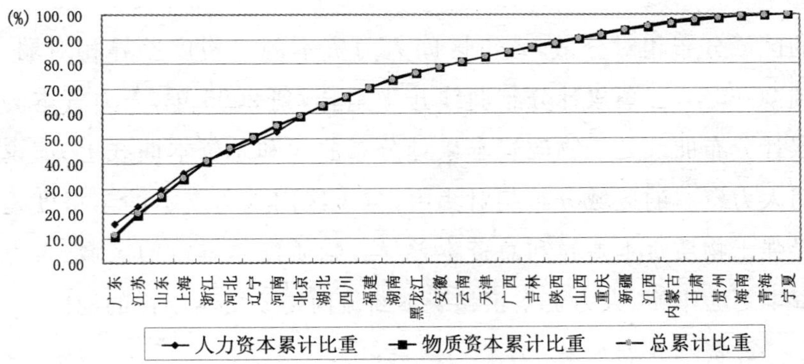

图 6-6　2000 年累计资本分布(按总资本存量排序)

我们看到,总的来说,人力资本存量与物质资本存量、总资本存量的分布非常一致,说明人力资本丰裕的区域也是物质资本丰裕的区域。但值得关注的现象是,1996 年,人力资本的累计分布曲线在物质资本累计分布曲线和总资本曲线下方,说明人力资本

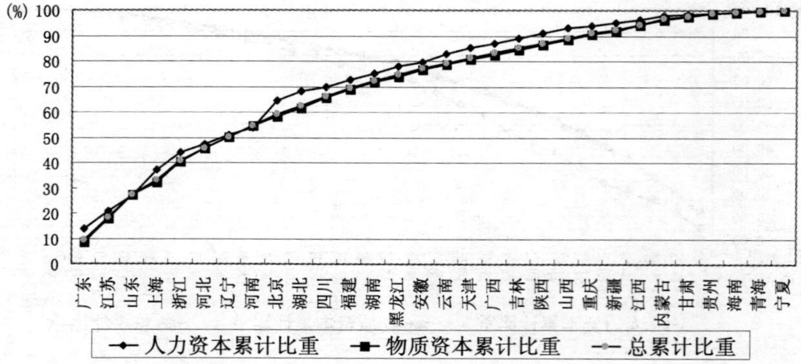

图 6－7　2006 年累计资本分布（按总资本存量排序）

的区域分布相对分散，省市区间人力资本的丰裕度差异相对弱。到 2000 年，三条累计分布曲线几乎重合，到 2006 年，人力资本的累计分布曲线处于物质资本累计分布曲线和总资本曲线上方，说明人力资本的区域分布相对集中，省市区间人力资本的丰裕度差异强于物质资本差异和总资本差异。物质资本丰裕的区域，人力资本更为丰裕，人力资本正趋于不断流向物质资本丰裕的地区。

2.资本人均水平

按照有效劳动适龄人口数量计算全国及除西藏外各省市区的年末人均资本存量，如表 6－19 所示。

我们看到，按有效劳动人口计算的平均人力资本存量在最近的十年间稳定提高（2005 年度的数据波动详见附录 3）。同时，人均人力资本存量在各省市区间的差异也显著扩大，1996—2006 年，人均人力资本在各省市区间的差异系数分别为 0.94、0.73、0.84、

表 6－19　1996—2006 年平均人力资本存量水平(1995 价)

(单位:万元)

年份	1996	1997	1998	1999	2000	2001	2002	2003	2004	2005	2006
全国	1 476	1 898	1 979	2 190	3 224	3 464	3 698	4 302	4 578	3 830	4 622
北京	8 819	7 413	9 804	13 153	16 493	21 414	6 341	25 028	31 863	34 722	44 258
天津	2 402	4 149	2 534	5 178	7 945	5 983	8 210	8 513	11 707	11 598	13 524
河北	1 145	1 638	2 074	2 009	2 299	2 250	3 093	4 199	4 010	3 164	2 980
山西	1 609	1 822	1 462	2 063	2 380	2 756	2 904	3 252	3 279	3 251	4 303
内蒙古	1 817	1 944	2 380	2 191	2 767	2 847	3 217	2 930	4 015	4 132	3 832
辽宁	2 289	3 285	2 643	3 076	3 946	2 529	3 265	5 462	4 916	4 296	5 618
吉林	1 829	2 661	2 672	2 866	3 119	3 569	4 276	4 351	4 751	3 391	4 246
黑龙江	2 162	2 545	2 115	1 888	2 853	2 919	3 027	3 188	3 289	3 528	4 756
上海	6 855	6 301	7 406	9 649	15 980	14 776	18 407	25 519	27 809	30 250	37 109
江苏	1 524	1 119	1 787	1 597	3 976	3 480	2 968	3 659	4 028	5 663	6 218
浙江	1 636	2 426	2 940	2 808	4 508	3 460	5 610	5 880	7 654	5 531	9 553
安徽	778	1 230	1 045	1 048	1 428	2 208	1 719	3 448	2 912	1 077	1 986
福建	1 422	2 429	2 147	2 390	4 716	5 330	5 048	5 215	5 124	5 240	5 856
江西	852	1 379	1 211	1 520	1 849	2 501	1 885	3 799	2 958	1 537	2 034
山东	663	797	981	1 226	3 107	3 897	4 579	3 958	4 113	3 335	4 592
河南	951	1 157	1 422	1 190	1 886	2 794	2 899	2 396	3 019	2 229	2 253
湖北	1 480	2 018	2 047	1 888	3 273	3 451	1 946	3 696	4 161	2 587	4 345
湖南	1 395	1 681	1 678	2 157	2 564	3 020	3 243	3 553	3 821	2 246	2 698
广东	1 308	4 218	4 140	4 371	7 841	4 347	6 581	5 719	7 002	10 478	10 555
广西	912	859	1 077	1 039	2 134	2 587	2 900	3 214	3 731	1 885	2 922
海南	1 356	2 273	2 530	3 079	3 666	3 502	4 091	5 502	5 501	4 739	4 892
重庆	—	1 292	1 057	1 667	2 546	3 011	2 853	3 234	1 924	1 314	1 686
四川	1 071	1 216	1 544	1 086	1 661	2 612	2 631	2 742	2 662	449	1 543
贵州	758	718	650	960	600	1 684	1 852	2 476	2 225	526	695
云南	1 271	1 163	1 090	1 031	2 301	1 792	1 821	1 512	3 608	2 478	5 412
陕西	1 330	1 225	965	1 437	2 395	2 269	1 933	3 806	4 199	3 249	4 180
甘肃	1 049	965	1 030	1 446	1 725	2 242	2 098	2 789	3 318	2 011	1 760
青海	939	880	1 439	2 717	2 864	2 068	2 545	3 513	3 453	3 884	3 918
宁夏	1 564	1 437	1 569	1 564	2 500	3 214	3 591	3 392	4 411	3 579	4 418
新疆	2 850	2 715	2 631	3 968	3 496	4 702	5 659	5 562	6 000	4 729	5 219

0.95、0.96、0.98、0.78、1.04、1.12、1.39、1.39，尤其是2003年开始，各省市区间人均人力资本的差异系数迅速扩大，到2006年，人均拥有人力资本最高的北京市为44 258万元，是最低的贵州省人均人力资本695万元的64倍。

相对于人力资本投资的区域分布和人力资本存量总数的区域分布，人均人力资本的区域分布表现为更强的区域差异。对2006年各省市区人均人力资本水平以全国平均水平为基点排序，见图6－8a。以全国的人均资本存量为基点，上海、北京、天津三个直辖市的人均资本存量遥遥领先，紧接着的依次是广东、浙江、江苏、福建、辽宁，人力资水平低于全国平均水平的则主要是中西部省份。

人力资本的这种丰裕度分布与物质资本的丰裕度分布具有高度的协同性。我们按有效劳动人口同口径计算人均物质资本水平，见图6－8b。北京、上海、天津三个直辖市，是人均人力资本最高的区域，也是人均物质资本最高的区域，浙江、江苏、福建、广东等是人均人力资本最多的省份，同时也是人均物质资本最多的省份。同时，人均人力资本和人均物质资本最少的都是贵州、甘肃等中西部省份。

比较而言，各省市区间人均人力资本的差异更甚于人均物质资本的差异。上海是人均物质资本存量最高的省市，为116 466万元，贵州是人均物质资本存量最低的省份，为16 451万元，前者为后者的7.08倍。人均人力资本存量最高的是北京市，为44 258万元，最低的同样是贵州省，为695万元，前者为后者的63.68倍！各省市区间人均物质资本存量的差异系数为0.603 5，而人均人力

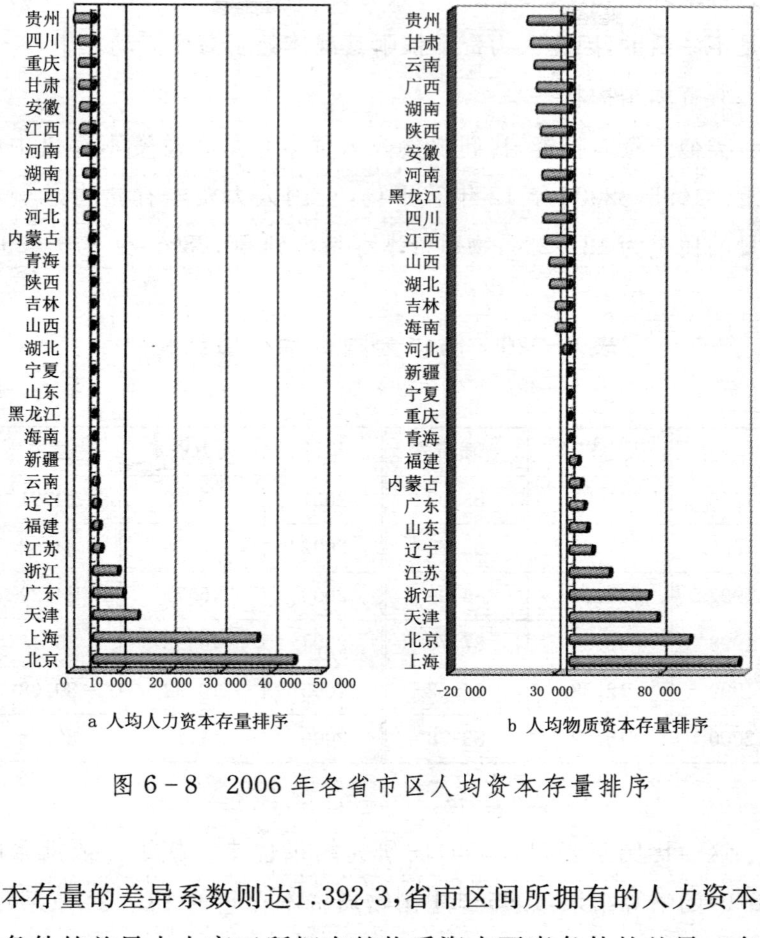

图 6－8　2006 年各省市区人均资本存量排序

资本存量的差异系数则达1.392 3，省市区间所拥有的人力资本要素条件的差异大大高于所拥有的物质资本要素条件的差异。东部地区的人力资本要素相对优势明显高于中西部地区，这就解释了前面资本投资数据所显示的东部沿海地区人力资本投资占总资本投资比重低于中西部地区但经济增长快于中西部地区这一看似与人力资本理论相左的现象——人力资本投资与人力资本要素的积累是不一致的,因为人力资本依附其载体处于高度流动之中。

3.资本结构状态

类似于资本投资,我们观察人力资本存量在总资本存量中的比重。1995—2006 年 12 年总平均,全国人力资本存量占总资本存量的比重为 13.72%,物质资本存量占到 86.28%,见表 6-20。

表 6-20　历年全国资本存量结构

(单位:%)

年份	人力资本	物质资本	年份	人力资本	物质资本
1995	11.91	88.09	2001	15.79	84.21
1996	11.35	88.65	2002	15.38	84.62
1997	13.01	86.99	2003	15.71	84.29
1998	12.30	87.70	2004	14.82	85.18
1999	12.38	87.62	2005	10.92	89.08
2000	16.22	83.78	2006	11.22	88.78

这一比例与张帆(2000)的研究结果也十分接近。依据张帆(2000)的估算结果,1995 年中国物质资本存量约 13.1 万亿元,人力资本Ⅰ存量约 2.2 万亿元,人力资本Ⅰ存量约占两者合计的 14.38%(详见表 3-2)。

与国外比较,J. W. 肯德里克(1976,1994)对美国的全部资本进行了估算(详见表 3-1、表 3-3),虽然与本研究在估算口径和具体方法上不同，但能反映中国与美国在资本结构上的显著差异性。根据J.W.肯德里克(1976,1994)的估算，有形非人力资本（指建筑和设备、自然资源、存货、军事等之和）与无形人力资本（指教育和培训、健康和保险、迁移等之和）之比，1929年为65：35,1948年为58：42,1973年为52：48,1981年为50：50,1990年为48：52。如果将自然资源和军事从有形非人力资本中剔除，观察"建筑、设备、存货"构成的物质资本与人力资本之间的相对比例，则1929年为60：40,1948年为54：46,1973年为48：52,1981年为46：54,1990年为45：55,从1973年开始，人力资本的存量已经超过了物质资本。

这一结构特征与人力资本和物质资本的投资结构特征完全一致，并且，在省市区差异特征上也与投资的结构特征相似。我们同样将历年30个省市区的人力资本存量占总资本存量比重依据1995—2006年12年总平均的人力资本存量占总资本存量比重从高到低排序，结果如表6-21所示。人力资本存量份额相对较高的有北京、上海、广东这样的发达省市，也有陕西、广西这样的中西部省份，浙江、江苏两省在1995—2006年间平均的人力资本存量份额是所有30个省市区中最低的。

人力资本与物质资本在投资结构和存量结构上的这种一致特征说明，目前我国经济主要还是物质资本驱动为主的。但是，我们也应该看到，资本结构一定程度上正在改善。我们计算"九五"、"十五"期间各省市区物质资本平均余额与人力资本平均余额之比，如图6-9所示。

表 6－21　1995—2006 年各省市区人力资本存量占总资本存量比重

（单位:%）

年份	1995	1996	1997	1998	1999	2000	2001	2002	2003	2004	2005	2006	12 年平均
北京	14.52	18.20	14.23	16.58	19.53	24.13	27.26	7.31	26.27	29.26	29.13	32.13	24.10
湖南	15.91	17.74	19.47	17.95	20.41	21.68	22.84	22.38	22.08	21.22	11.12	11.43	18.90
吉林	18.69	16.06	20.90	20.01	19.97	20.19	20.54	21.77	20.14	19.67	12.49	12.36	18.34
上海	9.99	9.17	7.77	8.27	9.88	16.86	14.11	16.48	20.87	21.38	22.24	24.16	17.02
陕西	12.95	15.38	13.77	10.10	13.13	19.00	16.73	13.38	21.21	20.53	14.41	15.40	16.36
广西	13.11	12.17	10.52	11.87	10.50	17.81	20.56	21.50	21.42	21.89	9.62	12.30	16.31
广东	8.67	4.72	13.82	12.72	12.67	23.63	11.62	16.01	12.75	14.53	20.89	19.49	15.91
新疆	11.92	15.47	13.53	12.12	16.84	14.94	17.35	18.83	17.22	17.18	12.66	12.73	15.54
江西	12.32	13.35	19.23	15.84	17.84	19.12	21.96	15.23	22.97	15.92	6.95	7.52	15.37
甘肃	14.99	15.68	13.63	12.81	15.34	16.31	18.42	15.99	18.38	19.38	10.94	8.83	15.32
黑龙江	15.03	16.87	18.08	14.48	12.32	16.38	15.91	15.42	15.11	14.42	13.71	16.50	15.17
山西	14.51	14.97	16.09	12.44	15.83	17.17	17.80	17.00	16.46	14.66	12.34	13.76	15.16
内蒙古	15.24	17.63	17.75	20.12	17.92	20.46	19.02	18.60	14.04	14.55	11.30	8.35	14.99
湖北	11.54	14.02	16.37	15.23	12.72	19.42	18.46	10.02	16.68	17.11	9.68	13.71	14.79
云南	13.46	15.12	12.95	10.92	9.39	18.31	13.71	13.21	10.26	19.91	12.57	21.41	14.61
福建	10.01	9.18	13.17	10.42	10.35	18.55	18.62	16.94	15.88	14.38	13.12	12.57	14.54
河南	11.96	12.12	13.02	14.11	11.27	15.40	20.28	19.66	15.27	16.65	10.49	8.69	14.49
海南	8.87	6.37	10.08	10.99	12.67	14.71	13.56	15.09	18.53	17.60	14.40	13.95	14.26
安徽	12.22	11.00	15.26	11.78	11.27	13.12	18.48	13.65	22.38	17.13	5.41	7.91	13.61
贵州	13.31	17.04	14.87	12.43	15.68	8.43	18.96	18.04	20.08	16.43	3.51	4.05	13.37
天津	11.32	7.39	11.25	6.40	11.44	16.46	11.67	14.20	13.14	15.79	14.38	14.73	13.29
四川	15.78	15.11	16.45	17.68	11.50	14.73	19.59	17.90	16.58	14.41	2.10	5.98	13.21
辽宁	12.22	12.25	16.00	12.70	13.70	16.26	10.17	12.11	16.91	13.62	10.01	10.60	13.00
宁夏	10.13	13.00	11.46	11.35	10.26	14.21	15.64	15.51	12.55	13.81	9.98	10.92	12.60
河北	10.11	10.13	12.17	13.31	11.49	12.06	10.73	13.30	16.15	14.19	10.06	8.19	12.21
山东	9.46	5.36	5.82	6.49	7.22	15.44	17.05	17.80	13.35	11.81	8.14	9.25	11.43
重庆	—	—	13.17	9.91	13.32	17.97	18.87	16.00	15.62	7.89	4.18	4.47	11.43
青海	10.69	7.53	6.59	9.46	15.22	14.70	9.48	10.08	12.07	10.87	10.75	9.70	10.92
浙江	9.51	7.44	9.84	10.56	9.06	12.99	8.83	11.88	10.52	11.76	7.74	11.39	10.32
江苏	11.41	8.60	5.76	7.88	6.53	14.30	11.52	9.14	9.51	9.12	10.72	10.04	9.71

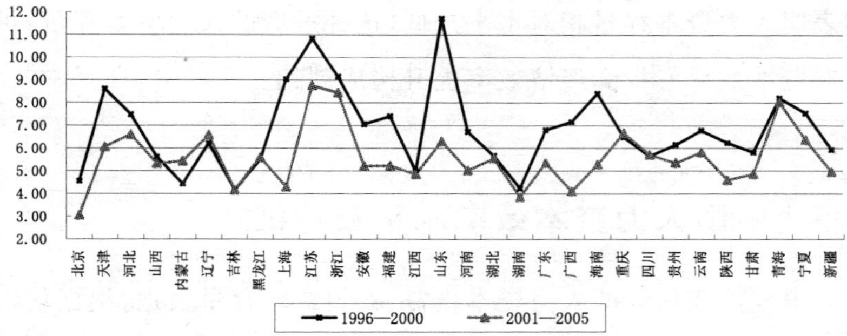

图 6－9　不同阶段的资本结构情况

代表 2001—2005 年的曲线总体上位于代表 1996—2000 年的曲线的下方。除西藏外的 30 个省市区中，除内蒙古、辽宁、黑龙江、四川、吉林 5 个省区外，物质资本与人力资本之比在其余省市区均呈现下降。

综上所述，计算期内中国人力资本存量水平的基本特征是：与人力资本投资的分布相似，人力资本存量丰裕的地区是东部沿海地区；人力资本存量分布集中度高，高于人力资本投资分布的集中度，且计算期内集中度持续提高；各省市区间人均人力资本拥有量的地区差异程度更甚于人力资本总量的地区差异，人力资本拥有量的差异更甚于物质资本拥有量的差异，表现为物质资本丰裕的区域，人力资本更为丰裕，人力资本正趋于不断流向物质资本丰裕的地区；无论东部地区还是中西部地区，物质资本构成了资本总量的主体，人力资本占总资本存量的比例在 15% 以下，这种资本结构表明人力资本存量相对水平过低,这种过低的人力资本存量,可能对资本效率发挥和经济效率提升构成制约。

6.5 中国人力资本效率水平及特征

根据前面估计的人力资本投资、人力资本存量数据,根据估算的物质资本存量数据(详见附录 2),根据历年《中国统计年鉴》提供的 GDP 核算数据,我们估算 1995—2006 年全国及各省市区人力资本投资效率和运行效率。

1. 人力资本投资效率

人力资本投资效率反映人力资本“投资→积累”环节的效率。我们从投资积累率观察人力资本投资的效率,反映报告期的资本投资形成了多少的新增资本积累。计算期内全国人力资本投资效率基本情况如表 6-22 所示。

11 年平均,北京人力资本投资积累率最高,超过了 100%,即在 1995—2006 年期间,北京市平均每年的人力资本积累量超过了平均每年的人力资本投资量,对照全国同期人力资本平均积累率 29.72%的水平,显然,北京市是持续的、大量的人力资本净流入的区域。

比较省市区间的差异,虽然人力资本投资积累率在各省市区间的分布无非常显著的规律,但较高的和超过全国平均水平的多为经济相对领先地区,低的则多为相对不发达地区,一定程度上反

表 6－22 1996—2006 年平均的人力资本投资效率

（单位：%）

	投资积累率		投资积累率
北京	100.85	河南	19.98
天津	48.37	湖北	28.70
河北	24.31	湖南	18.01
山西	29.34	广东	56.59
内蒙古	23.80	广西	23.58
辽宁	29.23	海南	31.40
吉林	21.18	重庆	2.75
黑龙江	31.02	贵州	2.55
上海	88.76	云南	44.72
江苏	31.95	陕西	33.18
浙江	47.40	甘肃	11.11
安徽	14.71	青海	25.83
福建	35.54	宁夏	32.44
江西	15.75	新疆	29.13
山东	36.06	全国平均	29.72

注：因为 1997 年重庆市从四川省分离，导致四川 1996、1997 两年与后续年份的资本存量数据不直接可比，故这里未将四川列为观察对象；重庆市为 1997—2004 年平均。

映了诸如北京、上海、广东、浙江等相对发达区域在集聚人力资本要素方面的特殊优势，见图 6－10。

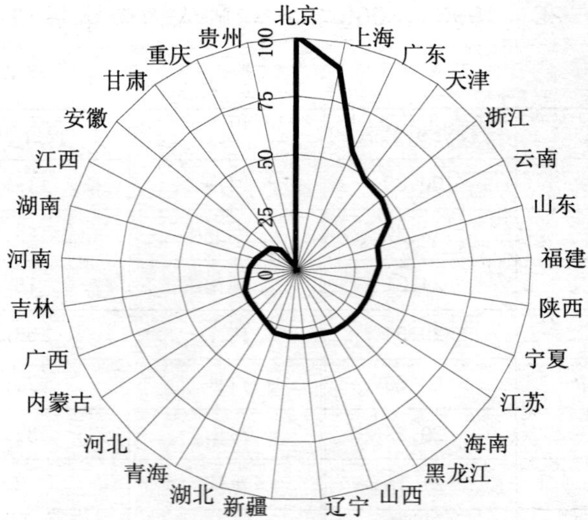

图 6-10　各省市区人力资本投资积累率分布

2.资本运行效率

用全国[①] 1995—2006 年按 1995 价的 GDP、人力资本存量、物质资本存量(详见附录 2)数据,估算关系式 4-4 式,即:$\ln Y = \ln A + \alpha \ln K_S + \beta \ln K_H + \mu$ 。为了克服人力资本存量与物质资本存量间的高度共线性问题的影响,我们假设生产函数规模报酬不变,即 $\alpha + \beta = 1$,从而估算 $\ln(Y/K_H) = c + \alpha \ln(K_S/K_H) + \mu^*$,结果

① 鉴于人口统计数据可能存在的偏差对特定省市区单一年份的影响更为显著,从而表现为分省市区的人力资本存量历年环比增长速度数据波动较大,因而我们放弃对各省市区的生产函数做分别估计,仅从全国水平上观察产出与总资本及各资本分量之比。

如下：

$$\ln(Y/K) = -27.782\,6 + 0.888\,3\ln(K_S/K_H) + 0.997\,6AR(1)$$

$$(-0.017\,6)\qquad(5.730\,3)\qquad(7.205\,5)$$

$$R^2 = 0.893\,8\quad F = 29.461\,1\quad DW = 1.870\,7$$

据此，我们分别推算第 t 年份人力资本投入形成的产出：$(\beta\sum_{i=1}^{t}k_{Hi}Y_{i-1}+Y_{H0})$，第 t 年份物质资本投入形成的产出：$(\alpha\sum_{i=1}^{t}k_{Si}Y_{i-1}+Y_{S0})$，并进一步计算产出人力资本比：$YK_{Ht}=\frac{Y_{Ht}}{K_{Ht}}=(\beta\sum_{i=1}^{t}k_{Hi}Y_{i-1}+Y_{H0})/K_{Ht}$、产出物质资本比：$YK_{St}=\frac{Y_{St}}{K_{St}}=(\alpha\sum_{i=1}^{t}k_{Si}Y_{i-1}+Y_{S0})/K_{St}$ 和产出总资本比：$YK_{Tt}=\frac{Y_{St}+Y_{Ht}}{K_{St}+K_{Ht}}=\frac{(\alpha\sum_{i=1}^{t}k_{Si}Y_{i-1}+Y_{S0})+(\beta\sum_{i=1}^{t}k_{Hi}Y_{i-1}+Y_{H0})}{K_{St}+K_{Ht}}$，结果如表 6－23 所示。

数据显示，人力资本运行效率在 1996—2006 年期间有下降的迹象，物质资本运行的效率也表现为相似的趋势。产出—资本比这一下降的趋势与王友广等(2005)的研究不一致，王友广等研究发现“中国整体的资本—产出比呈下降趋势”，“特别是西部地区资本—产出比下降较快，10 年内持续从 5.74 下降到 3.27”。并且认为，主要是三个方面原因促使西部地区资本—产出比下降：①国家近年来的西部大开发战略加大了对西部的基础建设及教育的投入，使西部地区的人力资本提高，劳动者所掌握的技术水平提高；②技

表 6－23　全国产出—资本比情况

年份	产出人力资本比	产出物质资本比	产出总资本比
1996	0.166 3	0.151 8	0.164 7
1997	0.164 6	0.170 2	0.165 3
1998	0.163 7	0.153 1	0.162 4
1999	0.161 1	0.155 8	0.160 5
2000	0.159 1	0.171 3	0.160 8
2001	0.157 5	0.143 8	0.155 3
2002	0.156 0	0.140 9	0.153 6
2003	0.154 9	0.140 0	0.152 6
2004	0.152 2	0.131 5	0.149 0
2005	0.149 0	0.120 9	0.145 4
2006	0.144 5	0.145 2	0.144 6

术的溢出效应,即东部或中部成熟的技术向西部转移导致西部技术水平的上升和资本—产出比的下降;③旧设备的更新也能使同样的资本投入获得更多产出。而东部地区资本—产出比相对稳定,则说明东部地区的经济发展已接近于均衡状态,因为经济平衡增长时资本—产出比是一个守恒量。

但是我们的估算结果与张军(2002)提供的数据①具有一致的

① 张军(2002)的资本—产出比与本研究的产出—资本比数据在绝对值上不可比,前者资本—产出比中的产出是资本存量与全部产出(GDP)之比,而本研究的产出—资本比中的产出是资本贡献部分的产出。

趋势。张军(2002)的研究表明,1994年以后,中国的资本—产出比率显著而持续地上升了,如图6-11所示:

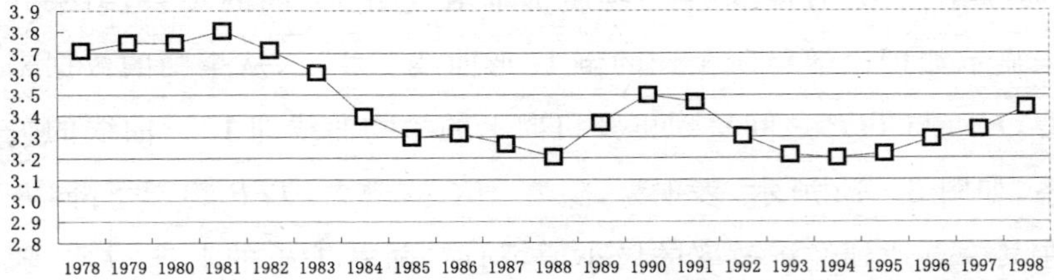

图6-11　中国实际资本—产出比率(1978—1998)

值得关注的是,我们的研究表明,产出—资本比下降也就是资本—产出比上升的这种趋势在1999年以后仍然没有改变。

相比于物质资本的运行效率,产出—人力资本比总体上略低于产出—物质资本比,人力资本的资本—产出比低,可能与对人力资本载体的激励效率有关。给定人力资本总量,人力资本运行的最终贡献还取决于对其载体的激励程度。激励是指通过一定的措施调动人力资本载体积极性和创造性的行为,在有效的激励制度下,人力资本载体将主动地参与经济活动,充分地发挥其所拥有的人力资本作用,提供有效服务;而在激励制度缺乏或不完备的状况下,人力资本载体的积极性将受到挫伤,出工少出力甚至出工不出力,则最多的人力资本积累也仍然是无效的。

更重要的,我国资本效率低,可能与资本结构的匹配度欠佳有关。在我们参与的另一项研究中①，我们测算了 1995—2005 年期间中国 *TFP*（全要素生产率）并将之分解为 *TC*（技术进步）和 *TEC*（技术效率改进），在此基础上进一步观察 *TFP*、*TC*、*TEC* 与 *HK*（资本结构：人力资本 *H* 与物质资本 K 之比）之间的关系，结果并未显示如理论解释所预期的倒 U 形曲线。相反，从全国的数据来看，*HK* 与 *TFP* 之间呈现出开口向上的抛物曲线即 U 形曲线的关系，如图 6－12 所示，表现为，随着 *HK* 的增大，*TFP* 趋于下降，并在某一点达到经济效率的极小值，随后，随着 *HK* 的上升，*TFP* 随之上升。

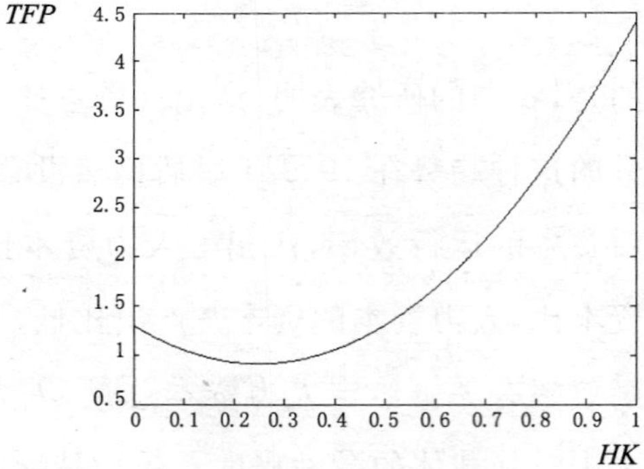

图 6－12　全国 *TFP* 与 *HK* 之间关系曲线示意图②

---

① 全国哲学社会科学重大招标课题“贯彻落实科学发展观与加快转变经济发展方式”（编号 07&ZD008）项目研究，我们承担其中子课题“人力资本结构与经济发展方式转变”的研究工作。

② 建立经济效率（*TFP*、*TC*、*TEC*）与资本结构（*HK*）之间的回归模拟关系，并应用 matlab 软件对回归曲线进行的绘图。图 6－13 至图 6－16 均相同。

对于 TC、TEC 与 HK 之间关系的回归也显示出了相似的结果，如图 6-13a 和图 6-13b 所示：

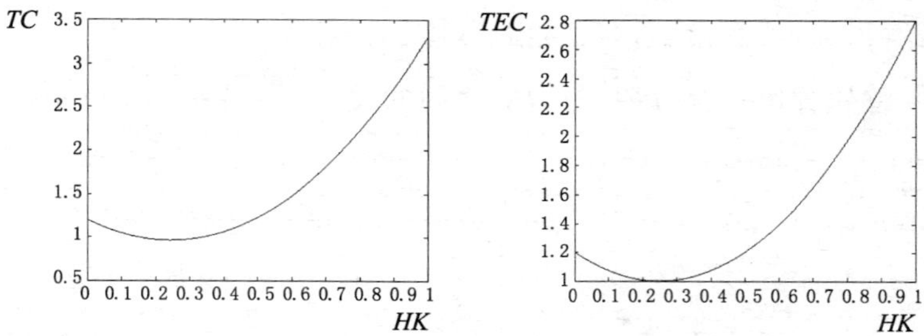

a　TC-HK　　　b　TEC-HK

图 6-13　全国经济效率与 HK 之间关系曲线示意图

考虑到两类资本条件悬殊的省份可能拥有非常接近的 HK 水平，如一个省份人力资本和物质资本存量都处于较高的水平，而另一个省份人力资本和物质资本存量都处于较低的水平，但两个省份的 HK 却非常相近甚至相同。为了避免这种资本绝对水平差异对经济效率与资本结构关系观察的影响，我们用人力资本存量的平均水平对各省进行排序，再根据人力资本存量的散点图所显示出的聚合特性，将全部 30 个省份分为四组，分别是：第一组——人力资本存量近十年平均水平按 1995 年可比价格高于 1 500亿元的省市，有广东、上海、北京、山东、江苏和四川；第二组——人力资本存量近十年平均水平按 1995 年可比价格处于 1 000亿元—1 500亿元之间的省市，有浙江、河南、河北、湖南、湖北和辽宁；第三组——人力资本存量近十年平均水平按 1995 年可比价格在 500 亿元—1 000亿元的省市区，有福建、黑龙江、安徽、吉林、广西、陕西、江西、山西、新疆、云南和天津；第四组是人力资本存量近十年平均水平按 1995 年可比价格低于 500 亿元的省市区，有内蒙古、甘肃、贵州、海南、宁夏、青海。

首先分组观察 *TFP* 与 *HK* 之间的关系，如图 6－14 所示：

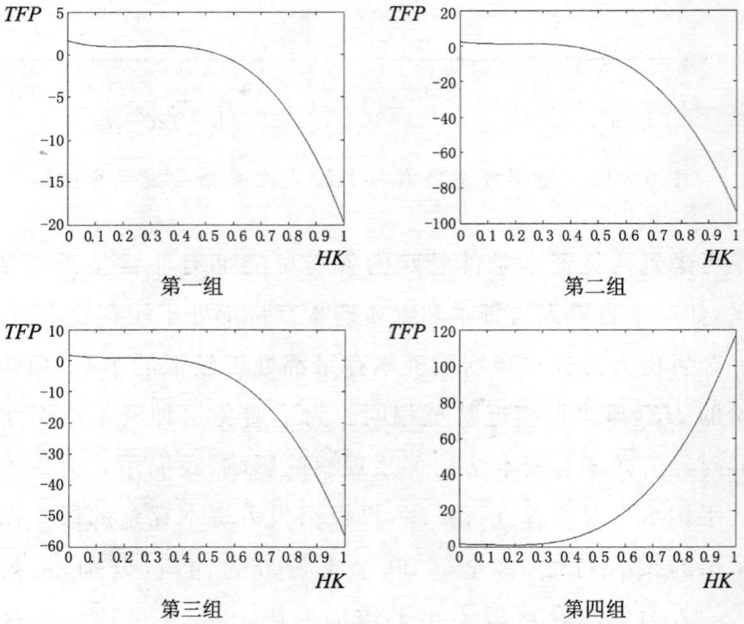

图 6－14　*TFP* 与 *HK* 之间关系曲线示意图

我们看到，即使分四组考察，*TFP* 与 *HK* 之间同样没有显示理论推演的结果。全要素生产率与人力资本—物质资本结构之间的关系在四个组内都呈现出三次曲线的形态而非倒 U 形曲线。对模拟方程进一步求导以解释曲线斜率的变动情况，利用 matlab 软件给出的曲线模拟图可以看到，图 6－14 中，在第一组，当 *HK* 低于 0.1 的时候，曲线有一个向下的斜率，*TFP* 对于 *HK* 的变动有一定的敏感性；在 0.1—0.4 这个区间内，曲线斜率较小，随着 *HK* 的上升，*TFP* 的变化较小；而随着 *HK* 的进一步加大，曲线斜率的绝对值再次加大，曲线变为凹函数，随着 *HK* 的加大，*TFP* 将加速减小。第二组和第三组的情况与第一组基本一致，只是曲线的斜率的绝对值较小，曲线较为平稳，*TFP* 对于 *HK* 的变动没有第一组那样敏感；这两组曲线斜率的拐点分别为第二组——*HK* 为 0.1、0.3，第三组——*HK* 为 0.12、0.35。但是第四组的情况与前三组则截然不同，在大于零的区间内，曲线是凸的，并且在 *HK* 小于 0.25 的时候 *TFP* 随着 *HK* 的上升而下降，一旦 *HK* 超过0.25，*TFP* 将随着 *HK* 的上升而上升。

其次分组观察 *TC* 与 *HK* 之间的关系，如图 6－15 所示。

TC 在第一、第三组同样呈现出三次曲线的形态，但是在第二组和第四组，三次曲线拟合的结果却是不显著的，两者之间呈现出简单的线性关系，并且斜率为负，即随着 *HK* 的上升，*TC* 是受到阻碍的。具体来看，对于第一组，当 *HK* 小于 0.15 的时候，斜率的绝对值较大，*TC* 随着 *HK* 的上升显著下降，但下降的速度趋缓；在 *HK* 达到 0.15 时斜率出现第一个拐点——由负转正，当 *HK* 属于 0.15—0.35 的区间时，*TC* 随着 *HK* 的上升而上升，并在0.35 处达到最大，随后，随着 *HK* 的进一步增大，*TC* 受到阻碍。对于

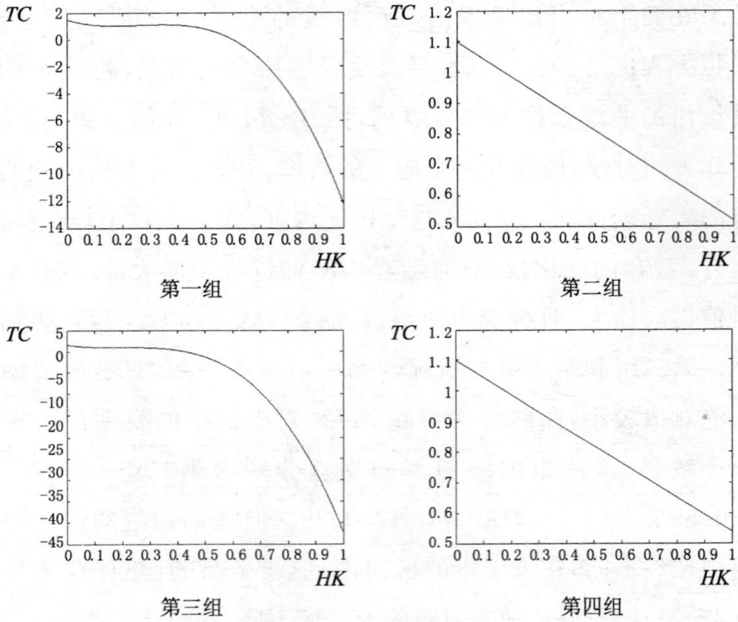

图 6-15　*TC* 与 *HK* 之间关系曲线示意图

第三组,*TC* 与 *HK* 之间的关系虽然同样呈现出三次曲线的关系,但是在大于零的区间里,这是一条单调减函数,即随着 *HK* 的上升,*TC* 是受到阻碍的。在第二组和第四组,*TC* 与 *HK* 之间的关系甚至是简单的负线性关系,表现为 *HK* 上升与 *TC* 减弱的协变关系。

最后分组观察 *TEC* 与 *HK* 之间的关系,如图 6-16 所示。

TEC 在第一组和第三组呈现出与 *HK* 的简单线性关系,而在第二组和第四组则呈现出抛物曲线的形态。其中在第二组,*TEC*

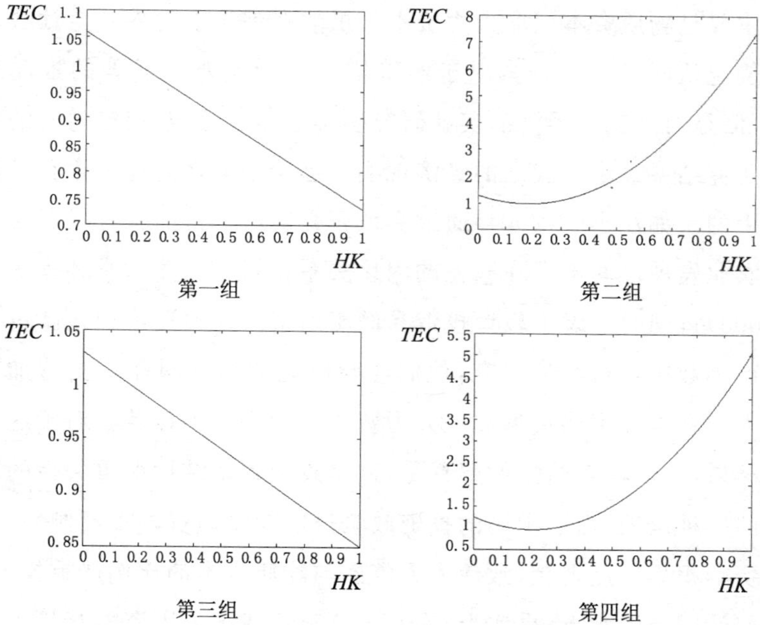

图 6-16　*TEC* 与 *HK* 之间关系曲线示意图

与 *HK* 之间呈现出的是开口向上的二次曲线关系，当 *HK* 处于很低水平的时候，*TEC* 随着 *HK* 的上升而递减，当 *HK* 达到 0.2 的时候，*TEC* 达到最小值，随后，随着 *HK* 的增大，*TEC* 不断上升。在第四组，情况与第二组基本一致，*TEC* 同样是首先随着 *HK* 的增大而减小，当 *HK* 达到 0.2 的时候 *TEC* 达到最小值，随后，*TEC* 随着 *HK* 的增大而增大。

上述结果显示，在我国，经济效率与 *HK* 之间的关系在整体上并不符合理论上所预测的倒 U 形曲线关系，驱动经济增长的因素主要是物质资本而非人力资本。虽然在理论上学界乃至社会大众普遍认同了人力资本对于经济增长有着重要的显著的推动作用,但是对于我国经济的实证研究事实上存在分歧,很多学者的实证研究结果显示出我国的经济现实与理论预期之间还是存在一定差距的。如汪小勤(2004)通过实证研究揭示了目前教育投资与我国农业发展之间不存在明显的因果关系;杨建芳、龚六堂和张庆华(2006)将同时考虑了教育投资和健康因素的人力资本加入新古典生产函数中进行实证研究,他们经验研究的结果同样不支持加入了人力资本的索洛模型——人力资本回归中并不显著。对于这样的结果,几位学者给出的解释是,这是我国资本结构严重失衡的现实的一种反映,由于中国的投资政策过度向物质资本投资倾斜,人力资本积累速度迟缓,致使人力资本与物质资本的比例严重失调。我们认同上述观点,事实上,表 6－20 显示我国人力资本存量占社会总资本存量的比例始终没有达到过 1/5,各省市区的情况基本一致。

我们认为,这种资本结构表明了人力资本存量水平过低,这种过低的人力资本存量,始终没有达到其有效发挥作用的阈值水平。

关于人力资本的阈值,虽然少见系统的理论论证,也少有学者对于这一阈值的数值水平进行具体的测算,但是对于阈值的存在,是学者们普遍接受的。博伦斯坦等人的研究证实了东道国人力资本投资对于技术吸收的重要性:利用 1970—1989 年各国样本数据,博伦斯坦等人考察了 OECD 国家对 69 个发展中国家的技术外溢效果,结果表明 FDI 对东道国经济增长的作用受东道国人力资本的临界值影响，即只有当东道国人力资本存量足够丰裕时，才能充分吸收 FDI 的技术外溢。赖明勇等(2005)从技术外溢的角度认为，只有人力资本达到了一定的临界水平，技术的外溢效应才会发生等等。这些学者笔下的临界水平即为阈值水平。当人力资本存量低于这一阈值水平的时候，人力资本更多地是以简单劳动的形式参与经济生产，受限于边际报酬递减的魔咒，其主观能动性和创造性无法发挥；而随着人力资本存量的积累，人力资本将逐渐摆脱物质资本和现有生产函数对其的束缚，当人力资本存量超过阈值水平以后，人力资本的作用才能够逐渐显现出来——表现为其非递减的边际报酬所带来的经济的长期增长、生产函数的形态改造以及生产要素的重新组合、技术创新与技术扩散的加快并最终得到的经济效率的改善。

人力资本阈值的存在性可以从两个方面体现出来，一是技术创新和技术扩散需要一定的人力资本积累才能完成；二是人力资本具有的自我聚集以及所体现出的马太效应。

技术创新无疑需要有高水平的人力资本和相应的物质条件，而技术模仿和扩散的成功与否同样取决于技术引进国的人力资本和物质资本水平。巴素和维尔(S. Basu &D. Weil)在考察了发展中国家在模仿、引进发达国家先进技术后并没有完成相应的收敛和赶超的现象后提出，技术引进的成功与否取决于引进国引进的新技术与其自身的发展环境、人力资本和物质资本、产业结构是否是匹配的。由于发达国家的技术是发达国家自己根据自身的经济发展水平、物质资本和人力资本存量开发出来的，与其较高的资本存量是相匹配的,但是这样的技术对于发展中国家来说却不一定是适合的,因为发展中国家不具备相应的经济发展模式,物质资本和人力资本的存量水平也很有可能没有达到能够应用新技术。阿布拉莫维茨(Abramowitz)的"社会能力"学说持有类似观点:为了获取外界技术成果,一个国家、企业必须首先拥有足够的基础设施、技术水平等基本条件。

因此,技术模仿和扩散的成功与否首先取决于技术吸收国是否有相应的人力资本,能够驾驭、应用、操纵新的技术,其次,该国是否有相应的、源源不断的人力资本供应,相匹配的互补产业、互补的物质资本存量以及消费能力。而若人力资本存量积累不足,不仅无法自行开发出新技术进行技术创新,甚至无法完成技术模仿和吸收内化,这样,将表现为人力资本对经济效率的作用为负。

人力资本存在阈值的第二个表现方面在于人力资本的马太效应。根据资本边际报酬递减的规律,随着资本数量的积累,其边际报酬将会下降,这样,随着人力资本向某一地区、行业聚集到了一定的程度,边际报酬的下降将会引导人力资本改向人力资本存量少的地方转移以获取更高的边际报酬,最终不同地区人力资本的边际报酬趋同。但是事实上我们看到的现象刚好与之相反,越是人力资本存量大的地区和行业恰恰有越多的人力资本流入,可以看到,无论是在我国还是国际范围内,都存在着高水平人力资本聚集的现象——全球范围内,人力资本由亚洲、非洲、拉美向北美、欧洲转移;而在我国,人力资本大量向东部沿海城市积聚,北京、上海和深圳等大城市更是吸引了大批量的高层次人力资本流入;

即使在人力资本存量分布相对平均的美国，也存在着显著的人力资本聚集现象(Glaeser et al.,1995)。在经济人理性假设的前提下，这种人力资本的流动反射出一个问题，就是人力资本的积聚并不会造成人力资本边际报酬的下降，反而，聚集了大量人力资本的地区相比人力资本的输出地区有着更高的边际回报，这就构成了人力资本的马太效应。人力资本的马太效应说明人力资本积累量越大，所能发挥的作用越大，当人力资本积累量较小的时候，其所能够发挥的作用也是受到限制的。

人力资本阈值的存在就使得人力资本只有在达到并超过阈值水平以后，才能够主导技术创新和技术吸收，发挥出其边际报酬非递减的属性，成为经济效率提升的主要贡献要素；并通过技术创新和对生产函数形态的改造主导经济的发展模式，到了这一阶段，人力资本将不再受制于物质资本的运行，仅起到操作机器的作用，而是通过人力资本的创新性和异质性抵减物质资本的边际报酬递减，通过人力资本和物质资本的协作，在投入要素总量相同的情况下达到更高的产出。但是在达到阈值水平以前，人力资本往往只能够作为简单劳动加入到生产函数中，对经济深层次的贡献无法发挥出来。

反观我国的资本存量数据，2006 年全国人均人力资本存量 4 622元，绝对水平低，人力资本存量与物质资本存量之比是 11∶89，相对水平也低。低水平的人力资本无法达到其能够发挥出支配性作用的阈值，尤其高层次的人力资本存量不足导致了对世界前沿技术的吸收和模仿能力有限（彭国华，2007；刘智勇，

2008),而现有人力资本水平不足以匹配世界先进的技术水平,致使技术引进和模仿效率不佳(邹薇、代谦,2003),并进而导致了经济效率的低水平。

综上所述,计算期内中国人力资本效率水平的基本特征是:从区域分布看,各省市区间人力资本的投资积累率差异较大,其中北京、上海、天津三个直辖市以及广东、浙江、山东等省份是人力资本投资积累率最高的区域,表现为人力资本的净流入;从相对变动看,人力资本产出—资本比存在下降的趋势,且与物质资本的运行效率变动具有一致性。人力资本运行效率低可能与对人力资本的激励不足有关,同时也可能与资本结构有关。我国总资本结构中人力资本份额过低,人力资本水平尚未达到其发挥作用的阀值水平,可能制约了资本效率以及整体经济效率的提升。因此,如何通过改进激励方式,提高激励合约设计的科学性来增进对人力资本的有效激励,如何通过资本投资政策和资本配置政策的改进来提升资本结构的合理性,这可能是今后值得深入研究的。

第七章

人力资本结构问题的初步观察

人力资本是经济增长的重要要素，这一点已没有争议，但就一国（地区）人力资本要素水平的估算则众说纷纭。类似地，人力资本对经济增长的推动在理论上已被广泛认可，但经验研究的结果却并没有达成一致。

我们认为，这种经验研究的不一致，一方面正是由于人们估算人力资本水平的方法的不一致，从而估算结果也就不一致，导致相应的经验研究结论偏离较大。而另一个更重要的原因，则在于人力资本与物质资本一样，是异质的，人力资本的异质性甚至更强于物质资本，由于这种异质性，大量基于人力资本总量的经验研究出现不一致的结论也就自然了。经验研究的不一致已经开始引起学界的关注，相关研究得以逐步开展。我们梳理这些已有的研究成果,对人力资本结构问题做一个初步的观察。

7.1 人力资本的作用:基于总量研究的争议

1.关于人力资本对经济增长的贡献

大量的经验研究支持了人力资本在经济增长中的核心地位,森古普塔(Sengupta,1993)的研究表明人力资本积累在亚洲新兴工业化国家的成功中扮演了重要的角色;布莱克和林奇(Black and Lynch,1996)强调了人力资本投资特别是工作培训对提高生产率的重要作用;巴罗(2001)取100个国家1965—1995年数据为样本,考察教育对于人均GDP增长的作用,实证研究的结果表明,教育与经济增长之间有很强的相关性,具有较高初级教育水平的国家和年份会取得比较高的经济增长;艾亚尔和费乐尔(Aiyar and Feyrer,2002)分析认为,人力资本对 *TFP* 有很强的促进作用;同样认为人力资本对经济增长有显著促进作用的还有巴罗(1991,2000)、科瓦勒(Coballe,1993)、周晓等(2003)。

另一些研究则得到相反的结论,普里斯奇特(Prischett,1996,2001)使用萨默斯和赫斯顿(Summers and Heston,1991)的数据,就劳动者人均产出的增长与劳动者由于人均教育资本增加带来的人力资本的增加之间的关系,用OLS做回归分析,跨国数据的实证结果显示出,教育增加而带来的人均人力资本的增加与劳均产出的增量之间并没有显著的相关关系,据此,普里斯奇特认为,人力资本的变动几乎不能解释各国经济增长的差异。相似地,坦普尔(Temple,1999)从经济发展的角度考察了各种要素在一国经济增长中所起到的作用,通过对各个国家的比较观察指出,在各个国家,人力资本所起到的作用是不同的,以韩国为例,在1960年以前韩国对教育投资的增加不但没能促进经济的增长,反而带来了持续的高失业率和劳动者报酬的下降。比尔斯和克莱诺(2000)基于带有技术进步A的C-D生产函数,运用更新过的萨默斯和赫斯顿1991 Penn World Tables Mark 5.6的数据以及巴罗与李钟和(1993)所使用的入学率对1960—1990年93个国家的人力资本水平与经济增长情况做了实证研究,结果显示,入学率的上升仅能解释0.3%的经济增长,考虑到其对人力资本存量的估算,他指出人力资本对产出的促进作用是相当有限的。本哈比与马克(Benhabib and Mark,1994)应用基里亚科(Kyriacou,1991)构建的1965-1985年间劳动力平均受教育年限数据以及78个国家的物质资本数据的经验研究也表明,人力资本的积累无法对经济增长的差异给出解释。

汪小勤(2004)使用我国1978—2002年农业数据,对我国人均农业产出和人均教育投资增长率做了格兰杰因果关系检验,结论是:农业的发展通过税收等间接地促进了教育的发展,但是教育投资的增加没有促进农业的发展,据此他们认为,目前教育投资与我国农业发展之间不存在明显的因果关系。李勋来(2005)将人力资本引入C-D生产函数,就我国1983—2002年人力资本、物质资本对农村产出的贡献率进行估算,他的估算结果也显示,人力资本对我国农村产出的贡献率仅为10.2%,远远低于物质资本。

2.关于人力资本贡献的作用机制

对于人力资本对经济增长的作用机制的研究在学界主要有两种观点,一是人力资本作为一种生产要素直接投入到生产中,直接推动生产、促进经济增长,这一观点的主要代表人物是卢卡斯(1988);另一种观点则认为人力资本是通过吸收、内化新技术从而通过技术进步这一中介间接地推动经济增长,这一观点的代表人物是纳尔逊-费尔普斯(Nelson-Phelps,1966)。

(1)卢卡斯机制

卢卡斯(1988)所阐述的卢卡斯式作用机制是:人力资本作为生产过程中的直接投入要素,直接参与生产,并通过其内在效应和外在效应来促进经济增长。其中内在效应是指舒尔茨所提出的正规或非正规教育所形成的人力资本,使人力资本所有者具有更高的劳动生产能力,使人力资本投资者自身的收益递增,同时促进产出的增长;外在效应是指由干中学所形成的人力资本,这种人力资本的投资和积累可以使其他生产要素的收益递增。

(2)纳尔逊-费尔普斯机制

在纳尔逊-费尔普斯的理论中,推动经济增长的动力是实际技术的增长率。实际技术的增长率则取决于潜在最优技术与现实技术水平的差距以及人力资本水平。纳尔逊-费尔普斯(1966)通过观察美国农业的发展情况——受过较好教育的农民往往比没有受过较好教育的农民更早采用新技术,并更早获得较高的利润——从而提出假设:教育能够促进技术的扩散。为了验证这一假设,他们假定生产函数为:

$$Q(t) = F[K(t), A(t)L(t)]$$

其中 Q 为产出，K 为资本，L 为劳动，A 为现实中的技术。进一步，他们假设理论上技术进步的水平 T ：$T(t) = T_0 e^{\lambda t}$，$\lambda > 0$ 。在此基础上他们建立了两个模型：

第一个模型：由于技术的采用和发明之间存在时滞，因此，以 W 表示时滞，有：

$$A(t) = T(t - w(h)), w'(h) < 0$$

线性变换：　　$A(t) = T_0 e^{\lambda[t - w(h)]}$

这样就可以得到，实际技术是 H 的增函数，H 可以缩小 $A(t)$ 与 $T(t)$ 之间的时滞，教育的回报增加了技术进步理论水平的值。

第二个模型：假设：

$$A(t) = \phi(h)[T(t) - A(t)]$$

则实际技术的增长率是教育可获得性的增函数。将 $T(t) = T_0 e^{\lambda t}$，$\lambda > 0$ 代入上式可以得到：

$$A(t) = (A_0 - \frac{\phi}{\phi + \lambda} T_0) e^{-\phi t} + \frac{\phi}{\phi + \lambda} T_0 e^{\lambda t}$$

因此，实际技术的均衡路径是：

$$A^*(t) = \frac{\phi(h)}{\phi(h) + \lambda} T_0 e^{\lambda t}$$

据此，纳尔逊－费尔普斯认为人力资本并不直接作用于经济增长，而是通过促进技术进步间接作用于经济增长，而最新的技术理论所能推进实际技术进步的程度，取决于教育的可获得性以及技术的实际水平与理论水平的差距。

(3)两类作用机制的经验验证

由于卢卡斯和纳尔逊-费尔普斯在解释人力资本对经济增长作用机制时所得到的结论相互对立,后续有不少学者纷纷通过实证对这两种机制中的一种或两种同时进行了检验。

曼昆、罗默和维尔(1992)扩展了索洛模型,将人力资本带入到索洛模型中,从而将生产函数拓展为:

$$Y(t) = K(t)^{\alpha} H(t)^{\beta} [A(t)L(t)]^{1-\alpha-\beta}$$

其中,Y 为产出,K 为资本,L 为劳动,H 为人力资本存量,A 为技术水平,并假设工作年龄人口:15—64 岁的人口的平均增长率为 N,真实投资,包括政府投资占 GDP 的平均份额为 S。经线性变换,将估计方程转化为:

$$\ln\left[\frac{Y(t)}{L(t)}\right] = \ln A(0) + gt + \frac{\alpha}{1-\alpha}\ln(s_k) - \frac{\alpha}{1-\alpha}\ln(n+g+s) + \frac{\beta}{1-\alpha}\ln h^*$$

他们使用 Real National Accounts 由萨默斯和赫斯顿所构建的从 1960 到 1985 年的年度数据,用 12—17 岁人口的中级教育的入学率乘以工作年龄人口中 15—19 岁的部分,作为工作年龄人口中拥有中级教育水平的比率。他们以三个样本分别估算人力资本对经济增长的贡献率,三个样本分别为:样本一:无油国,98 个;样本二:排除了萨默斯和赫斯顿定级为 D 的国家和在 1960 年人口少于一百万的国家,共包含 75 个国家;样本三:22 个 OECD 国家,同样,也是去除了 1960 年人口少于一百万的国家。得出结论,在样本一和样本二的国家中，人力资本对于经济增长的贡献相当可观，而在 OECD 国家的样本中，人口对经济增长的贡献虽然是积极的但并不显著。

本哈比和施皮格尔(Benhabib and Spiegel,1994)应用基里亚科(1991)构建的 1965—1985 年间劳动力平均受教育年限数据和萨默斯和赫斯顿数据集中的 GDP 数据和劳动力数据以及 78 个国家的物质资本数据。全部 78 个国家的样本数据与 26 个低收入国家的子样本数据支持了人力资本通过技术模仿促进经济增长；而 26 个高收入国家的子样本数据则支持人力资本通过技术创新支持经济增长；26 个中等收入国家的子样本数据对人力资本的技术创新与模仿作用均不支持。据此，他们指出人力资本的作用主要是通过受教育的人群吸收、内化新技术和创新来间接地促进经济增长的，即证实了纳尔逊 - 费尔普斯机制。

伊斯勒姆(Islam,1995)使用萨默斯和赫斯顿数据集就人力资本对经济增长的作用机制进行了实证，为了与M-R-W的研究有可比性，伊斯勒姆分别使用单截面数据估计、混合样本估计和面板数据估计对模型进行回归，并使用和M-R-W相似的样本。伊斯勒姆借鉴巴罗和李(1993)的模型和变量定义，构建模型：

$$
\begin{aligned}
\ln y(t_2) = {} & (1-e^{-\lambda t})\frac{\alpha}{1-\alpha}[\ln s-\ln(n+g+\delta)] \\
& +(1-e^{-\lambda t})\frac{\phi}{1-\alpha}\ln h^{*}+e^{-\lambda t}\ln y(t_1) \\
& +(1-e^{-\lambda t})\ln A(0)+g(t_2-e^{-\lambda t}t_1)
\end{aligned}
$$

其中 h：25 岁以上总人口的平均受教育年限，s：受过中级及以上教育人口的平均受教育年限，其他变量均为索洛模型中经典变量。与M-R-W处理不同的是对于人口增长率 N 的处理，M-R-W将 N 定义为工作年龄人口的增长率，伊斯勒姆则将 N 定义为总人口的增长；与M -R -W一样，伊斯勒姆将 $G+\delta$ 设定为0.05，并假定这一值在所有国家所有年份均不变，同样，使用五年跨度的数据，储蓄率和人口增长率均取五年的均值。

使用Single-Cross-Section回归得到的结果与 M - R - W 的结论是相似的。但是在使用 Pooled Estimation And Panel Estimation 对模型进行回归的时候则出现了方向性改变，当使用 Pooled Estimation 对模型进行回归的时候，在无油国中人力资本没有显著性，而在样本二中，人力资本的系数甚至是负的；使用 Panel Estimation 对模型进行回归的时候同样出现了人力资本的不显著、系数符号为负的问题。

对于所出现的人力资本的不显著解释，伊斯勒姆认为原因可能有二，其一是人力资本在理论生产函数中的定义和实际变量是有差异的，入学率等只能部分地表达人力资本投资，更重要的是指标的误差——在某些国家，尤其是欠发达国家，从数据指标上看教育的数量和质量有了非常大的改善而实际情况可能并非如此；另一个原因则是现有的生产函数不足以刻画人力资本对经济增长的作用机制，需要考虑一个更加细化的带有人力资本的生产函数。伊斯勒姆据此估计了 $A(0)$ ——一个国家将其劳动和资本转化为产出的能力——对经济增长的作用，结论是：$A(0)$ 对经济增长有非常强且显著的解释能力。伊斯勒姆又进一步对 $A(0)$ 和人力资本之间的关系做了相关分析，他使用M－R－W模型中的 SCHOOL 和巴罗与李数据中的 HUMAN 和 Ln$a(0)$ 做了散点图，结果显示人力资本与 $A(0)$ 之间有非常强的相关关系。伊斯勒姆认为，在这里 $A(0)$ 的定义与全要素生产率（*TFP*）非常相像，据此他指出，人力资本对经济增长的直接作用并不明显，人力资本是通过促进 $A(0)$ 而间接地促进经济增长的。（这里所使用的人力资本变量是采用了巴罗与李 1993 的数据。）

综上所述，无论是对于人力资本作用贡献的研究还是关于人力资本对经济增长作用机制的研究，经验性结果都存在争议。在人力资本是推动经济增长的核心动力这一命题已被广泛接受的情况下，这种经验研究的分歧让部分学者意识到，使用传统的将人力资本数量简单加总的总量研究方法可能是存在漏洞的。为了克服总量研究在解释力上的欠缺，一些学者转而将注意力集中于人力资本结构，根据人力资本在组成、生产力属性上的特征差异，对其进行分类观察。

7.2 人力资本类别：结构观察的维度

对于人力资本的分类观察，可以追溯到舒尔茨。舒尔茨将人力资本划分为学习能力、完成有意义工作的能力、进行各项文娱体育活动的能力、创造力和应付非均衡的能力。类似这种从功能差异上对人力资本进行的分类有很多，如李忠民（1999）将人力资本分为一般型人力资本、技能型人力资本、管理型人力资本、企业家型人力资本,胡永远、刘智勇(2004)将人力资本分为一般型、技能型和创新型人力资本,刘善球(2005)将人力资本分为隐性人力资本、半公开人力资本、公开人力资本,袁春云(2007)将人力资本分为企业家人力资本、专业人力资本、一般人力资本,郭继强(2005)基于"人力资本(存量)是人力资本投资的完成形态"、"人力资本能力结构是由人力资本投资结构塑造的",从人力资本投资类别考察人力资本类别,从而将人力资本所代表的经济价值能力划分为资源配置能力和资源转换能力。这种从功能差异上分类观察人力资本显然很有价值,但遗憾的是,如此高度抽象的分类难以付诸实证研究。

另一重要的观察维度是从边际报酬变动的差异分类观察人力资本,将人力资本分为同质型人力资本和异质型人力资本两类,这一分类源自罗默(1986,1990)的研究。罗默在《收益递增和长期增长》(1986)中将知识作为一个独立的要素引入到生产函数中,并指出知识具有边际收益递增的属性,并且,知识的边际收益递增可以弥补物质资本的边际收益递减,并使总的边际收益呈现出递增的态势。各国的历史发展情况证明了他的这一想法。在其1990年的论文《内生技术变化》(*Endogenous Technological Change*)中,他将知识与人力资本联系起来,指出,人力资本是在技术创新、研发中在知识形成过程中形成的,并将人力资本分为两部分:由一般教育形成的教育知识资本和由技术创新、研发形成的技术知识资本。罗默在分析了不同类型人力资本的效能差异后,认为教育知识资本是一种普遍化的、同质型人力资本,或者称之为一般知识范畴的资本,该型人力资本形成时间较长,具有规范的知识范式,易于被人接受,传播速度较快,溢出效应明显,易产生规模经济效应。技术知识资本因其异质性较强,传播速度和范围要比教育知识资本慢且小。更重要的是这种技术知识资本具有边际收益递增的特性,进一步地,技术知识资本的这种边际收益递增的属性还可以使资本和劳动等要素投入产生递增收益,从而使得总边际收益呈现出递增的态势。

R.E.卢卡斯则在罗默(1986)的基础上将人力资本作为内生变量带入模型中创造出人力资本溢出模型。卢卡斯的模型包括两个部分,两时期模型(Two Periods Model)和两商品模型(Two Goods Model)。在两时期模型中,卢卡斯将资本区分为物质资本和人力资本两种形式,将劳动划分为"原始劳动"和"专业化的人力资本",认为专业化的人力资本才是促进经济增长的真正动力。在两商品模型中,卢卡斯强调劳动者的时间全部用于商品生产,表明人力资本是通过边干边学形成的,它所产生的是外部效应。两商品模型明确说明了由干中学所形成的人力资本的外在效应的重要性,证明了商品产出增长的决定性因素。

人力资本溢出模型也表明,是人力资本抑制或减缓了资本边际收益的递减。人力资本的边际收益递增,保证了对人力资本投资的刺激,使得人力资本增长长盛不衰,长盛不衰的人力资本不仅令人力资本所有者的劳动生产得到持续提高,而且其外溢性使得其他要素的劳动生产率得到持续的提高,从而经济增长得以持续不断。正是在这个意义上,卢卡斯得出了人力资本是经济增长的源泉,而卢卡斯所认为的作为经济增长源泉的人力资本正是罗默模型中的具有边际收益递增的人力资本。

罗默模型中的这种具有边际收益递增的人力资本后来被定义为异质型人力资本(idiosyncratic human capital),边际报酬递减的人力资本被解释为同质型人力资本(coessential human capital),人力资本被划分为两个部分:具有边际收益递增的异质型人力资本和边际收益递减的同质型人力资本。

除了上述基于功能差异和要素性质差异的观察维度,还有一些学者从其他视角对人力资本进行了划分。如贺砾辉、谢良(2007)从人力资本一致性的角度将人力资本分为初、中、高级,其中初级人力资本是指一般人所具有的健康、知识、技术及能力等,具有边际报酬递减的性质;中级人力资本是介于初级人力资本与高级人力资本之间的,具有一定的想象力和专业化的实际操作能力的人力资本;高级人力资本则指创新型人力资本,在社会再生产过程的意义上,创新型人力资本是指具备创新特质,能够建立新的生产函数,产出效果具有乘数效应且边际报酬递增的一种专业化的高级人力资本。但他们仅仅对人力资本做了如上划分,并未对各种人力资本对经济增长的作用机制做出理论解释,也没有付诸实证。

T.保罗·舒尔茨(T.Paul Schultz,1999);巴尔加瓦等(2001);布卢姆等(Bloom et al.,2001)从人力资本最初的定义出发,将人力资本分为健康人力资本和教育人力资本,并对健康人力资本、教育人力资本对经济增长的贡献分别做了实证研究。类似地，余长林(2006)，杨建芳、龚六堂和张庆华(2006)将人力资本分为教育资本和健康资本两类，观察两者对经济增长的影响及其替代关系。陈浩(2007)将人力资本分为四类：健康投资形成基础人力资本，健康投资和教育投资形成知识人力资本，健康投资、教育投资和培训投资形成技能人力资本，健康投资、教育投资、培训投资和迁移投资形成制度人力资本，观察它们的作用差异。

对于人力资本的分类观察，目前多数学者是着眼罗默关于同质型人力资本和异质型人力资本的划分，研究人员在对各类人力资本的作用差异进行比较研究时，尽管所采用的各类人力资本的表征指标不同，但是人们关注的核心是不同要素性质的人力资本的类别构成问题。

7.3　各类人力资本的作用：作用机制和贡献水平比较

1.不同类型人力资本的经济增长作用机制差异

罗默(1990)指出，不同类型的人力资本对经济增长的作用是不同的，他认为由一般教育形成的教育知识资本和由技术创新、研发形成的技术知识资本具有效能差异，前者相对同质性而后者则相对异质性。丁栋虹(2001)进一步阐述了异质型人力资本的价值，认为异质型人力资本的使用在微观企业中引出了一个新的更优越的生产函数，表现为生产要素和生产条件的新组合，如新生产方法、新产品组合、新产业组织形态等。这个新的生产函数在宏观经济环境中产生了经济的不均衡,表现为经济体中新的主导部门的产生。这种新的主导部门又具有快速扩张性、高利润率和垄断性三大特征。异质型人力资本在这种微观经济的新生产函数与宏观经济的非均衡性互动中实现了边际报酬递增。贺砾辉、谢良(2007)则对创新型人力资本随经济增长的作用机制进行了研究,他们的研究指出,创新型人力资本可以建立新的生产函数,如:由 $Y_0 = f(L_0, K_0, H_0)$ 改变为 $Y_1 = g(L_1, K_1, H_1)$,或引起经济生产可能性边界外移,如:由 $Y_0 = f(L_0, K_0, H_0)$ 外推至 $Y_1 = f(L_0, K_0, H_1)$。

罗默关于同质型人力资本和异质型人力资本对经济增长作用机制的阐述在很大程度上解决了困扰学界已久的卢卡斯与纳尔逊-费尔普斯之间的争议,在他的不同类型人力资本对经济增长作用机理不同的思想的启发下,一些学者开始在经验研究中引入对人力资本进行类型划分的思想,将不同类型的人力资本分别引入实证方程中,考察不同类型人力资本对经济增长的作用贡献和机理。在这一方面,我国学者做出了相当大的努力和贡献。刘智勇、胡永远和易先忠(2008)使用面板数据分析法对《中国统计年鉴》1996—2004 年 30 个省市区相关数据进行回归(重庆计入四川)。他们分别对卢卡斯作用机制和纳尔逊-费尔普斯机制进行了检验。其中,GDP 按其当年价平减,劳动力投入采用从业人员数,总量人力资本采用各省市区人均受教育年限替代,异质型人力资本分别采用从业人员中初等、中等(初中、高中、中专)、高等教育人口比重代表。

对卢卡斯作用机制的检验方程为：

$$\log(\frac{Y_{it}}{Y_{it-1}}) = \log(\frac{A_{it}}{A_{it-1}}) + \alpha\log(\frac{K_{it}}{K_{it-1}}) + \beta\log(\frac{L_{it}}{L_{it-1}}) + \gamma\log(\frac{H_{it}}{H_{it-1}}) + \varepsilon_{it}$$

其中 A_{it} 表示第 I 省在 T 时的技术水平；Y、K、L、H 分别表示总产出、物质资本存量、劳动力投入、人力资本投入；α,β,γ 分别为物质资本、劳动力、人力资本的产出弹性。

对纳尔逊－费尔普斯作用机制的检验方程为：

$$\log(\frac{Y_{it}}{Y_{it-1}}) = \alpha_0 + (\delta - \mu)H_{it-1} + \mu H_{it-1}(\frac{y^*_{t-1}}{y_{it-1}}) + \alpha\log(\frac{K_{it}}{K_{it-1}}) + \beta\log(\frac{L_{it}}{L_{it-1}}) + \varepsilon_{it}$$

其中，Y 是人均产出，Y^* 是最发达省份的人均产出。

他们的检验结果证实了纳尔逊－费尔普斯作用机制，卢卡斯作用机制没有得到证实。检验的结果还表明：不同类型人力资本对经济增长具有不同的作用机制，初等教育既不通过最终产品生产也不通过技术模仿或技术创新促进经济增长；中等教育既通过最终产品生产又通过技术创新促进经济增长；高等教育则主要通过技术创新来间接地促进经济增长。中等教育在最终产品生产部门的产出弹性大于高等教育，高等教育的技术创新系数大于中等教育。

刘智勇、胡永远(2008)还对异质型人力资本与科技进步之间的关系做了检验,他们用全要素生产率表示技术进步,用人均高等教育(普通高等教育和成人高等教育)年限和人均中等教育(初中、高中、中专、职高)年限表征人力资本,以科学研究支出占财政总支出的比重(*BZH*)表示科技投入,实证分析中除 *BZH* 外其他变量均采用对数形式。他们首先估算了全要素生产率(*TFP*),然后,对由技术进步、人力资本和科技投入构成的变量系统进行协整分析、Granger 因果检验和方差分解。他们的研究结果表明,异质型人力资本与科技进步之间存在积极的显著的相关关系,其中人均高等教育年限、人均中等教育年限和科技投入与技术进步之间均存在显著的协整关系,而人均高等教育年限既是技术进步的短期原因又是技术进步的长期原因,其对技术进步的拉动效果也明显大于中等教育年限与科技投入对于技术进步的拉动效应。

彭国华(2007)用 Dynamic Panel Data 一阶差分 GMM 估计法对中国 1982—2004 年 28 个省、市、自治区的数据进行实证检验。他在艾亚尔和费乐尔(2002)的基础上,提出一个类似的人力资本与 *TFP* 的模型,即 *TFP* 的增长率和实际 *TFP* 与潜在 *TFP* 之间的差距正相关,而潜在 *TFP* 的大小则取决于人力资本各构成部分的作用,并允许人力资本的不同组成部分可以对潜在 *TFP* 起到不同的作用。他基于艾亚尔和费乐尔(2002)和纳尔逊-费尔普斯(1966)的理论与模型,假定实际 *TFP* 的增长速度由实际 *TFP* 与潜在 *TFP* 的差距和外生技术进步速度来决定,从而构建模型:$\frac{\dot{A}}{A}(t)=\gamma+\lambda[\ln A^{*}(t)-\ln A(t)]$,$A(t)$ 表示实际 *TFP* 水平,

$A^*(t)$ 表示潜在 TFP 水平，γ 表示外生技术进步速度，λ 是实际 TFP 向潜在 TFP 调整的系数。潜在 TFP 水平 $A^*(t)$ 由下式决定：

$$A^*(t) = FH^{\phi}(t)S^{\theta}(t)P^{\mu}(t)T(t)$$

F 表示各地区的固定效应，$H(t)$、$S(t)$、$P(t)$ 分别表示劳动力中受过高等教育、中等教育、小学教育的人力资本部分，ϕ、θ、μ 分别表示这三个部分的人力资本对潜在 TFP 的弹性系数。$T(t)$ 是外生技术水平，外生技术进步速度为 γ。进一步地，他将这两个方程进行转换得到一个含固定效应和时间趋势的 Dynamic Panel Data 模型：

$$\begin{aligned}\ln A_i(t) = {} & \rho \ln A_i(t-1) + \beta_h \ln H_i(t-1) + \beta_s \ln S_i(t-1) \\ & + \beta_p \ln P_i(t-1) + f_i + n_t + \varepsilon_{it}\end{aligned}$$

这里，$t_2 = t$，$t_1 = t-1$，$t = t_2 - t_1$，$\beta_h = \phi(1-e^{-\lambda t})$，$\beta_s = \theta(1-e^{-\lambda t})$，$\beta_p = \mu(1-e^{-\lambda t})$，$f_i = (1-e^{-\lambda t})\left(\ln F + \dfrac{\gamma}{\lambda}\right)$ 表示各地区的固定效应。他的实证结果表明，我国人力资本构成中，受过高等教育的人力资本与 *TFP* 存在显著的正相关关系，高等教育部分人力资本每提高 1%，将会使潜在 *TFP* 增加 5.5%；而中学教育程度和基础教育程度的人力资本与 *TFP* 是显著负相关的，平均人力资本作为一个整体与 *TFP* 也显著负相关。据此，他指出，只有接受过高等教育的人力资本才对 *TFP* 有显著的促进作用，中学和基础教育程度与 *TFP* 是负相关的。也就是说，只有受过高等教育的人力资本是通过促进技术进步而作用于经济增长的，而只具备中等教育或基础教育的人力资本对技术进步没有促进作用。

2.不同类型人力资本的经济增长贡献水平差异

这类研究可以归集为两类,一类着眼于比较异质型人力资本与同质型人力资本的贡献差异,一类着眼于比较教育培训投资形成的知识技能型人力资本与卫生保健投资形成的健康人力资本的贡献差异。

(1)异质型人力资本与同质型人力资本的贡献差异

这类研究大多数借鉴了巴罗和李的做法,对于人力资本异质型划分主要以受教育程度为标准,部分研究人员将受过高中以上教育的劳动者作为异质型人力资本处理,部分学者将具有大专以上教育水平的劳动者作为异质型人力资本处理。

林志伟(2006)用高中及高中以上从业人员的人力资本存量来度量异质型人力资本存量,计算公式为:

$$IHC_t = \sum_{i=4}^{6} w_t^i H_t^i$$

其中,IHC 代表异质型人力资本存量,$i = 4,5,6$,分别代表高中、大学专科、大学本科及以上教育程度,$t = 1,2,\cdots,27$,分别代表1978年、1979年……2004年,W 代表相应受教育程度的从业人员数量,H 代表相应受教育程度的累积受教育年限。相应地,用高中以下从业人员的人力资本存量来度量同质型人力资本存量,计算公式为:

$$CHC_t = \sum_{i=1}^{3} w_t^i H_t^i$$

其中,CHC 代表同质型人力资本存量。通过对我国物质资本、异质型人力资本、同质型人力资本与经济增长的协整分析，他们得出结论，不论是长期还是短期，异质型人力资本均是经济增长的格兰杰成因。异质型人力资本对经济增长的促进作用远远高于同质型人力资本，并已经超过了物质资本对经济增长的促进作用，证明了异质型人力资本才是经济增长的源泉。

陈秀山(2006)在卢卡斯人力资本溢出模型的生产函数 $y=Ak^{\alpha}(uh)^{1-\alpha}(h_a)^{\gamma}$ 的基础上建立包含异质型人力资本的一般生产函数：

$$Q_t = F(K_t, H_{0t}, E_{1t}, E_{2t}, \cdots, E_{it}, \cdots, E_{nt}, t)$$

其中，K_t 表示资本，T 表示时段，H_{0t} 即卢卡斯所说的简单劳动，用全部工人劳动时间表示；E_{it} 表示具备 i 级教育程度的劳动者所蕴涵的人力、教育资本量：

$$E_t = \sum_{i=1}^{n} E_{it} = \sum_{i=1}^{n} H_{it} l_i = H_{0t} \sum_{i=1}^{n} l_i (H_{it}/H_{0t}) = H_{0t} l_t$$

其中，H_{it} 表示具备 i 级学历的劳动数量，l_i 表示达到这一级教育程度劳动力的人均人力资本量，l_t 表示全部工人的平均人力资本存量。

对 $Q_t = F(K_t, H_{0t}, E_{1t}, E_{2t}, \cdots, E_{it}, \cdots, E_{nt}, t)$ 求微分并除以 Q_t，得到产出增长率的分解式：

$$\dot{Q}/Q = \frac{\dot{A}}{A} + a_t \frac{\dot{K}}{K} + \left(\frac{F_{H_0} H_t}{Q_t}\right) \frac{\dot{H}}{H} + \sum_{i=1}^{n} f_{it} \left(\frac{\dot{E}_i}{E_i}\right)$$

$$= \frac{\dot{A}}{A} + a_t \frac{\dot{K}}{K} + b_{ut} \frac{\dot{H}}{H} + \sum_{i=1}^{n} f_{it} \left(\frac{\dot{E}_i}{E_i}\right)$$

其中，$\frac{\dot{A}}{A}$ 表示全要素生产率对 GDP 增长的贡献率，$a_t \frac{\dot{K}}{K}$ 表示累计资本贡献率，$b_{ut} \frac{\dot{H}}{H}$ 是无技术劳动的贡献率，$\sum_{i=1}^{n} f_{it} (\frac{\dot{E}_i}{E_i})$ 是各类教育资本对增长率的贡献份额。

经线性变换，得到当人力资本是同质时，有：

$$\dot{Q}/Q = \frac{\dot{A}}{A} + a_t \frac{\dot{K}}{K} + \gamma_t \frac{\dot{H}}{H} + f_t \frac{\dot{l}}{l}$$

基于上述分解式，陈秀山分别构建了包含同质型人力资本的生产函数估算模型：

$$\ln \frac{\dot{y}}{y} = \ln A + a \ln \frac{\dot{k}}{k} + f \ln (\frac{\dot{l}}{l}) + \sum_{i=1}^{29} \theta_i region_i + \xi$$

包含异质型人力资本的生产函数估算模型：

$$\ln \frac{\dot{y}}{y} = \ln A + a \ln \frac{\dot{k}}{k} + f_{mid} \ln (\frac{\dot{l}_{mid}}{l_{mid}}) + f_{high} \ln (\frac{\dot{l}_{high}}{l_{high}})$$

$$+ f_{col} \ln (\frac{\dot{l}_{col}}{l_{col}}) + \sum_{i=1}^{29} \theta_i region_i + \xi$$

其中 y 为从业人员人均 GDP，k 为从业人员人均资本投入，l 为从业人员人均受教育年限，即人力资本结构水平；*region* 为哑变量，反映区域之间差异；l_{mid} 为初级人力资本人均受教育年限，l_{high} 为中级人力资本人均受教育年限，l_{col} 为高级人力资本人均受教育年限。使用广义最小二乘法进行估算，得到的结果表明异质型人力资本对经济增长的贡献远比同质型人力资本大。

胡永远、刘智勇(2004)将人力资本分为一般型、技能型和创新型人力资本，使用 GNP 作为经济增长的指标，用初中教育总年限和小学教育总年限表示一般型人力资本存量、成人高等教育总年限和中等教育总年限表示技能型人力资本存量、普通高等教育总年限表示创新型人力资本存量，运用 C－D 型生产函数模拟估算总人力资本的贡献率，在此基础上，按各类人力资本占总人力资本的比例推算了各类人力资本的贡献率，结果表明：一般型和技能型人力资本对经济增长的贡献有减弱的趋势，初中教育、成人高等教育对经济增长贡献率分别由 1978—1991 年段的 5.31%、0.24% 下降到 1992—1998 年段的 2.96%、0.22%，而创新型人力资本对经济增长的贡献相对增大，由 1978—1991 年段的 0.29% 上升到 1992—1998 年段的 0.37%。

庄奕琦（Yih-Chyi Chuang，1999）使用 1978—1994 年中国台湾工业的数据，对台湾地区的人力资本、简单劳动与经济增长之间的关系做了实证研究。他将人力资本与劳动力分为两个不同的变量加以考察。他对人力资本的表达使用 $H=\sum_{i=1}^{5}\frac{L_i}{L}S_i$ ，其中 S_i 是各种类型工人的受教育年限，L_i 表示得到这种教育的工人人数，L 表示受雇佣的工人总数。他使用加入了人力资本积累的 Solow-Type 生产函数，其中 $A(H_t)=A\cdot e^{\gamma H_t}$ ，经过整理得：

$$\ln Y_{it}=\ln A_i+\alpha\ln K_{it}+\beta\ln(H_{it}L_{it})+\delta H_{it}+\kappa H$$

其中，A 是基于人力资本存量的技术因素，i 是行业类别，H 代表行业总的人力资本存量水平，δ,κ 分别是行业内和行业间的知识溢出效应，并以此方程作为回归模型进行检验。他的实证结果表明，台湾地区的人力资本对经济增长的作用是积极且显著的。在人力资本对经济增长的作用机制的解释中,庄奕琦进一步指出,在台湾地区由内向型经济转向外向型经济的时候,人力资本在经济中的作用不仅是直接参与生产,更重要的是吸收、内化新技术,从而间接地推动经济增长。

这些经验研究的结果证实了理论的预言——异质型程度不同的人力资本对经济增长的作用贡献并不相同,并且,随着异质型程度的增加,对经济增长的贡献率越来越高。

(2)教育人力资本与健康人力资本的贡献差异

T.保罗·舒尔茨(1999)认为,众多研究已经证实了较低的健康和教育水平是导致非洲经济生产率较低和增长较慢的主要原因。并且不同国家间的情况不同,如非洲国家过于强调高中教育,忽略了健康投资。巴尔加瓦等(2001)用成人生存率指标替代健康状况进行研究,认为健康状况提高1%,将会使经济增长率提高0.05%。布卢姆等(2001)研究发现,人均预期寿命增加1年,则会使经济产出增加4%。

刘国恩等(2004)将健康作为人力资本投资形式,并利用CHNS数据,估计了以家庭为基础的个人收入生产函数,发现个人健康是决定中国家庭人均收入的重要因素,相对而言农村人口的健康回报比城市人口的更大,女性的健康经济回报比男性更大。

杨建芳、龚六堂和张庆华(2006)假设,人力资本由教育资本和健康资本按C-D生产函数形式组合而成,并将人力资本加入到索洛模型中,对我国29省、市、自治区的数据进行了检验,在1985—2000年每两年取一个样本,得出物质资本积累的贡献为

58.2%，教育资本积累的贡献为12.1%，健康资本积累的贡献为4.6%，人力资本积累的贡献为16.8%，人力资本存量和技术水平的总贡献为39.9%。

罗凯(2006)使用三次人口普查的资料和其他相关分省数据，应用Pool-OLS和GLS模型方法研究发现，在我国健康人力资本与经济增长之间有明显的正相关，使用涵盖环境污染、儿童死亡率、预期寿命、卷烟销量、生活方式、卫生服务的综合健康指数，预期寿命每延长1岁，GDP增长率相应提高1.6%—2.2%，健康指数对经济增长的弹性约为0.08。

杜本峰(2005)认为健康是社会经济发展的资源与体现，而且是社会发展的目标，健康消费不仅是一种人力资本投资，直接促进收入增长，推动经济发展，而且还可以通过健康消费，扩大人们的需求，间接推动经济的发展，同时还可以减少卫生事业的负担，将重点从治疗逐渐转移到预防保健上，促进经济的发展。

王弟海(2007)利用标准的拉姆齐(Ramsey)模型，考虑健康人力资本的作用，发现消费和营养水平的提高所带来的健康人力资本的提高并不能促进长期的经济增长，尽管这种健康人力资本可以提高个人的生产力水平。和教育资本不同，在没有其他因素促进经济增长的情况下，健康人力资本并不能成为经济增长的原动力，但是健康资本可以扩大其他外生因素导致的经济增长。

王娟(2007)以四川省为例，使用政府医疗卫生支出、居民食品消费支出、居民医疗支出三个健康性人力资本指标进行回归，研究发现健康人力资本对GDP的弹性系数为0.225，政府医疗卫生投入、居民食品支出和医疗支出三者的弹性系数分别为0.041、0.392、0.093,应该改变人力资本投资结构,加大政府投资力度。

张婧、刘伟(2009)引入了灰色系统理论中的灰色关联度方法。他们利用近几年湖南教育投资及健康投资和经济增长总量的数据,分析了湖南人力资本投资结构与经济增长的相关关系。他们的结论表明,教育投资和固定资产投资对经济增长的影响几乎同样重要,健康投资略次于教育投资。

7.4 人力资本结构:影响经济增长贡献的另一人力资本水平

由于不同类型的人力资本,其推动经济增长的机制是不同的,由于不同类型的人力资本推动经济增长的程度也是不同的,无疑,在给定人力资本总量水平条件下,人力资本的结构是影响其经济增长贡献的另一重要水平。

陈浩(2007)用 $H_1=\theta\cdot L$(其中 θ 为人均医疗保健费用支出系数,用以代表健康指标,L 为单纯劳动力数量)表征健康投资形成基础人力资本,用 $H_2=H_1\sum_{i=1}^{5}q_ih_i$(其中 q_i 为各种文化程度劳动力所占比重,h_i 为各级教育折算系数,教育等级 i 从文盲到大专以上为分五级)表征健康投资和教育投资形成知识人力资本,用 $H_3=\gamma\cdot H_2$(其中 γ 为就业人口培训率,用"年技工学校毕业生数/年就业人数”表示）表征健康投资、教育投资和培训投资形成技能人力资本，用 $H_4 = \lambda \cdot H_3$［λ 为净迁移率，用迁入量/（迁入量 + 迁出量）表示］表征健康投资、教育投资、培训投资和迁移投资形成制度人力资本，运用 C－D 生产函数对我国 1992—2003 年省面板数据进行了实证检验，他指出，人力资本的投入对我国经济增长虽具显著意义，但作用机制并不很强，人力资本存量不足和结构层次低下是直接因素，而人力资本结构因素对沿海与内地发展差距更具深层解释力。

岳希明和任若恩（2008）使用 10 年一次人口普查，以及中间年份的 1%人口抽样调查数据，通过编制劳动质量变化的劳动投入指数①，给出了包括劳动质量改善在内的劳动投入增长②，他指出，劳动质量改善实际等于劳动投入增长速度与从业人数增长

---

① 他们首先使用性别、年龄、教育程度、行业、职业、就业身份等属性对从业人员进行交叉分组，以此来反映劳动力的质量差异，交叉分组的结果是整个从业人员被分为2 590种（37 个行业×2 种性别×7 个年龄组×5 种学历）。使用超越对数函数测量劳动投入：$\ln L = \alpha_0 + \sum_{i=1}^{n} \alpha_i \ln L_i + \frac{1}{2} \sum_{i=1}^{n} \sum_{j=1}^{n} \beta_{ij} \ln L_i * \ln L_j$，其中 L 表示劳动投入，L_i 和 L_j 为 i 组和 j 组从业人数，n 为从业人员组数，$n = 2\ 590$。

② 劳动投入增长率：$g_{t,t-1}^{L} = \ln L_t - \ln L_{t-1} = \sum_{i=1}^{n} w_{i,t} * g_{t,t-1}^{Li}$，其中 t 表示时间，$g_{t,t-1}^{L}$ 表示 $t-1$ 与 t 之间劳动投入的增长速度，$g_{t,t-1}^{Li}$ 表示第 i 组从业人数的增长速度，$w_{i,t} = \frac{1}{2}(s_{i,t} - s_{i,t-1})$；$s_{i,t}$ 为 t 试点上劳动投入对 i 组从业人数的弹性。在劳动边际生产率等于工资的假定条件下，$s_{i,t}$ 等于 I 组从业人员工资总额在劳动报酬总额中的比重。$W_{i,t}$ 是劳动报酬总额中 i 组从业人员比重在 $t-1$ 与 t 之间的平均值。

速度之差①,同时明确了单纯劳动从业人数增长和劳动质量改善在劳动投入增长中的作用。他们对1982—2000年间中国劳动要素投入和经济增长之间关系的研究表明,劳动质量改善对劳动投入的贡献度超过44%,劳动力质量改善的源泉主要来自于整体从业人员中第一产业比重的下降以及从业人员的教育水平的提高。通过考察我国分行业劳动力比重以及相对工资,他们进一步指出,在就业人数不变甚至下降的情况下,劳动投入的质量完全可以通过劳动力从第一产业向第二、第三产业的转移以及就业人员中的中高学历比重的增加等结构性变化得到改善。

巴罗(2001)探讨了人力资本的性别结构对经济增长的影响,巴罗在其论文《人力资本与增长》(*Human Capital and Growth*)中,使用巴罗和李(1997)的数据,分别对教育的数量和质量以及人力资本结构对经济增长的影响做了考察。他使用巴罗和李的数据中25岁以上男性接受初级教育、男性接受中级教育、女性接受初级教育和女性接受中级教育的情况分别与经济增长(GDP增长)做了回归,得出结论:男性获得中级及更高水平的教育对经济增长有显著的积极作用,而男性获得初级教育对经济增长的作用则不显著;与之相反,女性获得中级及更高水平的教育对经济增长没有显著的积极的作用,单独考察女性获得初级教育的水平对经济增长的作用同样是不显著的,但若考虑到生育率的因素,则女性接受

① 劳动投入增长中质量变化定义:$g^{q}_{t,t-1} \equiv g^{L}_{t,t-1} - g^{H}_{t,t-1}$,其中,上标的$H$表示从业人数,$g^{H}_{t,t-1}$表示从业人数在$t-1$到$t$之间的增长率。

初级教育可以显著降低生育率从而间接促进经济增长。他又考察了不同内容的人力资本及其组成结构对经济增长的影响,对 43 个国家学生的可比的科学、数学和综合阅读考试的分数以及教育的可获得性与经济增长之间的关系做了回归,[①]得出结论:科学考试的平均成绩对经济增长有显著的积极的影响;数学考试的平均成绩虽然对经济增长也有着显著的积极的影响,但影响的显著性不如科学考试成绩;综合阅读的平均成绩对经济增长的影响则是不显著的,其系数甚至是负的;男性对中级及以上教育水平的可获得性与经济增长之间的关系同样是积极且显著的,但其系数远低于科学学科考试平均分数的系数。通过巴罗的研究可以看出,由于社会的性别歧视、对不同技能人力资本的需求差异,人力资本的性别结构、内容结构对经济增长均有显著影响。

此外,A. 卡斯特洛和 R. 多梅内克(A. Castello and R. Domenech,2002)研究了人力资本配置的空间结构对经济增长的影响,他们使用巴罗和李(2001)的平均受教育年限和教育获得水平的数据,构建了表达人力资本分布平等性的指标——人力资本基尼系数 G^h:

---

① 巴罗使用这些数据做了 8 次回归,其中因变量为经济增长,引入的自变量分别为以科学考试和男性获得中级及高级教育水平;数学考试成绩和男性获得中级及高级教育水平;阅读考试成绩和男性获得中级及高级教育水平;科学和数学考试成绩和男性获得中级及高级教育水平;科学和阅读考试成绩和男性获得中级及高级教育水平;数学和阅读考试成绩和男性获得中级及高级教育水平;科学、数学和阅读考试成绩以及男性获得中级及高级教育水平;考试总成绩与男性获得中级及高级教育水平,模型为线性。

$$G^h = n_0 + \frac{n_1 x_2(n_2 + n_3) + n_3 x_3(n_1 + n_2)}{n_1 x_1 + n_2(x_1 + x_2) + n_3(x_1 + x_2 + x_3)}$$

其中，n_i 为 i 级教育水平的人口占总人口的比重，x_i 为 i 级教育水平的累计平均受教育年限，其中 $i=0$ 代表没受过教育，$i=1$ 代表受过初级教育，$i=2$ 代表受过中级教育，$i=3$ 代表受过更高等级的教育。他们的研究结果表明，人力资本结构分布不平等的国家或区域，往往经济增长率比较低下，人力资本结构的改善是一些国家经济增长的重要原因。李亚玲和汪戎(2006)参照 A. 卡斯特洛和 R. 多梅内克(2002)测算人力资本基尼系数的方法对我国 29 个省、市、自治区 1993—2004 年的人力资本基尼系数进行了测算，再换算为东中西部地区的数据，他们利用各年的截面数据进行了检验，得出结论，我国各区域人力资本基尼系数很高，对经济增长有负的作用，虽然近年来各省内的基尼系数均有降低的趋势，但是东中西部地区的差距仍较为稳定地存在着。

7.5 最优人力资本结构：人力资本投资积累中不可忽视的问题

关于最优人力资本结构的研究多从人力资本的投资结构入手，郭继强(2005)关于资源配置能力和资源转换能力之间的最优结构问题研究和余长林(2006)关于教育人力资本和健康人力资本之间的最优结构问题研究是比较有代表性的成果。

1.教育投资与健康投资的最优结构问题

余长林(2006)使用扩展的M-R-W模型,将对人力资本的健康投资和教育投资引入C-D生产函数中,使用动态方程在理论上证明了人力资本投资结构对经济增长有着重要影响,进而,他采用随机效应模型对我国29个省、市、自治区1978—2004年的数据进行了实证分析,他的实证研究结果与杨建芳(2006)的结果相差不大。从结果来看,健康投资和教育投资对经济增长的影响几乎相等,他进而指出人力资本投资于教育和健康的数量和结构均对经济增长产生重要的影响。

首先,他假设整个经济体系的教育投资与健康投资和人力资本增量的函数关系:

$$M = \mu I_E^{\lambda} I_H^{1-\lambda}$$

其中,I_E 表示由于教育投资所形成的人力资本投资,I_H 表示由于健康投资所形成的人力资本投资,用 M 表示不同人力资本投资组合所形成的人力资本数量,μ 表示人力资本投资结构转化为人力资本增量的外生的参数,λ 表示人力资本增量关于教育投资的弹性。作者假定整个经济体系中存在两个部门,一个是最终产品生产部门,另一个是R&D部门,最终产品生产部门的生产技术函数:

$$Y = K^{\alpha}\left[(1-a_H)H\right]^{\beta}(AL)^{1-\alpha-\beta}$$

其中 Y 为产出,K 为物质资本,H 为总的人力资本,A 为技术水平,L 为劳动,a_H 为投入R&D部门的人力资本的比例,外生给定。进而假设人力资本积累方程为:

$$\dot{H} = M - \delta H = \mu I_E^{\lambda} I_H^{1-\lambda} - \delta H$$

其中,$\dot{H}$ 表示 H 对时间的导数,δ 为人力资本的折旧率,M 为人力资本投资结构所形成的人力资本增量。这样,有:$I_E + I_H = s_H Y$,这里 s_H 为人力资本的投资率,Y 为整个经济体系的总产量。

作者以 $\phi = \frac{I_E}{I_E + I_H}$ 表示人力资本投资结构,人均人力资本 $\bar{y} = \frac{Y}{L}$,这样,将人力资本的积累方程转化为:

$$\dot{H} = \mu\phi^{\lambda}(1-\phi)^{1-\lambda} s_H Y - \delta H$$

在相同折旧率的假设下,物质资本的积累方程和技术的积累方程分别为:

$$\dot{K} = s_K Y - \delta K \text{ 和 } \dot{A} = B(a_H H)^{\gamma} A^{\theta}$$

其中,B、γ、θ 为外生给定的参数,当经济达到稳定均衡状态时有:

$$h^* = \left\{\frac{[\mu\phi^{\lambda}(1-\phi)^{1-\lambda}]^{1-\alpha} s_H{}^{1-\alpha}(1-a_H)^{\beta} s_K^{\alpha}}{\delta(1-\theta-\gamma)+(1-\theta)n}\right\}^{\frac{1}{1-\alpha-\beta}}$$

$$k^* = \left\{\frac{[\mu\phi^{\lambda}(1-\phi)^{1-\lambda}]^{\beta}(1-a_H)^{\beta} s_K^{1-\beta} s_K^{\beta}}{\delta(1-\theta-\gamma)+(1-\theta)n}\right\}^{\frac{1}{1-\alpha-\beta}}$$

$$y^* = \left\{\frac{[\mu\phi^{\lambda}(1-\phi)^{1-\lambda}]^{\beta}(1-a_H)^{\beta} s_K^{\alpha} s_H{}^{\beta}}{[\delta(1-\theta-\gamma)+(1-\theta)n]^{\alpha+\beta}}\right\}^{\frac{1}{1-\alpha-\beta}}$$

$$\bar{y}^* = \eta[\phi^{\lambda}(1-\phi)^{1-\lambda} s_H]^{\frac{\beta}{1-\alpha-\beta}}$$

其中 $\eta = A\left[\frac{\mu(1-a_H)}{[\delta(1-\theta-\gamma)+(1-\theta)n]}\right]^{\frac{\beta}{1-\alpha-\beta}}\left[\frac{s_K}{\delta(1-\theta-\gamma)+(1-\theta)n}\right]^{\frac{\alpha}{1-\alpha-\beta}}$。据此,作者在理论上证明了人力资本投资结构 ϕ 对经济增长产生重要的影响,并且,人力资本投资结构中用于教育投资的比例等于人力资本增量关于教育投资的弹性时,能够对经济增长产生最大

的推动力。进一步地,他选取我国1978—2004年的省际数据对我国的经济增长进行了经验研究,得到的结论证实了他们在理论上的推理,人力资本积累和人力资本存量对经济增长的作用都是十分显著的,并且,健康投资和教育投资两者对于经济增长的推动作用几乎是相当的,据此,作者提出,人力资本的数量和结构对经济增长都有着非常重要的作用。

另外,还有学者从投资的角度考察了人力资本健康投资和教育投资结构对于经济增长的影响,其中较具有代表性的是陈立峰(2009)的研究,他在陈浩(2007)研究的基础上,主要集中研究了健康投资和教育投资对经济增长的影响。他使用M-R-W模型证明了三点:1.总体投入中投资于人力资本的比例对经济增长率没有效应;2.人力资本投资结构不单对经济增长存在作用;3.存在一个最优的投资结构使得人均产出达到最大。同时他利用1978—2005年的统计数据进行了实证分析,得出结论认为,当人力资本投资于教育、健康的比例等于教育投资对于人力资本增量的形成速度时,经济中的人均产出达到最大。

2.人力资本配置投资与转换投资的最优结构问题

对于人力资本的最佳结构,郭继强(2005)构建出了人力资本配置投资和转换投资的最佳比例;进而,他将具有最佳比例的人力资本投资带入到M-R-W模型的生产函数中,证明了具有最佳比例的人力资本投资能够在给定的人力资本投资总量下形成最大产出,从而促进经济的增长。

以 I_A 和 I_T 分别表示用于配置投入和转换投入的人力资本投

资,以 B 代表不同人力资本投资组合所增加的人力资本数值,假设一个经济体的人力资本投资结构与人力资本增长之间的函数关系为:

$$B = \mu f(I_A, I_T)$$

μ 代表人力资本投资转化为人力资本存量的外生参数。基于人力资本增量函数的严格拟凹假设,将上式转化为一个C-D形式的人力资本投资与人力资本增量之间的函数关系:

$$B = \mu f(I_A, I_T) = \mu I_A^{\lambda} I_T^{1-\lambda}$$

在预算约束 $I_A + I_T = s_H Y$ 下($s_H Y$ 是人力资本的投资率,假定为外生),求解得当 $I_A/(I_A + I_T) = \lambda$ 时,人力资本投资能够获得最大的人力资本增量。

进一步地,作者考察最佳比例的人力资本投资对于经济增长的影响,将 $I_A/(I_A + I_T) = \lambda$ 带入到 $B = \mu f(I_A, I_T) = \mu I_A^{\lambda} I_T^{1-\lambda}$ 中,得到:

$$B = \mu I_A^{\lambda} I_T^{1-\lambda} = \mu \lambda^{\lambda} (1-\lambda)^{1-\lambda} s_H Y$$

并将最大人力资本增量下人力资本的积累方程 $\dot{H} = \mu I_A^{\lambda} I_T^{1-\lambda} - \delta_H H$ 与M-R-W模型中生产函数 $Y = K^{\alpha} H^{\beta} (AL)^{1-\alpha-\beta}$ 相结合,可以证明经济稳定增长时人均产出水平为:

$$y^* = \eta \cdot [\phi^{\lambda} (1-\phi)^{1-\lambda} s_H]^{\frac{\beta}{1-\alpha-\beta}}$$

其中:$\dot{H}$,δ_H 分别为 H 对时间的导数和人力资本的折旧率,$\eta \equiv A \cdot \left(\frac{\mu}{n+g+\delta_H}\right)^{\frac{\beta}{1-\alpha-\beta}} \cdot \left(\frac{s_K}{n+g+\delta_K}\right)^{\frac{\alpha}{1-\alpha-\beta}}$,$\phi \equiv I_A/(I_A + I_T)$。

y^* 表明,经济稳定增长条件下,给定人力资本投资总额,人均产出水平受人力资本投资结构 ϕ 的影响。配置投入与转换投入的最佳比例等于人力资本增量相对于配置投入的产出弹性,此时在给定人力资本投资总量下形成最大的人力资本增量,最大人力资本增量推动最高的均衡经济增长。

关于人力资本对经济发展的贡献,在理论层面上是无争议的,但在经验结果上却是非一致的,无论是人力资本的经济作用贡献,还是人力资本发挥作用的机制和路径上,都存在差异悬殊的结论。这种非一致开始引起了学界对人力资本结构问题的关注,相关研究成果正逐步积累。

梳理这些基于结构视角的关于人力资本与经济发展关系的研究,我们发现,相比于人力资本的数量研究,人力资本的结构问题研究还是大大滞后的,并且,大部分关于人力资本结构问题的研究,往往就人力资本结构观察讨论人力资本结构,与物质资本、信息存量、技术水平等人力资本运行的外部要素条件相脱离。

我们认为,经济运行中的人力资本要素,不仅是一个总量问题,更是一个结构问题,不仅是人力资本内部的结构问题,同时也是人力资本与物质资本等外部要素的匹配问题。在给定要素总量的条件下,一个经济主体拥有的人力资本与物质资本等外部要素的匹配关系越优,人力资本与物质资本内部的结构越优,则经济增长越快,经济效率越佳。

人力资本结构相关问题将是我们今后研究的一个重要方向。

附录 1

物质资本存量水平估算综述

物质资本水平的估算在方法论上目前已相对成熟，许多经济发达国家的统计部门已对物质资本数据开展制度性的估算并定期公布数据，日本还运用大规模资产普查的方法直接测算物质资本存量数据。在我国，除了固定资产投资方面的信息外，官方尚未发布关于物质资本水平方面的数据。学术界对物质资本水平的统计估算主要是从经济增长、生产能力、*TFP* 测算的需要出发来讨论的，估算的内容基本集中在物质资本存量水平上。

一、物质资本水平估算的基本现状

对于物质资本存量水平的估算，学术界提出了以下一些相接近的方法：

例如，$K_t = K_{t-1} + A_t$，其中 K_t、K_{t-1} 分别为 t 年和 $t-1$ 年的资本存量，A_t 为 t 年的可比价格的积累(或可比价格净投资)。或在考虑投资与生产能力形成的时滞因素的条件下，采用 $K_t = K_{t-1} + \sum_{i=0}^{n} \alpha_i A_{t-i}$，其中 n 为从投资到全部转化为生产能力的最长滞后年份，α_i 为滞后 i 期的转化率。

又如 $K_t = K_{t-1} + F_t - D_t$，其中 F_t, D_t 分别为 t 年按可比价的资本形成和折旧。

再如 $K_t = K_{t-1}(1-\delta_t) + I_t$，其中 δ_t, I_t 分别为折旧率和当年投资(可比价)。或 $K_t = K_{t-1}(1-\delta_t-g_t) + I_t$，其中 g_t 为经济增长率，主要是在进行分区域资本存量估算时，考虑到不同区域经济增长率不同，相应地折旧率也不同。

这些方法本身在基本假设和原理上大同小异，学术界并无太多争议。依据上述这些方法来估算资本存量时，必须处理的一些关键问题是:资本初始存量的确定、报告期新增资本量的确定、价格调整、折旧处理。而在这四个方面，学者们给出的具体处理方式则存在较大差异。

1.关于物质资本存量统计中的初始存量

在中国物质资本存量的研究中，众多学者就不同基年、不同对象的初始存量做了相应估算，较有代表性的见表 1。

显然，这些结果间的差异是显著的。同样按 1952 价格估算的 1952 年的资本存量，最高张军扩(1991)的估计为2 000亿元，郭克莎(1993)的估计为1 700亿元，王小鲁和樊纲(2000)的估计为1 600亿元，邹(1993)的估算为1 030亿元，张军和章元(2003)、杨(2000)以及张军等(2004)的结果为 800 亿元左右，高低达1 200亿元、2.5 倍之差。

表1 物质资本初始存量估算的若干代表性成果

	基年	测算结果
黄勇峰、任若恩、刘晓生(2002)	1978	按1978价，制造业建筑存量为4 714.05亿元，设备存量为1 107.61亿元
张军扩(1991)	1952	按1952价，2 000亿元
魏立萍(2005)	1952	按1990价，3 793.4亿元
郭克莎(1993)	1952	按1952价，1 700亿元
何枫、陈荣、何林(2003)	1952	按1990价，5 428.26亿元(固定资本存量4 055.75亿元)
王金营(2001)	1952	按1978价，2 309.7亿元
毛军(2005)	1952	按1990价，4 066.74亿元(固定资本存量2 682.38亿元)
郭庆旺、贾俊雪(2004)	1978	按1978年价，3 837亿元
张军、章元(2003)	1952	按1952价，800亿元(不包括土地)
张军、吴桂英、张吉鹏(2004)	1952	按1952价，807亿元
杨(2000)	1952	按1952价，815亿元
张帆(2000)	1953	按1995价，6 222.7亿元
蔡昉(2000)	1977	各省资本存量为0
胡鞍钢(1999)	1978	按1978价，5 500亿元
孙琳琳、任若恩(2005)	1980	按1980价，建筑资本存量为5 132亿元，设备资本存量为1 827亿元
贺菊煌(1992)	1952	按1990年价格，生产性资本946亿元，非生产性资本1 702亿元
沈坤荣(2000)、叶飞文(2004)	1952	按1990价，资本总存量2 501亿元

（续表）

邹(1993,2000)	1952	按 1952 价,1 030 亿元(不包括土地,若包括土地,则为 1 750 亿元)
李治国、唐国兴(2003)	1978	按 1978 价,14 112 亿元
王小鲁、樊纲(2000)	1952	按 1952 价,1 600 亿元
唐志宏(1999)①	1953	按 1980 价,1 800 亿元
王友广(2005)	1990	按 1992 价,东部 25 701 亿元,中部 22 665亿元,西部 18 551 亿元
岳书敬、刘朝明(2006)	1996	按 1990 价,71 906 亿元

总结这些成果,我们可以从基本假设、统计方法上的差异,将它们归为三大类:

第一类是依据永续盘存法的思想和程序进行的估算。

黄勇峰、任若恩、刘晓生(2002)对中国制造业的资本存量进行了分行业估算,全部制造业被分为十五个行业,实际估算区间为 1978—1995 年。作者假设建筑物寿命 40 年、设备寿命 16 年,依据永续盘存法的基本估算程序,这就需要从 1938 年开始的以不变价表示的建筑投资序列和从 1962 年开始的设备投资序列。其中“1953 年以前的投资数据不可能从任何统计资料中获得”,为此作

① 作者没有给出具体年份及具体数据,根据张军、章元(2003)的介绍:唐志宏(1999)不断优化生产函数在 20 世纪 50 年代区间的拟合度,采用逐步逼近的方法测算出中国 1953 年的资本存量为1 800亿元(1980 年不变价,其中是否包括土地没有交代)。

者进一步假设:1949年前工业投资所形成的固定资产被全部收归国有,成为全民所有制企业的资本,投资占GDP的比例取0.051,工业投资中建筑投资的比例取0.32,1949年前投资形成资本存量的战争损失取25.7%,从而获得直至1952年的投资序列。1953年开始,则主要从固定资产投资资料中直接获得所需的投资序列。这样,依据"资本存量是资本品寿命期内历年投资序列的加权和"这一永续盘存法的核心思想,最终给出中国制造业建筑存量为4 714.05亿元,设备存量为1 107.61亿元(1978价)。孙琳琳、任若恩(2005)采取了与黄勇峰、任若恩、刘晓生(2002)同样的寿命期假设和估算方法。

在目前众多的资本存量估算中,只有黄勇峰等(2002)的上述估算被认为是使用永续盘存法推导出来的基期资本存量,并且其估算也被认为是更为准确的(孙琳琳等,2005)。

第二类是直接依据对经济变量间的比例关系的某种设定来估算。

张军扩(1991)的估算是借鉴美国学者珀金斯的假设:1953年的资本总存量为当年国民收入的三倍,在1953年资本总存量的基础上再估算1952年资本总存量而得。何枫等(2003)则是"沿用张军扩(1991)的观点,……得到1953年我国年均资本存量总量为5 611.29亿元(1990年)",再"在资本存量增加是均匀分布这一假设以及得到1953年的资本形成总额的前提下","计算出1952年年末的资本存量为5 428.26亿元(1990年价格)。计算公式为:1952年年末资本存量＝1953年年均资本存量－1953年资本形成

总额 /2”。魏立萍(2005)直接采用张军扩(1991)的估算,只是将结果调整到 1990 年价格水平。郭克莎(1993)同样基于张军扩(1991)的结果,但依据其他相关资料认为原估算结果大约偏高了 500 亿元。考虑到这种偏差是由于不同估算方法所形成的,因而“来个折中,可从 1952 年的资本总量中扣去 300 亿元”,从而得出 1952 年的资本总量应为1 700亿元。王金营(2001)、毛军(2005)也都是基于同样的假设估算的。

类似地,贺菊煌(1992)对非生产性资本水平的估算,首先按“住宅价值 = 人口数 × 人均住房面积 × 新建住宅单位面积造价 × 现有住宅平均新旧程度”估得 1990 年住宅价值为17 053.5亿元,在此基础上,“假定 1990 年住宅价值占非生产性资产价值的 70%”,估算出 1990 年非生产性价值为24 362亿元(按 1990 年价格),再按历年的非生产性积累倒推到 1952 年的非生产性资本为1 702亿元。郭庆旺等(2004)“通过查阅《中国固定资产投资统计年鉴》(1950—1995),得到 1978 年年底的全民所有制工业企业固定资产净值为2 225.7亿元,又由当年的全民所有制工业企业产值占整个 GDP 的 58%,大致可以推算出 1978 年的全国固定资产净值为3 837亿元”。这一估算本质上就是假设 1978 年“全民所有制工业固定资产净值/全国固定资产净值 = 全民所有制工业企业产值/全国 GDP”。

邹(1993)对农业资本存量估算中,假定 1952 年农业产出 340 亿元中,土地、资本分别贡献 40% 和 25%,两者的年贡献率均为 19%,从而得到农业 1952 年的初始资本存量为 450 亿元。

张军、章元(2003)基于《上海市统计年鉴 2001》提供的 1952 年末上海市经营性固定资产原价 33.65 亿元，20 世纪 50 年代初上海市 GDP 占全国 GDP 的比例为 6%左右，固定资产投资占全国固定资产投资的 3%—4%等基础数据，“假设上海市拥有的资本存量占全国资本存量的比例与上海市的投资占全国总投资的比例和上海市的 GDP 占全国总 GDP 的比例基本相当”，推测 1952 年全国的资本存量为上海市资本存量的 20—30 倍，取中间数 25 倍，从而估算全国的资本存量在 673 亿元左右。在此基础上，根据《中国工业经济统计年鉴 2001》所提供的 1952 年全国国有工业企业固定资产原价、净价以及全国工业企业固定资产原价等数据，在“工业企业 K 占全国 K 的比例与其 GDP 占全国 GDP 的比例相等”[①]的假设下，基本判断上述估算可能存在遗漏和误差。进一步地，根据邹(1993)和唐(Tang，1981)对农业资本存量的估算以及很可能存在的高估现象，最后确定 1952 年全国资本存量为 800 亿元。赵志耘和吕冰洋(2005)、陈志国(2005)均直接引用张军、章元(2003)的数据序列。

张军、吴桂英、张吉鹏(2004)考察了霍尔和琼斯(Hall and Jones，1999)估算各国 1960 年资本存量的方法，用 1960 年的投资比 1960 年至 1970 年各国投资增长的几何平均数加上折旧率后的比值。而杨(2000)用类似方法估算的 1952 年中国固定资产存量 815 亿元(1952 价)与张军和章元(2003)利用上海市数据和工业企

① 原文中 K 即为中国的资本存量。

业数据推算的全国资本存量 800 亿元(1952 价)较为接近,同时考虑到研究需要估算各个省区市的初始资本存量,无法从现有研究中获得一个相对统一的估算值以及将这一值分配到各个省的合理方法,故而采用杨(2000)的方法,用 1952 年的固定资本形成除以 10%估算 1952 年的初始资本存量为 807 亿元。郝睿(2006)、胡永远和刘永呈(2006)也采用了同样的方法。

胡鞍钢(1999)假设"非国有部门资本产出比相当于国有部门 70%",从而依据 1978 年国有部门固定资产净值得到全社会固定资本存量。而蔡昉、王德文、张车伟、谢建华(2000)[①]的研究中,采用资本形成额和固定资产折旧额构造分省的物质资本存量,其中对于初始存量的处理是:假定经过十年"文革"浩劫以后,1977 年的分省物质资本存量为零。

第三类是根据对资本存量的时间变动特征的假设,通过数学换算的方法估算。

贺菊煌(1992)对生产性资本的估算,是建立在"生产性资本在 1964—1971 年间的平均增长率,等同于在 1971—1978 年间的平均增长率"假设基础上的。用 K_t 表示第 t 年的生产性资本,A_t 表示第 t 年的生产性积累,则有:

$$K_t = K_0 + \sum_{i=1}^{t} A_t$$

依据已经给出的假设 $K_{71}/K_{64} = K_{78}/K_{71}$ 可导出:

① 参见王小鲁、樊纲:《中国经济增长的可持续性——世纪的回顾与展望》,经济科学出版社 2000 年版。

$$K_{64} = (\sum_{i=65}^{71} A_t)^2 / (\sum_{i=65}^{78} A_t - 2\sum_{i=65}^{71} A_t)$$

根据上式和已经按 1990 年可比价调整的历年积累数据,估算出 1964 年的生产性资本存量为4 861.7亿元,从而再根据历年的生产性积累倒推到 1952 年的生产性资本为 946 亿元。沈坤荣(2000)、叶飞文(2004)均直接引用了贺菊煌(1991)的估算结果。

王友广、陈清华、方福康(2005)借鉴樊瑛等(1998)的方法,设定资本存量的演化方程为 $\Delta K = I - \delta K$,令资本—产出比 $K_i/Y_i = \beta_i$,利用冯·诺伊曼(Von Neumann,1945)和索洛(1956)的结论,在 i 足够大时 $K_i/Y_i = \beta_i = const$,从而得到 $\beta_i = \dfrac{I_i}{Y_i - (1-\delta_{i-1})Y_{i-1}}$ 。进一步假设资本—产出比在短期内相对稳定,即 $\beta_n \approx \beta_{n-1}$,相应地有 $\beta_n = \dfrac{I_n}{Y_n - (1-\delta_{n-1})Y_{n-1}}$,通过统计年鉴所支持的数据,求得历年的 β_n ,从中选择相对稳定的一段中的某一年作为基年 n^* ,求出该基年的资本存量 $K_{n^*} = \beta_{n^*} Y_{n^*}$ 。王友广、陈清华、方福康(2005)按此方法估算的结果是:按 1992 价,资本存量东部为25 701亿元,中部为22 665亿元,西部为18 551亿元。

岳书敬、刘朝阳(2006)采用邹(1995)的算法,假设第一期(即:计算期 $t = 0$)的资本存量是过去投资的加总,则投资时间序列可近似表示为:

$$I(t) = I^0 e^{\lambda t}$$

两边取对数有:

$$\ln I(t) = \ln I^0 + \lambda t, t = 1, 2, \cdots, T$$

利用投资数据对上式进行回归模拟，得到 I^0 和 λ，从而，第一期的资本存量为：

$$K(0) = \int_{-\infty}^{0} I(t)\,dt = \frac{I^0 e^{\lambda}}{\lambda}$$

作者依据这一方法得出中国 1996 年的固定资本存量为71 906亿元(1990 价)。

唐志宏(1999)采用的是试错法：根据统计年鉴获得每年的全社会固定资产投资 I_t，1995、1996、1997 年全社会折旧量，1978 年国有固定资产存量；采用不同的 K_0，δ，以得到与 1995、1996、1997 年全社会折旧量相一致的资本存量；取最为一致的 K_0，δ，以此确定初始年份的资本存量 K_0。

除了上述三大类，有关资本存量估算所涉及的初始年份资本存量问题，也有些研究没有给出具体的估算法则。例如，邹(1993)对中国资本数据的估算可以说是先驱性的，许多后续研究都直接或间接地引用其数据，如李治国和唐国兴(2003)、王等人(2001)。但邹的估算是将全部资本为三部分进行估算的，除农业资本的初始存量估算给出明确的假设和方法外，其他部分资本存量估算并未说明估算的具体方法。王小鲁、樊纲(2000)也一样，作者解释“初始年份(1952 年)资本存量据反复推算设为1 600亿元(1952 年价格)”，但没有提及推算的具体方法。谢千里(1995)“用与以前类似的办法”来计算固定资产，但作者并未提及初始年份的资产水平如何确定。张帆(2000)“使用将每年净投资累计加总的方法”估算资本存量，但全文未提到这一估算中的初始存量是如何确定的。

2.关于报告期新增资本量的确定

综观一些代表性的成果,报告期新增资本量确定的依据主要有三类,如表2所示:

表2 物质资本估算中关于报告期新增资本量的确定方法

序号	依据	代表性成果
1	从资本积累数据出发确定报告期新增资本量	张军扩(1991);贺菊煌(1992);邹(1993,2000);沈坤荣(2000);张军和章元(2003);等等
2	从资本形成数据出发确定报告期新增资本量	王金营(2001);何枫、陈荣、何林(2003);张军、吴桂英、张吉鹏(2004);毛军(2005);魏立萍(2005);等等
3	从资本投资数据出发确定报告期新增资本量	谢千里(1995);王小鲁、樊纲(2000);黄勇峰、任若恩、刘晓生(2002);李治国、唐国兴(2003);郭庆旺、贾俊雪(2004,2005);孙琳琳、任若恩(2005);王友广、陈清华、方福康(2005);岳书敬、刘朝明(2006);等等

(1)从资本积累数据出发确定报告期新增资本量水平,主要出现在早期的研究中。

张军扩(1991)用积累额代替各年的净投资,理由是:从整个国民经济的角度看,与净投资比较接近且较易获得的数据为积累额。我国的积累额概念相当于国外的大储蓄概念,它是国民收入扣除消费后的余量,如果这个余量全部用于投资,则净投资额与积累额就是相等的。如果这个余量没有全部用于投资,就会出现一个差额，这时就会发生社会总产品的过多现象。不论是改革以前，还是改革以来，我国经济的常态形式都是投资过大，供给不足，因此，从社会总产品的最终使用的角度讲，净投资额等于积累额应视为经济的常态形式。但是，考虑到从投资转化为生产能力需要时滞，作者进一步估算出系数，并将当年的新增资本数量确认为：$\Delta K_t = 0.07I_{t-5} + 0.09I_{t-4} + 0.12I_{t-3} + 0.20I_{t-2} + 0.26I_{t-1} + 0.26I_t$，即采用了公式 $K_t = K_{t-1} + \sum_{i=0}^{n} \alpha_i A_{t-i}$。贺菊煌(1992)没有考虑时滞问题，直接按照 $K_t = K_{t-1} + A_t$ 处理，沈坤荣(2000)引用了贺菊煌(1992)测算的1990年及以前年份的数据[①]，认为“在众多研究中，中国学者贺菊煌的成果富有代表性”。由于研究的时间较早，张军扩(1991)和贺菊煌(1992)两位学者的研究中所需要的积累数据，都得到了当时国民经济核算体系(MPS)的支持。邹(1993)的研究也同样采用积累表示当年资本存量的增加，即便在其2000年的研究中，虽然由于1993年国民经济核算体系的调整导致基础数据的困难，但其依据国民收入核算原理，“从1978年价的官方实际GDP数据中减去实际消费和实际净出口，得到实际总投资”，并将实际总投资乘以当年净投资与总投资之比，得到实际净投资。

张军、章元(2003)的研究较为近期，但同样采用 $K_t = K_{t-1} + A_t$ 思路。他们认为：根据统计年鉴的解释，“积累额”是“用于扩大

① 作者原文：“在众多研究中，中国学者贺菊煌的成果富有代表性，本文引用他的测算结果，而1991—1994年的数据，根据《中国统计年鉴》的有关资料推算”。但作者未解释推算1991—1994年的数据所涉及的具体问题的处理方法。

再生产和非生产性建设以及增加社会储备的物质产品价值，即国民收入使用中除去用于当年消费之后的余额。其物质形态为一定时期内物质生产部门新增加的固定资产（扣除固定资产磨损）和流动资产。积累按照用途分为生产性积累和非生产性积累”，其中“生产性积累”是“由社会产品中的生产资料组成，包括物质生产部门新增加的生产用固定资产（扣除固定资产磨损）以及各生产企业的原材料、燃料、半成品和属于生产资料的产成品库存、商品库存、物资储备库存等流动资产的增加额”，因此，用生产性积累这个指标作为当年资本存量的增加比较合适。为此，作者仍然用当年积累数据作为该年的新增资本。但由于国民经济核算体系的调整（从 MPS 到 SNA），其中 1992 年及以前的积累数据直接取自统计年鉴，而 1993 年起的数据则是在“生产性积累的增速与全社会固定资产投资的增速基本保持一致”的假设下，从全社会固定资产投资数据拟合形成。更近期的研究是赵志耘、吕冰洋（2005），他们直接引用了张军、章元（2003）的直至 2002 年的估算结果，再用同样的方法测算出 2003 年的数据。

（2）从资本形成数据出发来确定报告期新增资本量，主要出现在近期的研究成果中。

王金营（2001）用固定资本形成额和存货增加来反映报告期生产能力的补充和增加量，数据取自《中国国内生产总值核算历史资料：1952—1995》中的固定资本形成额和存货增加指标。何枫、陈荣、何林（2003）直接将历年的资本形成总额视作历年的资本存量增加额，其依据是根据《中国统计年鉴》（2002，第 83 页）给出的定义,数据取自《中国国内生产总值核算历史资料:1952—1995》和历年《中国统计年鉴》。张军、吴桂英、张吉鹏(2004)认为,"固定资本形成净额"是与"固定资产积累"等价的概念,而 1993 年以后统计年鉴上公布的"固定资本形成总额"可以视为未扣除折旧的投资指标,因此作者根据中国国内生产总值核算历史上的两次历史数据重大补充和一次重大调整所提供的基础数据,采用了固定资本形成总额指标作为衡量当年投资 I 的合理指标来使用。毛军(2005)认为:从供给的角度看,投资是具有现实生产能力的资本并影响着产出,采用王小鲁、樊纲(2000)从实际使用角度来核算固定资产投资,应该更准确一些。不足的是,现有的统计资料中都只有 1980 年以后的全社会固定资产投入和新增固定资产等数据。而且从需求的角度看,只要发生固定资产投资,即使未能达到固定资产使用标准的投资,也将通过乘数效应影响当年总产出。同时由于存货在资本形成中占有一定的比例,如果不予考虑则必然会高估固定资产投资的作用,因此选用资本形成作为当年投资指标是合理的。魏立萍(2005)没有解释理由,但将固定资产投资额与固定资本形成额作为两个等价的指标来处理:"以历史成本价计算的固定资产投资额(固定资本形成额)时间序列数据,1952—1995 年来源于国家统计局国民经济核算司:《中国国内生产总值核算历史资料 1952—1995》,1996 年以后的数据来源于中国各年的统计年鉴"。

(3)从资本投资数据出发确定报告期投资,这是被最为广泛采用的方法。

较早期的谢千里(1995)的研究中,作者分三步估算"固定资产”:①由现有统计得到每年新增固定资产,②用构造的固定资产价格指数去平减每年新增固定资产,③将平减过的新增固定资产累加起来。查阅统计部门对“新增固定资产”的解释,是指已经建成投入生产交付使用的工程价值和达到固定资产标准的设备、工具器具的投资及有关应摊入的费用。它是以价值形成表示的固定资产投资成果的综合性指标,可以综合反映不同时期、不同部门、不同地区的固定资产投资成果。因此,谢千里(1995)的“新增固定资产”与王小鲁、樊纲(2000)的经过“固定资产交付使用率”调整的“固定资产投资”数据是一致的。王小鲁、樊纲(2000)在其“附录:数据与模型”中给出的资本存量的详细估算式是“x 年资本存量=上年资本存量+(本年固定资产形成 - 折旧)/固定资产投资价格指数”,明确“本年固定资本形成有两个不同来源:1.来自国家统计局国内生产总值核算中的固定资本形成,2.1980 年以前同上(因为没有全社会固定资产投资数据),1980—1998 年根据以下公式计算:x 年固定资本形成 = 当年全社会固定资产投资×当年固定资产交付使用率。在计算中引入固定资产交付使用率,是因为我国投资中存在相当大的浪费,直接用固定资产投资计算资本形成可能导致资本存量的虚假增加”。李治国、唐国兴(2003)接受王小鲁和樊纲(2000)的做法,用经过价格调整的“名义总投资 - 折旧”表示实际净投资。郭庆旺、贾俊雪(2004)明确 $K_t = I_t/P_t + (1-\delta_t)K_{t-1}$ 中 I 为名义投资,但文中并未明示具体采用了哪一指标数值,从前后文推测应该是全社会固定资产投资总额。孙琳琳、任若恩(2005)将资本品分为建筑和设备两类,全社会建筑和设备投资数据主要来源于《中国固定资产投资统计年鉴》和《中国统计年鉴》；黄勇峰、任若恩、刘晓生(2002)使用了分行业、分资产类型(建筑物与设备)的固定资产投资数据；胡永远和刘永呈(2005，2006)①，王友广、陈清华和方福康(2005)②，孟晓晨、刘洋和戴学珍(2005)③，岳书敬和刘朝明(2006)，都是运用了固定资产投资数据。

从本质上看，依据资本形成来估算当年新增资本流量的思路与依据资本投资序列估算当年新增资本量的思路是一致的，差异在于“资本形成”指标考虑到了资产的实际交付使用和部分资产的处置减少两个因素，而投资则以相应的资本性支出发生为原则。依据资本形成来估算当年新增资本的学者，本质上也是从投资角度考虑的，正如张军、吴桂英、张吉鹏(2004)将固定资本形成总额视作未扣除折旧的投资指标，毛军(2005)选用资本形成作为当年投资指标。

① 胡永远(2005)：“资本存量的数据是由各地区以 1990 年不变价的固定资产投资序列进行估算的。”

② 王友文等(2005)：“中国的相关统计资料中没有 K……其他工作更是直接将固定资产投资(包括基本建设投资、更新改造投资、房地产投资及其他投资)所形成的固定资产存量作为 K。本文将采用后者。”

③ 孟晓晨、刘洋、戴学珍(2005)：“物质资本存量用固定资产存量来代表，由下式计算出来的：全社会固定资产净值 = 国有固定资产净值 + 非国有固定资产净值，各年份的国有固定资产净值从《中国统计年鉴》和各省市区《统计年鉴》中得到，并进行了价格修正，使其具有可比性。而历年非国有固定资产净值因为没有统计，所以利用历年的非国有固定资产投资额，经过价格与折旧率修正之后累加而成。”

3.关于当年新增资本量的价格调整

对当年新增资本量的价格调整处理方法,总体上看是与当年新增资本量的处理方法相匹配的。中国的统计体系从1990年开

表3　物质资本存量估算中关于投资价格的处理方法

依据	方法	代表性成果
积累隐含平减指数	按基年价格计算的第 t 年积累额 =(第 t 年积累指数/基年积累指数)×基年积累额	张军扩(1991);贺菊煌(1992);邹(1993)
资本形成隐含平减指数	按基年价格计算的第 t 年资本形成额 =(第 t 年资本形成指数/基年资本形成指数)×基年资本形成额	王金营(2001);李治国、唐国兴(2003);张军、章元(2003);张军、吴桂英、张吉鹏(2004);郭庆旺、贾俊雪(2004);毛军(2005);魏立萍(2005);杨(2000)
商品零售价格指数	直接用商品零售价格指数代替,或拟合资本平减指数与商品零售指数的关系进行推算	黄勇峰、任若恩、刘晓生(2002);何枫、陈荣、何林(2003);孙琳琳、任若恩(2005)
建筑(材料)价格指数	直接用建筑(材料)价格指数代替建筑投资价格指数	孙琳琳、任若恩(2005);岳书敬、刘朝明(2006);胡和阚(Hu and Khan,1997);宋海岩(2003)
工业价格指数	直接用工业价格指数代替设备价格指数	
建筑安装成本指数 设备购置价格指数	两者的加权平均	谢千里(1995)

始系统地统计公布固定资产投资价格指数，在此之后，用固定资产投资价格指数来调整报告期新增资本量的价格几乎是一致的做法，学者们关于资本存量估算中的价格问题的讨论和争议主要针对固定资产投资价格指数公布以前的那段时间的数据处理。综观学者们的处理方式，差异还是显著的，尤其在替代指标的使用上差异极大，如表3所示。

在张军扩(1991)、贺菊煌(1992)、邹(1993)的研究中，用当年积累额表示当年新增资本量。利用统计体系所提供的按当年价的当年积累额和按可比价的积累指数，可简便地推算出积累的价格指数，或直接将按当年价的当年积累额换算成按可比价的积累额，换算公式为：

$$\text{按基年价格计算的第}\,t\,\text{年积累额}=\frac{\text{第}\,t\,\text{年定基积累指数}}{\text{基年定基积累指数}}\times\text{基年积累额}$$

张军、吴桂英、张吉鹏(2004)用固定资本形成总额衡量当年新增资本量，同时利用《中国国内生产总值核算历史资料：1952—1995》提供的固定资本形成总额及其指数估算1995年及以前年份的投资平减指数，其提供的以1985年为例的计算式是：

$$\text{1985年的固定资本形成总额指数}(1952=1)$$
$$=\frac{\text{1985年的固定资本形成总额(当年价)/1985年的投资隐含平减指数}(1952=1)}{\text{1952年的固定资本形成总额(当年价)}}$$

$$\text{1985年的固定资本形成总额指数(上年}=1)$$
$$=\frac{\text{1985年的固定资本形成总额(当年价)/1985年的投资隐含平减指数(上年}=1)}{\text{1984年的固定资本形成总额(当年价)}}$$

李治国、唐国兴(2003)“在进行数据处理时偶然发现,在《上海统计年鉴(2001)》的附录上存在建国后历年来上海市的固定资本形成总额及其指数”,因此根据上海市的固定资本形成总额(*KFSH*)及其指数(*IKFSH*),先计算出上海市的固定资产投资核价指数:$PKFSH_t = KFSH_t / KFSH_{1978} \times IKFSH_t$。在上述基础上,作者认为“上海作为中国经济的缩影,所进行的固定资产投资及核价指数的变动应该是与全国情况同步的”,并将全国固定资产投资价格指数(*PIF*)关于上海市固定资产投资核价指数进行线性回归得出:

$$PIF_t = 5.947 + 0.960 PKFSH_t$$
$$(1.7)(25.8)$$
$$AdjR^2 = 0.988 \quad S.E. = 2.003 \quad DW = 0.95$$

据此,作者依据1991年以前上海市固定资产投资核价指数数据拟合出1978—1991年的全国固定资产投资价格指数序列,再与《中国统计年鉴》所公布的1991年以后的固定资产投资价格指数结合,构建出完整的中国固定资产投资价格指数序列。

类似于张军扩(1991)、贺菊煌(1992)、邹(1993),张军、章元(2003)也是依据积累数据确定报告期新增资本量的,但是他们“无法拟合出1993年后的积累指数,所以也就无法得到1993年以后的积累隐含价格指数”,所以“采用根据上海市的历史数据计算出来的固定资产投资价格指数对积累进行平减”,理由是:一方面固定资产投资与生产性积累二者在主体上是一致的,所以两者的价格指数也应该大体一致;另一方面,国家统计局公布的固定资产投资价格指数是基于统计局城市队的调查结果，是一种重点调查与典型调查结合的非全面性调查，因而上海市的固定资产投资价格指数和全国固定资产投资价格指数之间不存在解释和被解释关系，与其类似于李治国、唐国兴(2003)从上海市的固定资产投资价格指数去拟合全国固定资产价格指数，不如直接用上海市的固定资产投资价格指数直接代替。张军、章元(2003)计算出来的用以代表全国固定资产投资价格指数的上海市固定资产投资价格指数如表4所示：

表4 固定资产投资价格指数的一项估算

年份	上海固定资产投资价格指数	年份	上海固定资产投资价格指数	年份	上海固定资产投资价格指数	年份	上海固定资产投资价格指数	年份	上海固定资产投资价格指数
1952	1.000 000	1962	0.845 465	1972	0.729 181	1982	0.745 490	1992	1.683 203
1953	0.984 285	1963	0.858 311	1973	0.779 023	1983	0.701 486	1993	2.062 727
1954	0.957 998	1964	0.896 483	1974	0.713 877	1984	0.747 044	1994	2.360 597
1955	0.931 774	1965	0.778 269	1975	0.688 047	1985	0.800 817	1995	2.560 133
1956	0.635 248	1966	0.825 129	1976	0.696 126	1986	0.864 722	1996	2.687 987
1957	0.867 729	1967	0.790 300	1977	0.757 800	1987	1.000 680	1997	2.677 149
1958	0.884 449	1968	0.859 426	1978	0.700 827	1988	1.184 684	1998	2.638 032
1959	0.874 326	1969	0.741 772	1979	0.705 716	1989	1.329 327	1999	2.599 995
1960	0.837 253	1970	0.742 642	1980	0.721 946	1990	1.392 140	2000	2.679 841
1961	0.832 619	1971	0.724 581	1981	0.716 206	1991	1.488 473	2001	2.698 600

类似的还有王金营(2001)、毛军(2005)、魏立萍(2005)等都采

取了同样的处理方法。此外,郭庆旺、贾俊雪(2004)根据张军和章元(2003)所估算的全国固定资产投资价格指数,折算出1978—2001年(1978年为基期)的固定资产投资价格指数,并与调整后的2002年的全国固定资产投资价格指数相结合,构造出完整的固定资产投资价格指数序列。杨(2000)不是直接从历年资本形成额及资本形成指数推算资本形成价格指数,而是从GDP平减指数和其他构成GDP各部分的平减指数中构造出一个资本形成平减指数。

依据商品零售价格指数来估算固定资产投资价格指数,主要是黄勇峰、任若恩、刘晓生(2002)的研究和何枫、陈荣、何林(2003)的研究。黄勇峰、任若恩、刘晓生(2002)的研究中,“建筑与设备的价格指数序列是直接利用零售物价指数来替代的”。何枫、陈荣、何林(2003)的研究中,对1995年以前的数据,利用《中国国内生产总值核算历史资料1952—1995》采用“基年价格计算的第t年资本形成额=(第t年资本形成指数/基年资本形成指数)×基年资本形成额”方法进行价格调整,对于1996—2001年的数据,“选择了通过拟合资本平减指数(或固定资本平减指数)与商品零售指数(1990年=100)在1952—1995年间的关系来估算”,所构造的两个关系式是(ZBI、$GZBI$、RPI分别表示资本形成总额平减指数、固定资本形成总额平减指数、商品零售价格指数):

$$ZBI_t = 1.1655 \times RPI_t \quad R^2 = 0.9546 \quad t = 73.44$$

$$GZBI_t = 1.1168 \times RPI_t \quad R^2 = 0.9738 \quad t = 96.54$$

根据这两个关系式,对1996—2001年间的资本形成总额及固定资本形成平减指数做出估计。何枫、陈荣、何林(2003)的这一处理方式与其他大部分学者不同,为什么不直接运用统计体系提供的固定资产投资价格指数而要从商品零售指数上去模拟,作者未对此做任何解释。

孙琳琳、任若恩(2005)的研究中,1992年后是直接运用历年年鉴公布的建筑、设备投资价格指数,1992年以前则用多种指数分别替代投资价格指数。其中1980—1985年建筑投资价格指数为建筑价格指数①,1985—1991年的建筑投资价格指数为零售价格指数,1980—1991年的设备价格指数为工业价格指数。岳书敬、刘朝明(2006)的研究中,“1978—1989年采用各个省份的建筑材料价格指数对投资序列进行平减”。相对早些时候的胡和阚(1997)、宋海岩(2003)也都用建筑材料价格指数来代替投资品价格指数。但是,除了现有统计没有提供现成的投资品价格指数数据这一共同的原因外,作者们均未给出各种替代指标处理的充分理由。

谢千里(1992)“用构造的固定资产价格指数去平减每年新增固定资产,所用的价格指数是建筑安装成本指数(基于每平方米厂房造价)和设备购置价格指数(基于工业专用设备出厂价的趋势)的加权平均”。作者同样没有讨论其处理的理由。

① 作者原文中使用“建筑价格指数”,但查阅现有的统计体系,并无“建筑价格指数”一说,可能作者指的就是“建筑材料价格指数”。类似于岳书敬、刘朝明(2006)。

此外,一些学者的研究中没有明示价格处理的具体原则和方法。如王小鲁、樊纲(2000)的研究中,作者只说明“投资品价格指数以1952年为100”,但没有明确如何度量投资品价格指数。[①] 又如孟晓晨、刘洋、戴学珍(2005)的研究中关于历年非国有固定资产净值的估算,“利用历年的非国有固定资产投资额,经价格与折旧率修正之后,累加而成”。但关于具体的价格如何修正、折旧率如何修正,均没有更多的说明。

4.关于折旧的处理

按永续盘存法估算资本存量,折旧是不可回避的问题。现有的研究可以分为三类:一类是根据固定资产的作用年限计算经济折旧率水平,从而推算各时期的折旧额;一类是依据国民经济核算资料确定折旧数额;还有一类是人为地设定一个折旧率水平,据以推算各时期的折旧额。如表5所示。

相对严密的处理方式是从各类固定资产的作用寿命出发确定一个经济折旧率。黄勇峰、任若恩、刘晓生(2002)的研究中,“建筑和设备寿命的确定是根据专家建议进行的,据工业协会测算,在中

① 李治国、唐国兴(2003)介绍“王小鲁、樊纲(2000)则是采用其他价格指数(如GDP核价指数等)来进行代替”,毛军(2005)也介绍“目前学术界最为常见的做法是以GDP平减指数来代替,如王小鲁(2000)”。但查阅王小鲁、樊纲(2000)原文,第11页表1-3的表头中注明了“1952价格”,第57页“1.6.3关于资本存量的计算”说明中,介绍了“投资品价格指数以1952年为100%”,第64页作为表1-13的附注,说明了“所有价值量均为1952年不变价格”,但作者未提及用什么价格指数,或以什么方式构建出价格指数对投资品做价格调整。

表5 物质资本存量估算关于折旧率的确定方法

依据	折旧水平	代表成果
从资产寿命估计	设备经济折旧率17%，建筑8%	黄勇峰、任若恩、刘晓生(2002)
		孙琳琳、任若恩(2005)
	全部固定资本形成总额的经济折旧率为9.6%	张军、吴桂英、张吉鹏(2004)
从核算资料中取得	历年不同，取自国民经济核算及各省市统计年鉴	邹(2000)； 李治国、唐国兴(2003)
	历年不同，取历年全民所有制企业固定资产折旧率和《GDP核算历史资料(一)》中的折旧额	毛军(2005)
简单设定	取折旧率5%	帕金斯(Perkins，1998)；王和姚(Wang and Yao，2001)；杨(2000)；王小鲁、樊纲(2000)；郭庆旺、贾俊雪(2004)；王友广、陈清华、方福康(2005)；岳书敬、刘朝明(2006)
	取折旧率6%	胡永远(2005)
	取折旧率10%	龚六堂、谢丹阳(2004)
	取:全国折旧率+各省经济增长率，1952—1977年取3%，1978—1987年取5%，1990—2001年取5.5%	宋海岩(2003)； 王金营(2001)； 魏立萍(2005)

国的工业企业中,法定折旧年限一般比能正常作用的年限长2—3年,部分设备严重超期运行。按1985年政府税收折旧年限的规定,通用设备折旧年限为8—35年,专用设备为5—50年,房屋为15—60年,设备平均约为20年,而房屋平均为38年”。“Maddison(1993)建议对中国建筑和设备的寿命分别假定为40年和16年。”“参考李京文(1993)利用残值率和寿命期估计相对效率的方法……我国法定残值率3%—5%,假定这意味着在寿命期终了时,相对效率为新资本品的3%—5%,设残值率为S。简单地,折旧率有:$S=(1-\delta)^T$”。其中δ,T分别代表折旧率和寿命期。“在设备16年和建筑40年寿命期的假定下,分别估算出设备的经济折旧率为17%,建筑为8%。”孙琳琳、任若恩(2005)同样采纳麦迪逊(Maddison,1993)对中国建筑和设备的寿命的建议,用与黄勇峰、任若恩、刘晓生(2002)同样的方法得出了完全一致的结果。张军、吴桂英、张吉鹏(2004)也是参考黄勇峰等(2002)的研究,用法定残值率代替资本品的相对效率,取值4%。将资本品分为三类:建筑安装工程、设备工器具购置和其他费用,参考黄勇峰等(2002)确定的资本品寿命期,以及制造业中的资本品通常折旧最快的特点,设定三类投资的平均寿命期分别是45年、20年和25年,从而三类的折旧率分别为6.9%、14.9%、12.1%,用三类资本品在固定资产中的比重(63%、29%和8%)加权估算得全部固定资本形成总额的经济折旧率为9.6%。

另一类从国民经济核算数据出发确定折旧水平,也具备较充分而确定的依据。李治国、唐国兴(2003)对1993年及以前的折旧数据(即国民经济核算体系修订以前),依据国民收入核算体系取得数据:折旧 = GDP - 国民收入 + 补贴 - 间接税;1994 年之后,利用各省的国民经济核算资料,从各省统计年鉴中取得折旧数据加和构成全国的折旧(其中 1995 年的折旧值取 1994 与 1996 年的平均值);两部分结合构成 1978—2000 年的完整折旧序列。作者指出,由于 MPS 与 SNA 核算范围的差异,基于 SNA 对折旧的推算存在一定高估。类似地,毛军(2005)对 1952—1977 年的折旧水平,用 1992 年统计年鉴中的"全民所有制企业固定资产折旧率"为全国固定资产折旧率,将折旧率乘相应上年的固定资本存量得到本年折旧额;1978 年起,则从《GDP 核算历史资料(一)》和《GDP 核算历史资料(二)》中直接取得折旧额。[①]

第三类确定折旧或折旧率的方法,则相对比较主观。例如王小鲁、樊纲(2000)研究中,对于折旧"因缺乏资料,统一按 5%折旧率计算"。作者对这一 5%的合理性并不加以论证,而此后,许多学者又直接引用了这一 5%的折旧率水平。例如:郭庆旺、贾俊雪(2004)的研究中,因为"统计年鉴上国有企业 1978 年到 1992 年间的固定资产折旧率大部分在 5%左右,所以选择王小鲁、樊纲假定的固定资产折旧率 5%";王友广、陈清华、方福康(2005)也是简单而直接地"假设资本年折旧率为 0.05";岳书敬、刘朝明(2006)也同样,对折旧率水平"采用大多数学者的取值(5%)";另外还有帕金斯(1998)、杨(2000)、王和姚(2001)等等。类似王小鲁和樊纲

① 两者后期的数据口径其实是一致的,均依据国民经济核算资料。

(2000)的5%,龚六堂和谢丹阳(2004)设定的折旧率为10%,胡永远(2005)设定的折旧率为6%。宋海岩(2003)认为,“中国的官方发展政策强调新的资本投资项目而忽略对已有设施的替换投资。结果,官方的折旧率同刻画了资本资产相对效率的真实价格函数几乎毫无关系”,“中国使用的官方折旧率平均仅为3.6%,和发达市场经济体相比非常低”。因此,作者引用胡和阚(1997)的结果为全国折旧率,并考虑到“使用同一个折旧率无法反映不同地区资本消费的巨大差异”,又由于“缺乏折旧率的信息”,因而假设“资本资产的物理折旧率与每个地区的经济增长率成正比”,“使用全国的折旧率加上每个省每年的GDP增长率”作为每个省的折旧率。魏立萍(2005)则取王金营(2001)的结果:1952—1977年3%,1978—1987年5%,1990—2001年5.5%。王金营(2001)给出上述折旧率水平的依据是:在1952—1977年期间,我国固定资产投资多集中在重工业部门的厂房和设备的建设上,这些部门的固定资产折旧年限较长,平均在33年左右。而且这25年的时间里,许多固定资产存在超期服务,且无形的消耗较小(可忽略不计),因此按33年折旧年限计算,固定资产折旧率为3%。进入80年代后,随着改革开放的深入,尤其是技术进步和轻化工行业及电子、通信业发展,像计算机、电视机、电话、汽车、自动化设备等折旧年限短的固定资产比例增加,使总体固定资产的平均折旧年限下降,估计在20年左右。因此,1978—1990年期固定资产折旧率可定为5%。同样,进入90年代以后,上述设备的比例更是大幅度增加,而且随着科学技术的快速发展,新材料、新产品、新工艺的利用加快了固定资产的无形耗损和更新，固定资产的折旧年限必然缩短，毕吉耀在《中国宏观经济计量模型》中估计，1992 年固定资产折旧率为 5.5%，从而将 1990—1998 年期间固定资产折旧率确定为 5.5%。

除了上述三类，另有一些研究并没有考虑资产的折旧问题，或没有提供资本水平估算中折旧水平确定的依据和方法。

如张军扩(1991)、贺菊煌(1992)的研究就没有讨论折旧问题，但是他们的研究是以当年积累估算当年新增资本的，而积累是指“用于扩大再生产和非生产性建设以及增加社会储备的物质产品价值，即国民收入使用中除去用于当年消费之后的余额。其物质形态为一定时期内物质生产部门新增加的固定资产(扣除固定资产磨损)和流动资产”，这里的“扣除固定资产磨损”相当于日常概念上的折旧。因此，采用积累指标估计当年资本存量的增加，“可以回避……对折旧的处理”(张军、章元，2003)，“无需再扣除折旧”(张军扩，1991)。

另外如孟晓晨、刘洋、戴学珍(2005)对于历年非国有固定资产净值的估算，“利用历年的非国有固定资产投资额，经过价格与折旧率修正之后累加而成”，但未提及折旧率方面的任何信息；何枫、陈荣、何林(2003)对其所提出的“一种新的估算方法”，详细介绍了“估算历年的资本形成，即历年资本存量的增加额”、“估算某一年份的资本存量总量”即基年的资本存量，紧接着指出：“通过上述两个步骤，我们已经测度计算出了 1952 年年末资本存量以及历年的资本形成总额,因此,通过逐年叠加法,就可以计算每一年年末的资本存量。具体计算公式为:本年年末资本存量 = 上年年末资本存量 + 本年的资本形成总额”。显然,作者在这一估算中没有考虑折旧问题。

综上所述,在物质资本存量的估算上,“报告期资本存量 = 上期资本存量 - 折旧 + 报告期资本新增量”这一整体思路是被广泛接受的,但在同样依据这一思想开展实证估算时,无论在基年初始资本存量的确定上、报告年新增资本的估算上、价格调整依据上,还是在折旧处理的依据和方法上,各研究均存在较大差异,再加上上述四方面差异的各种交叉组合,关于中国物质资本存量水平,形成了众多不同的估算。

二、几种代表性的估算结果

从近几年的研究成果来看,大多是将资本存量作为研究中的一个基础变量来处理的,主要用于经济增长研究、*TFP* 测算、资本效率研究、资本利润率估计等等。也有一些是专门就资本存量的估算开展研究的。这里比较近年来发表于《经济研究》刊物上的几份估算结果,以及其他被引用较多的几项估算结果。

贺菊煌(1992),张军扩(1991),何枫、陈荣、何林(2003)三项研究估算了中国包含流动资本的物质资本存量,如表 6 所示。

王小鲁、樊纲(2000),何枫、陈荣、何林(2003),郭庆旺、贾俊雪(2004,2005),岳书敬、刘朝明(2006)四项成果估算了中国固定资本存量,结果如表 7 所示。

表 6　对中国含流动资本的物质资本存量的三项估算

（单位：亿元）

年份	贺菊煌（1990 价）*	何枫（1990 价）	张军扩（1952 价）**	年份	贺菊煌（1990 价）	何枫（1990 价）	张军扩（1952 价）
1952	2 648	5 428.26	2 000.0	1977	22 510	31 283.51	11 994.9
1953	2 973	5 794.31	2 120.3	1978	24 501	33 866.02	12 897.0
1954	3 348	6 211.05	2 267.2	1979	26 574	36 536.19	13 887.9
1955	3 715	6 633.98	2 433.4	1980	28 654	39 352.10	14 942.3
1956	4 133	7 144.45	2 623.1	1981	30 596	42 078.32	16 009.2
1957	4 599	7 702.93	2 835.8	1982	32 717	45 043.80	17 108.6
1958	5 308	8 563.64	3 107.4	1983	35 076	48 339.91	18 271.5
1959	6 279	9 731.24	3 471.6	1984	37 936	52 257.61	19 554.7
1960	7 122	10 808.92	3 899.3	1985	41 828	57 291.30	21 094.9
1961	7 470	11 327.29	4 286.4	1986	45 937	62 685.12	22 895.9
1962	7 634	11 632.96	4 587.1	1987	50 254	68 396.89	24 930.7
1963	7 932	12 071.46	4 834.4	1988	55 119	74 775.82	27 206.1
1964	8 374	12 664.90	5 067.6	1989	59 955	81 229.97	29 674.8
1965	9 013	13 496.95	5 320.7	1990	64 850	87 673.97	32 291.4
1966	9 849	14 538.27	5 625.2	1991		94 643.45	
1967	10 384	15 330.46	5 949.2	1992		102 514.57	
1968	10 943	16 172.35	6 283.3	1993		112 343.43	
1969	11 621	17 129.01	6 634.7	1994		123 706.38	
1970	12 799	18 597.18	7 076.8	1995		136 829.78	
1971	14 088	20 199.34	7 616.5	1996		151 501.69	
1972	15 294	21 733.82	8 215.7	1997		166 442.24	
1973	16 686	23 488.18	8 882.8	1998		181 702.82	
1974	18 069	25 298.17	9 603.9	1999		197 592.51	
1975	19 605	27 328.61	10 368.2	2000		214 481.41	
1976	20 977	29 219.08	11 180.4	2001		233 732.60	

注：* 原文分别估算了生产性资本和非生产性资本，这里的资本存量是在原文的基础上将生产性资本和非生产性资本加总的结果。

** 原文解释“国家统计局公布的积累额是以当年价格计算的，为了求得实际净投资额并计算其增长率，必须将其按照积累额指数转化为以不变价格计算。积累额指数是根据国家统计局提供的初步数据经适当调整计算的”，所提供的估算结果表中也标明为“不变价”，但全文未明确为哪一年不变价。根据原文对初始年资本存量的表述：“根据 1953 年的资本增量，1952 年的资本总量为2 000亿元当年人民币”，我们推测其全部数据的“不变价”年份应为 1952 年。

表7 对中国固定资本存量的四项估算

(单位:亿元)

年份	王小鲁(1952价)	何枫(1990价)	年份	王小鲁(1952价)	何枫(1990价)	岳书敬(1990价)	郭庆旺(1978价)
1952	1 600	4 055.75	1978	5 841	26 002.25		3 837.0
1953	1 616	4 270.65	1979	6 483	28 060.95		4 493.1
1954	1 652	4 534.85	1980	6 837	30 347.95		5 152.7
1955	1 702	4 819.85	1981	7 247	32 454.85		5 835.5
1956	1 794	5 251.15	1982	7 770	34 909.15		6 700.4
1957	1 899	5 634.85	1983	8 413	37 650.55		7 794.1
1958	2 081	6 315.65	1984	9 239	40 927.25		9 123.9
1959	2 286	7 137.55	1985	10 298	44 726.15		10 893.4
1960	2 507	8 032.75	1986	11 714	48 914.35		12 877.9
1961	2 559	8 471.55	1987	13 287	53 720.45		14 889.5
1962	2 566	8 785.95	1988	14 958	58 952.45		16 957.5
1963	2 602	9 154.75	1989	16 335	63 477.45		18 431.3
1964	2 700	9 662.45	1990	17 660	68 209.45		19 783.6
1965	2 887	10 295.75	1991	19 052	73 634.15		21 428.9
1966	3 030	11 046.15	1992	20 753	80 219.25		23 813.8
1967	3 042	11 641.15	1993	22 827	88 341.95		27 064.5
1968	3 033	12 212.65	1994	25 303	97 897.65		30 770.9
1969	3 108	13 005.55	1995	28 199	108 765.15		34 712.5
1970	3 330	14 069.45	1996	31 872	120 775.45	71 906	38 966.8
1971	3 507	15 232.15	1997	35 892	133 511.75	80 929	43 547.6
1972	3 690	16 416.65	1998	40 514	147 530.45	91 283	48 916.7
1973	3 977	17 680.65	1999	45 132	162 454.95	101 915	54 518.2
1974	4 267	19 101.85	2000		178 981.15	113 392	60 400.8
1975	4 627	20 754.05	2001		197 452.45	126 383	67 044.9
1976	4 912	22 366.85	2002			141 833	74 964.9
1977	5 315	24 040.45	2003			161 951	

黄勇峰、任若恩、刘晓生(2002)，孙琳琳、任若恩(2005)分别估算了中国制造业的建筑和设备资本存量、全社会的建筑和设备资本存量，结果如表 8 所示：

表 8　对中国建筑和设备资本存量的两项估算*

(单位:亿元)

年份	黄勇峰（制造业 1985 价）	孙琳琳（全社会 1980 价）	年份	黄勇峰（制造业 1985 价）	孙琳琳（全社会 1980 价）
1978	1 685		1991	3 885	16 428.1
1979	1 713		1992	4 182	17 447.12
1980	1 749	6 959.35	1993	4 584	19 083.58
1981	1 779	7 149.07	1994	5 072	21 476.1
1982	1 860	7 345.83	1995	5 608	24 397.57
1983	1 938	7 767.92	1996		27 468.59
1984	2 070	8 319.87	1997		30 872.36
1985	2 295	9 127.35	1998		34 786.86
1986	2 597	10 295.03	1999		39 217.55
1987	2 958	11 677.85	2000		43 334.79
1988	2 421	13 231.31	2001		45 862.16
1989	2 553**	14 840.78	2002		48 841.41
1990	2 684	15 676.01			

注：* 原文提供的是建筑资本存量和设备资本存量，本表中的数据为原文两项之和。

** 原文中 1989 年的制造业设备资本存量为 71 427 亿元，而前一年 1988 年 370 亿元，后一年 1990 年为 477 亿元。估计原文“71 427”有误，本表中按 427 亿元与建筑资本加总。

张军、章元(2003)，张军、吴桂英、张吉鹏(2004)基于同一国家社科基金“资本形成、投资效率和经济增长的实证研究：1978—

2000"的资助,先后给出了两项关于中国固定资本存量的估算,如表9所示:

表9 张军对中国固定资本存量的两项估算(1952价)

(单位:亿元)

年份	2003的估算	2004的估算*	年份	2003的估算	2004的估算	年份	2003的估算	2004的估算
1952	800.00	807	1969	5 231.78		1986	22 194.15	
1953	884.33		1970	5 829.65	3 159	1987	24 339.69	
1954	986.62		1971	6 548.68		1988	26 635.66	
1955	1 088.58		1972	7 248.10		1989	28 957.89	
1956	1 331.01		1973	7 948.98		1990	31 032.39	17 224
1957	1 488.89		1974	8 732.02		1991	33 222.55	
1958	1 841.65		1975	9 617.04		1992	35 875.46	
1959	2 396.37		1976	10 468.99		1993	38 976.21	
1960	2 979.22	2 091	1977	11 247.56		1994	42 697.67	
1961	3 162.98		1978	12 361.96	6 267	1995	46 623.37	29 680
1962	3 237.50		1979	13 416.21		1996	50 880.35	
1963	3 373.81		1980	14 295.78		1997	55 732.66	
1964	3 552.29		1981	15 019.03		1998	61 582.13	46 223
1965	3 883.79		1982	15 788.99		1999	67 700.35	
1966	4 276.46		1983	16 852.46		2000	74 195.00	51 056
1967	4 592.79		1984	18 266.03		2001	81 413.15	
1968	4 865.07		1985	20 217.79	11 088			

注:* 原文限于篇幅仅给出代表性年份数据,这里也仅列这些数据。原文还提供了代表年份各省市固定资本存量的合计数,分别为:1952年748亿元;1960年2 035亿元;1970年2 409亿元;1978年4 527亿元;1985年8 905亿元;1990年15 252亿元;1995年28 152亿元;1998年41 963亿元;2000年53 209亿元。原文解释"'合计'指把各省各年资本存量数值加总后得到的全国数值,'全国'指按照全国固定资本形成总额和固定资产投资价格指数计算得到的全国数值"。从两组数据水平看,差异并不大。

三、对现有估算方法的总结和评价

无论是从理论进展上，还是在估算实践上，对物质资本存量的估算，永续盘存方法已经是相对成熟并得到广泛应用的，但是，在具体估算实践中的处理并不一致。我们看到不同学者对资本存量估算的口径范围首先不完全一致，有固定资本存量口径、固定资本加流动资本存量口径，还有个别研究将土地价值包括在资本存量范畴内。对于同一口径、同一范围的估算结果，数值差异也比较大。例如贺菊煌(1992)的研究与何枫、陈荣、何林(2003)的研究都估算了固定资本加流动资本口径的中国资本存量，均以1990价估算，但对于1990年的估算结果，贺菊煌(1992)为64 850亿元，何枫、陈荣、何林(2003)为87 673亿元，后者是前者的1.35倍。张军扩(1991)的研究与前两者的价格口径不同，但是我们可以从资本存量以1952年为基期的发展指数上来观察三者的差异。显然，比较何枫、陈荣、何林(2003)与张军扩(1991)的研究，两者的变动轨迹几乎重合，但贺菊煌(1992)的研究则差异较大。如图1所示：

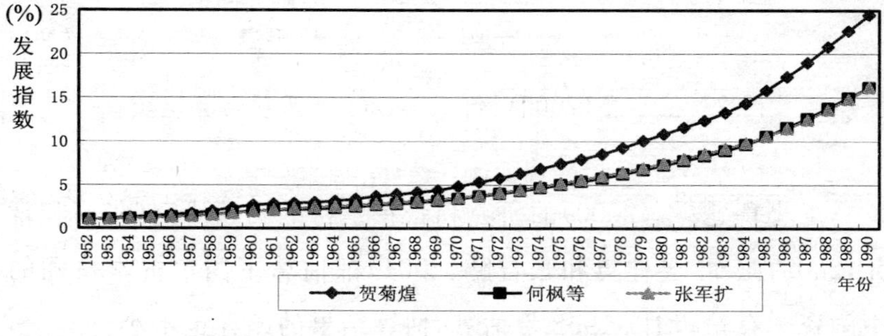

图1　贺菊煌(1992)、何枫等(2003)、张军扩(1991)三项估算比较

何枫、陈荣、何林(2003)的研究,岳书敬、刘朝明(2006)的研究都估算了固定资本口径的中国资本存量,均以1990价估算,但1996年前者的估值为120 775亿元,后者的估值为71 906亿元,前者为后者的1.68倍;1999年前者的估值为162 455亿元,后者的估值为101 915亿元,前者为后者的1.59倍。王小鲁、樊纲(2000)的研究与何枫、陈荣、何林(2003)的研究估算的价格口径不同,但同样是以1952年为基年的,我们也从发展轨迹上来观察,如图2所示:

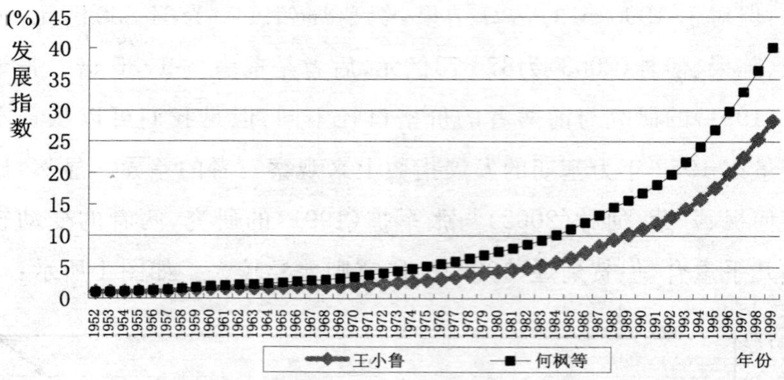

图2 王小鲁(2000)、何枫等(2003)两项估算比较

王小鲁、樊纲(2000)的研究和张军主持的两项研究(张军和章元,2003;张军、吴桂英和张吉鹏,2004)都估算了固定资本口径的中国资本存量,均以1952价估算,估算结果的差异也不小。

张军基于同一国家社科基金"资本形成、投资效率和经济增长的实证研究:1978—2000"的两项研究(张军和章元,2003;张军、吴桂英和张吉鹏,2004),都是以1952年为基年,都是以1952价估算,但前一项估算的数据水平总体上大于后一项估算,两者估算的资本存量之比如表10所示:

表10　张军对中国固定资本存量的两项估算(1952价)数之比

	1952	1960	1970	1978	1985	1990	1995	1998	2000
2003年的估算/2004年的估算	0.991 3	1.424 8	1.845 4	1.972 5	1.823 4	1.801 7	1.570 9	1.332 3	1.453 2

对照原文对估算方法的讨论,两项估算虽然为同一课题组完成,但在基年资本存量确定上,前一项是基于上海市的相关数据在特定假设下推算的,后一项则是用"1952年的固定资本形成除以10%"计算的;在报告期新增资本量的确定上,前者依据生产性积累,认为"用生产性积累这个指标作为当年资本存量的增加比较合适",后者则采用固定资本形成总额,"并且认为它是衡量当年投资I的合理指标";在价格调整上,前者采用"上海市固定资产投资价格指数来代替全国固定资产投资价格指数",后者则是基于固定资本形成指数推算投资隐含平减指数;在折旧确定上,前一项研究因为是基于积累数据估算各年新增资本量,从而避开了折旧问题,后一项研究参考黄勇峰、任若恩、刘晓生(2002),将建筑、设备的平均寿命期设定为45年和20年,其他类型的投资假定为25年,从而

三者的折旧率分别为 6.9%、14.9% 和 12.1%,按照 1952—2000 年间固定资产投资中建筑安装工程 63%、设备工器具购置 29%、其他费用 8% 的权重,计算得经济折旧率为 9.6%。可见,估算各环节处理上的不同,均可能形成相异的估算结果。

综上所述,中国物质资本存量估算中,采用永续盘存方法是无争议的,但在永续盘存法框架下的具体处理技术却存在分歧,广大学者所得到的估算结果,无论是绝对水平还是变动轨迹,均存在差异。

附录 2

物质资本投资及存量水平估算

为了在总资本框架下开展人力资本水平和物质资本水平的比较研究，我们依据人力资本与物质资本在估算的理论假设和估算思路上基本一致可比的原则，同时估算物质资本投资水平、存量水平和效率水平。

一、估算方法确定

1.物质资本投资水平

关于物质资本的内涵，目前学术界有四种定义：固定资产原值、固定资产净值、固定资产原值＋流动资金平均余额、固定资产净值＋流动资金平均余额。关于这四种定义间的差别，主要集中于两个方面（李京文等，1997）：一是是否考虑折旧，二是是否包括流动资本。无论按照哪一种定义，另一个共性的问题是，是否包含土地的价值。

关于是否考虑折旧的问题。就目前而言,学术界几乎已经没有争议。如附录1所介绍的,除了极少数学者未考虑折旧或未明确折旧处理方式外,物质资本水平的估算中都是按一定的比率对前期资本存量进行折旧处理的。

关于是否考虑流动资本的问题。李京文等(1997)认为应该包含流动资本,理由是:包含流动资本在统计口径上与西方统计中的"净存量"相一致,同时也符合数据的可得性。我们认为,物质资本水平的统计不包含流动资本更为合理,因为:①流动资本不具备作为资本的基本特征之一,即耐久性。流动资本的生产方式与固定资本完全不同,运转周期有很大差别,其价值在生产过程中一次转移从而进行物质替换,而固定资本则在重复使用中保持原来的物质形态不变,只是其效率水平下降。②流动资本中的材料、燃料等,虽然也是生产过程所必需的,但固定资本的数量直接体现着生产能力,生产函数中的资本要素(物质资本要素)反映的就是要素投入与可能的最大产出之间的投入产出联系,而流动资本并不反映这种生产能力。③作为生产过程中必需的材料、燃料等这一部分流动资本,从微观生产经营主体上观察,其数量与固定资本的数量会形成一个相对稳定的比率,从宏观整体上观察,则这一比率取决于产业行业结构、经济周期特征等,当第三产业比重提高、高附加值产品比重提高、经济景气指数提高时,则同量固定资本所匹配的流动资本就会减少,必须指出的是:这种减少绝不代表由资本数量所反映的一国(地区)生产能力的下降和财富的减少,反之亦然。此外,从操作层面看,流动资本估算所需的数据并不十分可靠。胡永远、刘永呈(2006)引用杨(2000)的观点，认为发展中国家国民经济核算中“存货增加”数据，是为了平衡生产法和支出法各自计算结果之间的巨大差异，往往是一个捏造的误差项。我们不完全认同这一说法，但也不得不承认其间的误差。因此，本书界定物质资本为固定资本范畴，不包括流动资本。[①]

关于土地价值的包含问题。如附录 1 所介绍，邹(1993)估算了 1952 年中国包含土地价值资本存量为1 750亿元(1952 价)，张军、章元(2003)明确估算 1952 年中国不包含土地价值的资本存量为 800 亿元(1952 价)，其余大量的研究并不讨论土地价值的包含与否问题，且估算中不包含土地价值。李京文等(1997)的研究中也不包含土地价值，但他们认为这是资本存量估算中的不理想之处，之所以没有包含土地价值，是因为中国土地价格问题的特殊性造成的：中国只是最近才开始探讨土地价格测定，在实际的基本建设过程中也有土地交易但很不规范，在这种条件下估计中国土地价格是不可能的。我们与绝大多数学者的口径保持一致，物质资本中不包含土地价值。

因此，我们界定物质资本为固定资本范畴，从而，物质资本投资就是固定资产投资。根据目前官方统计核算口径，固定资产投资额是报告期以货币表现的建造和购置固定资产活动的工作量，它是反映固定资产投资规模、速度、比例关系和使用方向的综合性

① 考虑到资本数据的国际比较研究需要，可以对流动资本数据做出专门的估算。但将之与固定资本加和构成物质资本总量并进一步归总资本范畴，是欠妥当的。

指标。按照现行计划管理体制,全社会固定资产投资总额分为基本建设投资、更新改造投资、房地产投资和其他固定资产投资四个部分。其中:基本建设投资指企事业行政单位以扩大生产能力为主要目的的新建扩建工程及有关工作;更新改造投资指企事业单位对原有设施进行技术改造以及相应配套的辅助性生产、生活福利设施等工程和有关的工作;房地产开发投资指各种登记注册类型的房地产开发公司、商品房建设公司及其他房地产开发法人单位和附属于其他法人单位实际从事房地产开发或经营活动的单位统一开发的包括统代建、拆迁还建的住宅、厂房、仓库、饭店、宾馆、度假村、写字楼、办公楼等房屋建筑物和配套的服务设施,土地开发工程的投资。我们定义:

物质资本投资 = 固定资产投资

= 基本建设投资 + 更新改造投资 + 房地产投资

+ 其他固定资产投资

固定资产投资的数据,可以系统完整地从历年统计年鉴中获取,但不足之处在于:这一投资数据包括非生产性投资,主要体现在更新改造投资中少量的生活福利设施工程投资,以及房地产开发投资中的住宅投资。2005 年和 2006 年出版的《中国统计年鉴》提供了当年分省市区的住宅投资数据,但以前年度均无此数据。在以各省市为单元的统计估算中,我们无法将住宅投资从固定资产投资总额中加以剔除。因此,在后续的实证研究中,存在由于未扣除住宅投资等非生产性投资所形成的对资本投资水平、资本存量水平以及资本效率水平估算的影响。

2.物质资本存量水平

系统分析永续盘存法框架下物质资本存量估算的各种处理技术,我们考虑与人力资本存量估算假设和思路的一致可比性,做如下处理:

(1)初始资本存量

借鉴岳书敬、刘朝明(2006)提出的估算方法:设第一期(即:计算期内 $t=0$ 期)的资本存量是过去投资的加总,则投资时间序列可近似表示为 $I(t)=I^0e^{\lambda t}$ 。利用固定资产投资数据对上式进行回归模拟,得到 I^0 和 λ ,从而,第一期的资本存量为 $K(0)=\int_{-\infty}^{0}I(t)dt=\frac{I^0e^{\lambda}}{\lambda}$ 。这一处理与人力资本初始存量估计方法完全一致。

(2)报告期新增资本量的确定

比较目前学者对报告期新增资本量处理的三类做法(详见附录1),我们采用"固定资产投资总额"作为报告期新增资本量估算的依据。这既是永续盘存法框架下科学合理的处理方式,也是总资本分析框架下保证各资本分量估算可比一致的需要(参见第五章相关讨论)。

(3)固定资产投资的价格调整

从1991年开始,统计部门系统地编制并发布全国和各省市区的固定资产投资价格指数,这为研究工作提供了最理想的条件。对于1990年及以前的阶段,学者对报告期投资的价格调整处理方法各种各样(详见附录1)。在这些被运用的相关价格指数中,我们认为固定资本形成隐含平减指数用来调整报告期固定资产投资的价格因素是最理想的。这是因为,固定资本形成与固定资产投资在内容上非常接近,两者间的差异主要体现在确认时间、归属主体以及是否考虑销售、转出等方式的资本品的减少。其中归属主体上的差异不会对两者价格处理产生影响,当估算的对象为一个国家或地区时,销售、转出等行为导致的资本品所有者主体与这些资本品投资主体之间的偏离也十分有限,只有投资支出发生与资本品形成之间的时间差异,确实会影响用固定资产形成隐含平减指数代替固定资产投资价格指数对固定资产投资进行价格调整的准确性。但是,投资支出发生与资本品形成之间的时间差异是永远存在的,从一个时间序列上来观察,这种差异本身具有相对的一致性。这就意味着,用固定资产形成隐含平减指数代替固定资产价格指数所产生的误差,在历史数据观察中也有其一致性,这种一致性会使得原有误差的实际影响大大减少。并且,相对于商品零售价格指数、工业价格指数等其他替代指数而言,用固定资本形成隐含平减指数作为替代指标的误差无疑是最小的。因此,我们确定:涉及 1990 年及以前年份的固定资产投资的价格调整,运用固定资本形成隐含平减指数,1990 年及以后年份的固定资产投资的价格调整,直接运用固定资产投资价格指数。

(4)折旧的确定

比较目前有关物质资本折旧的三类做法(详见附录 1),我们适用 $S=(1-\delta)^T$ 这一永续盘存法框架下的基本处理技术确定物质资本折旧率。根据现有统计体系所提供的基础数据条件,这一处理方法是合理而可行的(参见第五章相关讨论)。

二、中间数据的估算

1. 各省市物质资本初始水平

利用 1980—1995 年当年价固定资本形成总额(取自《中国五十年历史资料》及《中国国内生产总值核算历史资料 2004》)和可比价的固定资本形成指数(取自《中国国内生产总值核算历史资料 2004》),计算得固定资本形成平减指数,利用这一价格指数对 1980—1995 年的当年价全社会固定资产投资数据做价格调整,得出 1980—1995 年可比价(1995 年 = 100)全社会固定资产投资数据,运用这一数据模拟关系式 $\ln I(t) = \ln I^0 + \lambda t$ 得:

$$\ln I(t) = 8.011\,286 + 0.111\,212t + 1.150\,980AR(1) - 0.672\,815AR(2)$$

(74.15)　(10.48)　(5.60)　(−3.24)

$$R^2 = 0.980\,0 \quad \bar{R}^2 = 0.974\,0 \quad F = 163.13 \quad DW = 2.30$$

据此得 1980 年全国固定资本存量为30 297亿元(1995 价),根据这一数据,按 12.5%(详见下面关于物质资本折旧率的估算)的折旧率推算到 1995 年,则 1995 年全国固定资本存量为83 195亿元(1995 价)。①

① 岳书敬、刘朝明(2006)用同样的方法估算 1996 年中国固定资本存量为71 906亿元(1990 价),他们的估算中,折旧率取 5%,1978—1989 年采用各个省份的建筑材料价格指数对投资序列进行平减,1990—2003 年采用国家公布的固定资产投资价格指数对投资序列进行平减。如果我们的研究中也将价格调整到 1990 价,同时折旧率也取 5%,则 1996 年的固定资本存量为69 065亿元,与岳书敬和刘朝明的结果十分接近,差异可能来自两者对投资序列进行平减的价格指数不同,但我们认为固定资本形成平减指数在内涵上应该比建筑材料价格指数更接近固定资产投资价格指数。

在全国固定资本存量估算的基础上,我们依据各省市区固定资产投资历史数据,按累计固定资产投资的省市区构成将全国固定资本存量83 195亿元分配到各省市区,如表1所示:

表1 1995年全国及各省市区固定资本存量估算

(单位:亿元)

	各地区累计固定资产投资	各地区固定资产投资占全国百分比(%)	各地区1995年固定资产存量		各地区累计固定资产投资	各地区固定资产投资占全国百分比(%)	各地区1995年固定资产存量
全国	90 208		83 195	山东	6 560	7.57	6 295
北京	3 443	3.97	3 304	河南	3 730	4.30	3 579
天津	1 871	2.16	1 796	湖北	3 118	3.60	2 992
河北	3 927	4.53	3 769	湖南	2 540	2.93	2 438
山西	1 868	2.15	1 793	广东	10 520	12.13	10 095
内蒙古	1 344	1.55	1 290	广西	1 764	2.03	1 692
辽宁	4 798	5.53	4 604	海南	864	1.00	829
吉林	1 749	2.02	1 678	四川	4 355	5.02	4 179
黑龙江	2 812	3.24	2 699	贵州	811	0.94	779
上海	5 972	6.89	5 730	云南	1 713	1.98	1 643
江苏	7 242	8.35	6 950	陕西	155	1.88	1 563
浙江	5 516	6.36	5 293	甘肃	1 629	1.00	831
安徽	2 302	2.65	2 209	青海	866	0.41	345
福建	2 597	3.00	2 492	宁夏	359	0.40	330
江西	1 420	1.64	1 362	新疆	344	1.90	1 582

注:本表累计投资计算期为1982—1995年,累计投资及地区构成按当年价计。本表不包含重庆市,1995年重庆市尚为四川省的一部分。重庆市1997年的初始存量确定,见后面相关注解。

资料来源:《中国固定资产投资统计年鉴1950—1995》,中国统计出版社。

2. 固定资产投资价格指数

由于我们确定计算期为 1995—2005 年，因而不存在固定资产投资价格指数的估算问题，从 1992 年起历年《中国统计年鉴》均公布了分省市的固定资产投资总价格指数和类价格指数。我们的工作仅仅将原来以上年为 100 的环比价格指数调整为以 1995 年为 100 的定基价格指数。结果如表 2[①] 所示：

表 2　固定资产投资价格指数估算(1995 年＝100)

(单位：%)

年份	1996	1997	1998	1999	2000	2001	2002	2003	2004	2005	2006
全国	104.00	105.77	105.56	105.13	106.29	106.72	106.93	109.28	115.40	117.25	119.01
北京	108.20	111.12	112.01	111.90	113.02	113.70	114.15	116.66	121.68	122.53	123.02
天津	102.50	103.32	102.18	101.37	101.26	100.96	100.46	103.07	110.59	111.92	112.70
河北	103.90	105.46	103.14	102.52	103.65	103.54	103.03	105.40	112.77	114.92	116.87
山西	104.90	106.47	105.20	104.88	106.77	108.58	109.13	112.29	118.13	121.67	123.50
内蒙古	105.30	104.98	106.77	108.80	110.86	111.75	112.87	115.80	121.59	126.09	130.25
辽宁	102.20	104.55	104.34	104.34	105.49	105.91	106.65	109.32	114.57	117.77	120.25
吉林	102.90	107.43	108.29	110.67	112.88	114.12	115.49	116.76	121.55	123.98	126.71
黑龙江	103.40	106.19	107.04	106.72	108.32	108.43	108.65	111.15	116.70	119.27	121.77
上海	106.90	107.43	105.72	103.71	103.71	104.43	104.75	107.26	114.45	115.36	115.48
江苏	103.20	102.37	100.74	99.02	100.11	100.91	102.63	107.04	117.10	118.16	119.58
浙江	101.30	100.79	98.37	96.60	96.89	97.28	97.77	101.19	107.16	107.48	109.09
安徽	103.40	104.74	104.74	104.01	105.68	105.15	106.30	110.02	116.74	117.90	120.14

① 重庆市 1995、1996 两年无数据，以 1995 年为基期的 1997 年以后的价格指数数据是基于这样的假设：1996 年重庆市的固定资产投资价格指数与四川省的固定资产投资价格指数相同。

（续表）

福建	104.70	105.85	103.73	102.18	102.38	101.87	101.57	102.99	106.49	107.23	109.38
江西	105.80	107.28	109.53	108.00	109.51	108.31	108.31	113.83	122.26	122.87	126.80
山东	103.10	103.51	102.68	102.27	104.73	106.19	107.36	110.48	118.65	122.09	124.29
河南	103.90	106.91	105.52	103.41	106.41	106.84	105.45	109.46	120.51	122.20	124.15
湖北	104.00	106.18	106.71	106.18	107.99	108.09	107.88	111.44	118.12	120.72	122.90
湖南	104.90	106.79	109.67	110.22	112.75	114.22	114.56	117.77	124.25	128.72	132.71
广东	104.00	105.77	105.56	105.13	106.29	106.50	106.18	108.52	115.47	117.31	118.13
广西	103.60	103.91	103.81	99.76	101.16	103.18	103.49	105.35	110.20	111.74	113.08
海南	104.00	105.77	105.56	105.13	107.03	107.35	105.42	108.79	114.88	116.26	117.42
重庆	—	105.77	104.39	104.91	107.54	108.40	109.16	112.32	118.05	120.77	122.82
四川	104.80	107.11	104.43	104.95	105.89	107.48	108.02	110.40	117.90	122.50	126.05
贵州	105.40	106.88	106.88	106.23	108.57	109.01	109.22	111.74	117.21	118.85	120.16
云南	104.30	109.93	111.91	112.69	114.50	115.64	115.64	118.19	127.64	133.51	135.92
陕西	107.80	113.51	115.56	116.94	121.15	125.51	128.03	130.20	136.06	141.09	144.76
甘肃	104.90	107.73	108.06	109.14	112.74	114.99	115.22	117.18	123.63	126.35	131.53
青海	103.50	106.61	105.01	105.11	106.79	107.11	110.54	112.75	115.91	118.34	121.18
宁夏	107.40	109.76	112.07	111.73	116.76	118.51	119.34	122.09	128.07	130.76	132.46
新疆	105.60	108.98	111.16	110.05	114.01	116.86	117.09	121.07	126.52	130.06	132.93

3.物质资产折旧率

首先借鉴黄勇峰、任若恩、刘晓生(2002)的研究。作者假设资本品的残值率为3%—5%,假设设备寿命期为16年、建筑物寿命期为40年,估算出设备的经济折旧率为17%,建筑为8%。我们直接利用上述结果,并希望通过两类投资的投资比例来最终确定固定资本的总折旧率。

因为固定资产投资统计的分类主要是按投资主体的经济类

型、按投资的行业、按投资的性质(基本建设投资、更新改造投资等),没有按建筑投资、设备投资进行的分类统计,因此无系统的建筑投资和设备投资数据。但同样从黄勇峰等(2002)估算所提供的从 1979—1995 年的制造业投资结构看,两者的比例相差并不大,如表 3 所示:

表 3　制造业固定资产投资的建筑投资与设备投资结构情况

(单位:%)

年份	1979	1980	1981	1982	1983	1984	1985	1986	1987
建筑投资	53.90	56.34	58.74	57.85	56.47	53.56	50.72	47.87	48.53
设备投资	46.10	43.66	41.26	42.15	43.53	46.44	49.28	52.13	51.47
年份	1988	1989	1990	1991	1992	1993	1994	1995	合计
建筑投资	43.76	48.40	48.97	48.59	48.32	46.66	47.04	47.58	48.22
设备投资	56.24	51.60	51.03	51.41	51.68	53.34	52.96	52.42	51.78

注:数据计算自黄勇峰等(2002)的“中国制造业资本存量永续盘存法估计”一文中“表 4:中国制造业分行业建筑投资(现价,1979—1995)”和“表 5:中国制造业分行业设备投资(现价,1979—1995)”。

因此,我们以算术平均的形式将黄勇峰的上述建筑和设备的分类折旧率综合为总折旧率,即确定固定资产的总折旧率为:12.5%。

三、物质资本水平估算结果

物质资本投资水平,如表 4 所示:

表 4　1995—2006 年中国物质资本投资水平(1995 价)

(单位:亿元)

年份	1995	1996	1997	1998	1999	2000	2001	2002	2003	2004	2005	2006
全国	20 019	22 090	23 581	26 911	28 397	30 970	34 872	40 681	50 847	61 071	75 714	92 430
北京	865	822	891	1 004	1 047	1 133	1 331	1 573	1 859	2 078	2 307	2 680
天津	397	428	485	559	569	603	698	804	1 008	1 126	1 336	1 615
河北	908	1 138	1 352	1 543	1 727	1 753	1 847	1 961	2 351	2 854	3 602	4 681
山西	271	297	354	432	455	513	611	745	980	1 222	1 501	1 827
内蒙古	251	249	265	297	320	382	451	627	1 014	1 470	2 097	2 582
辽宁	865	863	944	1 014	1 073	1 202	1 342	1 505	1 899	2 601	3 567	4 732
吉林	320	353	336	399	452	535	615	722	830	962	1 404	2 047
黑龙江	518	550	631	719	704	769	889	963	1 049	1 226	1 457	1 836
上海	1 598	1 868	1 844	1 860	1 789	1 803	1 920	2 113	2 330	2 665	3 042	3 377
江苏	1 765	1 902	2 125	2 432	2 466	2 567	2 798	3 362	4 889	5 599	6 911	8 421
浙江	1 483	1 591	1 596	1 832	2 027	2 425	2 914	3 557	4 685	5 395	6 066	6 958
安徽	476	590	647	690	676	761	850	1 011	1 289	1 658	2 142	2 941
福建	683	745	832	1 015	1 062	1 086	1 151	1 234	1 453	1 778	2 160	2 726
江西	283	300	307	366	421	471	583	821	1 145	1 401	1 772	2 116
山东	1 309	1 483	1 683	1 885	2 171	2 417	2 626	3 244	4 811	5 875	7 623	8 940
河南	783	1 000	1 131	1 222	1 167	1 295	1 445	1 637	2 067	2 572	3 528	4 756
湖北	785	899	964	1 084	1 167	1 240	1 375	1 488	1 624	1 917	2 217	2 721
湖南	523	652	625	727	802	898	1 028	1 177	1 350	1 668	2 042	2 393
广东	2 316	2 272	2 166	2 505	2 794	2 959	3 272	3 627	4 435	5 084	5 948	6 749
广西	403	460	462	542	580	577	635	725	875	1 122	1 487	1 944
海南	182	174	153	164	185	186	199	214	257	276	316	361
重庆	—	—	355	472	501	532	643	824	1 034	1 302	1 601	1 960

（续表）

四川	901	1 062	865	1 097	1 167	1 339	1 505	1 761	2 116	2 390	2 927	3 501
贵州	162	184	208	260	294	366	492	580	670	738	840	997
云南	390	437	490	590	589	597	639	704	846	1 012	1 331	1 625
陕西	310	319	346	448	503	540	616	715	922	1 109	1 334	1 714
甘肃	146	197	225	279	326	351	400	457	529	594	689	777
青海	53	75	83	104	111	142	183	210	227	249	279	337
宁夏	62	67	78	95	115	135	161	190	260	294	339	377
新疆	332	368	410	463	479	535	604	683	804	907	1 030	1 179

物质资本存量水平，如表 5 所示：

表 5　1995—2006 年中国物质资本存量水平（1995 价）

（单位：亿元）

年份	1995	1996	1997	1998	1999	2000	2001	2002	2003	2004	2005	2006
全国	83 195	94 886	106 606	120 191	133 564	147 838	164 230	184 382	212 182	246 730	291 603	347 583
北京	3 304	3 713	4 140	4 626	5 095	5 591	6 223	7 019	8 001	9 078	10 251	11 649
天津	1 796	1 999	2 234	2 513	2 768	3 025	3 345	3 731	4 273	4 865	5 593	6 509
河北	3 769	4 436	5 234	6 123	7 084	7 952	8 805	9 665	10 808	12 311	14 375	17 259
山西	1 793	1 866	1 986	2 171	2 355	2 574	2 863	3 251	3 825	4 569	5 499	6 638
内蒙古	1 290	1 377	1 471	1 583	1 706	1 875	2 091	2 457	3 164	4 239	5 806	7 662
辽宁	4 604	4 891	5 223	5 584	5 959	6 416	6 956	7 592	8 542	10 075	12 382	15 566
吉林	1 678	1 821	1 930	2 087	2 278	2 528	2 827	3 196	3 626	4 135	5 022	6 442
黑龙江	2 699	2 911	3 178	3 500	3 767	4 065	4 445	4 853	5 295	5 859	6 584	7 597
上海	5 730	6 882	7 866	8 743	9 439	10 062	10 724	11 497	12 390	13 506	14 860	16 380
江苏	6 950	7 983	9 110	10 404	11 569	12 690	13 901	15 525	18 473	21 764	25 954	31 130
浙江	5 293	6 222	7 040	7 992	9 020	10 318	11 942	14 006	16 940	20 217	23 757	27 745
安徽	2 209	2 522	2 854	3 187	3 465	3 793	4 168	4 658	5 365	6 352	7 700	9 679
福建	2 492	2 925	3 392	3 983	4 547	5 065	5 583	6 119	6 807	7 734	8 927	10 538
江西	1 362	1 492	1 612	1 777	1 975	2 200	2 508	3 015	3 783	4 712	5 894	7 274

(续表)

山东	6 295	6 991	7 800	8 710	9 793	10 985	12 238	13 953	17 020	20 767	25 795	31 510
河南	3 579	4 132	4 747	5 376	5 871	6 432	7 073	7 825	8 915	10 372	12 604	15 785
湖北	2 992	3 517	4 041	4 620	5 210	5 799	6 449	7 131	7 863	8 798	9 915	11 396
湖南	2 438	2 785	3 062	3 406	3 782	4 207	4 709	5 297	5 985	6 905	8 085	9 467
广东	10 095	11 105	11 883	12 903	14 083	15 282	16 643	18 189	20 351	22 891	25 978	29 480
广西	1 692	1 941	2 160	2 432	2 708	2 946	3 213	3 537	3 969	4 595	5 507	6 763
海南	829	900	940	987	1 049	1 103	1 164	1 233	1 336	1 445	1 580	1 744
重庆	—	—	1 774	2 024	2 272	2 520	2 848	3 316	3 936	4 746	5 753	6 994
四川	4 179	4 719	3 578	4 228	4 866	5 597	6 402	7 363	8 559	9 880	11 571	13 626
贵州	779	865	965	1 105	1 260	1 468	1 777	2 134	2 537	2 958	3 428	3 996
云南	1 643	1 875	2 131	2 455	2 737	2 992	3 257	3 554	3 956	4 473	5 246	6 215
陕西	1 563	1 687	1 822	2 042	2 290	2 543	2 841	3 201	3 723	4 367	5 155	6 224
甘肃	831	925	1 034	1 184	1 361	1 542	1 750	1 988	2 268	2 578	2 945	3 354
青海	345	377	413	465	518	595	704	826	949	1 080	1 224	1 408
宁夏	330	356	389	436	496	569	659	767	932	1 109	1 309	1 522
新疆	1 582	1 752	1 943	2 163	2 371	2 610	2 888	3 211	3 613	4 068	4 589	5 194

物质资本投资效率①,如表 6 所示:

表 6　1996—2006 年平均的物质资本投资积累率

(单位:%)

	投资积累率		投资积累率
北京	49.90	辽宁	52.85
天津	51.06	吉林	55.04
河北	54.37	黑龙江	45.38
山西	54.20	上海	43.27
内蒙古	65.33	江苏	55.62

① 物质资本运行效率及总资本运行效率水平,见第六章表 6-23。

（续表）

浙江	57.50	海南	36.79
安徽	56.36	重庆	75.82
福建	52.79	贵州	57.18
江西	60.93	云南	51.59
山东	58.97	陕西	54.41
河南	55.93	甘肃	52.30
湖北	50.34	青海	53.16
湖南	52.61	宁夏	56.48
广东	46.36	新疆	55.93
广西	53.90	全国平均	54.23

四、总资本水平估算结果

我们将人力资本与物质资本加总形成总资本，计算期内总资本投资水平、存量水平及投资效率水平，分别如表 7、表 8、表 9 所示：

表 7　1995—2006 年中国总资本投资水平(1995 价)

(单位:亿元)

年份	1995	1996	1997	1998	1999	2000	2001	2002	2003	2004	2005	2006
全国	24 822	26 983	29 492	33 416	35 805	39 471	44 236	51 423	62 707	74 044	90 604	109 404
北京	1 020	976	1 099	1 252	1 329	1 482	1 735	2 060	2 422	2 699	3 041	3 540
天津	471	502	580	662	685	741	852	986	1 220	1 364	1 593	1 898
河北	1 111	1 307	1 617	1 824	2 046	2 096	2 234	2 410	2 867	3 386	4 237	5 375
山西	381	413	482	562	606	685	821	1 002	1 273	1 545	1 871	2 251
内蒙古	344	342	373	411	450	532	621	817	1 225	1 700	2 352	2 888
辽宁	1 006	1 059	1 176	1 260	1 339	1 520	1 691	1 903	2 342	3 078	4 133	5 357
吉林	442	473	475	542	617	723	826	963	1 104	1 250	1 729	2 422
黑龙江	670	725	799	889	907	1 010	1 182	1 286	1 409	1 622	1 914	2 352

(续表)

上海	1 786	2 066	2 114	2 163	2 149	2 214	2 379	2 590	2 867	3 303	3 761	4 169
江苏	2 084	2 253	2 566	2 928	3 026	3 190	3 458	4 112	5 766	6 552	8 023	9 664
浙江	1 713	1 823	1 892	2 165	2 413	2 881	3 443	4 184	5 371	6 196	7 000	8 029
安徽	625	755	848	915	929	1 025	1 144	1 329	1 646	2 079	2 618	3 526
福建	834	896	1 034	1 238	1 312	1 380	1 467	1 586	1 820	2 174	2 591	3 226
江西	396	411	445	516	592	662	802	1 066	1 409	1 701	2 118	2 518
山东	1 614	1 813	2 073	2 308	2 659	2 992	3 230	3 933	5 558	6 685	8 560	10 035
河南	990	1 232	1 403	1 521	1 493	1 693	1 874	2 105	2 619	3 168	4 216	5 587
湖北	1 012	1 131	1 243	1 410	1 546	1 662	1 824	1 984	2 134	2 470	2 824	3 419
湖南	748	880	879	1 015	1 122	1 239	1 407	1 579	1 778	2 130	2 567	2 992
广东	2 847	2 801	2 784	3 179	3 546	3 801	4 178	4 725	5 652	6 376	7 371	8 315
广西	557	624	640	739	799	818	897	1 020	1 180	1 446	1 845	2 338
海南	219	209	191	205	229	235	252	273	322	351	401	460
重庆	—	—	459	594	642	793	913	1 020	1 246	1 541	1 877	2 257
四川	1 220	1 374	1 130	1 409	1 514	1 660	1 839	2 234	2 627	2 931	3 522	4 192
贵州	241	257	301	362	418	513	657	783	879	969	1 120	1 303
云南	544	595	684	792	817	856	918	1 026	1 178	1 370	1 742	2 096
陕西	379	427	476	597	676	729	843	989	1 229	1 430	1 711	2 174
甘肃	213	262	305	366	430	480	541	615	700	780	912	1 038
青海	75	94	105	127	137	172	221	250	269	297	340	414
宁夏	82	86	100	119	143	170	206	238	311	347	403	450
新疆	429	458	511	567	598	673	765	869	1 007	1 125	1 287	1 469

表 8　1995—2006 年中国总资本存量水平(1995 价)

(单位:亿元)

年份	1995	1996	1997	1998	1999	2000	2001	2002	2003	2004	2005	2006
全国	94 445	107 029	122 555	137 048	152 428	176 463	195 026	217 900	251 739	289 661	327 344	391 531
北京	3 865	4 539	4 826	5 546	6 331	7 369	8 555	7 572	10 852	12 833	14 465	17 163
天津	2 025	2 158	2 517	2 685	3 125	3 621	3 787	4 349	4 919	5 778	6 532	7 634
河北	4 192	4 936	5 958	7 063	8 004	9 042	9 863	11 148	12 890	14 347	15 982	18 798

（续表）

山西	2 097	2 194	2 367	2 479	2 797	3 107	3 483	3 916	4 578	5 354	6 273	7 697
内蒙古	1 522	1 672	1 788	1 982	2 078	2 357	2 582	3 018	3 681	4 961	6 545	8 360
辽宁	5 245	5 574	6 218	6 396	6 905	7 662	7 744	8 637	10 280	11 664	13 760	17 411
吉林	2 064	2 170	2 440	2 609	2 847	3 168	3 558	4 085	4 541	5 147	5 739	7 351
黑龙江	3 176	3 502	3 880	4 093	4 296	4 861	5 286	5 737	6 238	6 847	7 629	9 098
上海	6 366	7 577	8 529	9 531	10 475	12 103	12 485	13 765	15 657	17 178	19 111	21 599
江苏	7 845	8 734	9 667	11 293	12 378	14 807	15 712	17 088	20 415	23 947	29 069	34 603
浙江	5 849	6 723	7 809	8 935	9 918	11 858	13 098	15 894	18 932	22 913	25 748	31 311
安徽	2 516	2 834	3 368	3 613	3 905	4 366	5 113	5 394	6 912	7 665	8 141	10 510
福建	2 769	3 221	3 906	4 446	5 072	6 218	6 860	7 367	8 092	9 033	10 275	12 052
江西	1 554	1 722	1 996	2 111	2 404	2 720	3 214	3 557	4 912	5 604	6 335	7 865
山东	6 952	7 387	8 283	9 315	10 555	12 992	14 753	16 974	19 641	23 549	28 081	34 723
河南	4 065	4 702	5 457	6 259	6 616	7 603	8 872	9 741	10 522	12 444	14 081	17 288
湖北	3 382	4 091	4 833	5 450	5 969	7 196	7 910	7 924	9 438	10 613	10 978	13 207
湖南	2 899	3 386	3 802	4 151	4 752	5 372	6 103	6 825	7 682	8 766	9 096	10 689
广东	11 053	11 655	13 788	14 783	16 127	20 010	18 831	21 657	23 326	26 783	32 837	36 616
广西	1 948	2 210	2 414	2 759	3 025	3 584	4 045	4 505	5 051	5 883	6 093	7 712
海南	910	961	1 045	1 109	1 201	1 294	1 347	1 452	1 640	1 753	1 846	2 026
重庆	—	—	2 043	2 247	2 621	3 072	3 511	3 948	4 665	5 152	6 005	7 321
四川	4 962	5 559	4 283	5 136	5 498	6 564	7 962	8 969	10 260	11 543	11 819	14 493
贵州	898	1 043	1 133	1 262	1 495	1 604	2 192	2 604	3 174	3 540	3 553	4 165
云南	1 899	2 210	2 448	2 756	3 021	3 663	3 774	4 095	4 408	5 585	6 000	7 908
陕西	1 796	1 994	2 113	2 272	2 636	3 140	3 412	3 696	4 725	5 495	6 023	7 358
甘肃	978	1 097	1 197	1 357	1 608	1 842	2 145	2 366	2 779	3 198	3 307	3 679
青海	386	407	442	513	611	697	777	919	1 080	1 212	1 371	1 559
宁夏	367	409	440	492	553	663	781	908	1 065	1 287	1 454	1 709
新疆	1 796	2 072	2 247	2 462	2 852	3 069	3 494	3 955	4 365	4 912	5 254	5 952

表 9　1996—2006 年平均的总资本投资积累率

(单位:%)

	投资积累率		投资积累率
北京	61.46	河南	49.13
天津	50.61	湖北	45.39
河北	49.68	湖南	44.29
山西	48.65	广东	48.48
内蒙古	58.38	广西	46.68
辽宁	48.94	海南	35.68
吉林	47.52	重庆	64.56
黑龙江	42.02	贵州	39.01
上海	51.16	云南	43.20
江苏	51.92	陕西	49.76
浙江	56.09	甘肃	44.96
安徽	47.54	青海	49.31
福建	49.58	宁夏	42.02
江西	51.56	新疆	48.36
山东	55.71	全国平均	49.71

关于基础数据的波动

根据《中国人口统计年鉴》提供的数据，2005 年相对高学历人口比重明显低于 2004 年，全国平均水平如此，绝大部分省市区也如此，原始基础数据见表 1：

表 1　2005 年和 2004 年 6 岁及以上人口学历分布

（单位：%）

	2005 年					2004 年				
	大专及以上	高中	初中	小学	不识字或识字很少	大专及以上	高中	初中	小学	不识字或识字很少
全国	5.56	12.44	38.35	33.28	10.37	5.77	13.40	39.29	32.38	9.16
北京	24.49	25.13	32.15	14.30	3.93	23.89	23.44	33.89	14.55	4.23
天津	14.08	21.10	37.94	21.87	5.00	14.34	23.62	36.67	20.26	5.11
河北	4.73	12.04	46.27	30.06	6.90	5.89	13.15	45.53	29.36	6.06

(续表)

山西	5.57	13.05	46.30	29.89	5.19	5.23	11.51	49.00	29.25	5.01
内蒙古	7.93	15.31	38.22	27.97	10.58	6.63	15.06	38.96	29.91	9.43
辽宁	8.34	13.72	45.87	27.28	4.79	8.29	13.65	48.12	25.73	4.21
吉林	6.68	14.98	41.93	30.47	5.94	6.85	17.53	42.98	28.86	3.78
黑龙江	6.42	14.60	43.88	28.86	6.24	4.68	13.91	48.81	28.03	4.58
上海	17.84	24.92	35.87	15.86	5.50	18.50	27.52	32.81	14.97	6.21
江苏	6.80	14.74	39.45	28.78	10.23	4.92	13.82	39.57	30.01	11.68
浙江	5.42	12.14	34.87	35.84	11.72	7.47	14.60	35.56	30.04	12.32
安徽	3.85	9.22	36.63	33.68	16.63	4.43	10.72	38.76	33.39	12.70
福建	4.98	12.17	34.45	36.42	11.98	4.56	14.57	32.15	35.34	13.38
江西	3.85	10.82	35.43	40.46	9.43	4.67	14.21	37.72	35.59	7.81
山东	4.44	12.59	41.85	28.90	12.22	5.49	13.67	42.01	27.41	11.42
河南	4.22	11.41	47.01	28.50	8.86	4.42	13.15	46.83	28.65	6.95
湖北	5.07	13.52	38.68	31.79	10.94	5.78	15.81	38.65	29.92	9.84
湖南	4.49	13.96	39.68	33.77	8.10	5.22	13.47	40.90	33.74	6.67
广东	5.81	15.40	40.41	32.51	5.87	5.19	13.90	38.13	36.68	6.11
广西	4.00	9.95	38.19	39.80	8.06	5.18	12.35	39.81	35.35	7.30
海南	5.45	14.36	40.66	30.90	8.63	5.21	16.88	42.24	29.08	6.59
重庆	4.63	10.21	32.08	42.30	10.77	3.64	9.80	31.37	44.40	10.78
四川	3.48	7.75	30.56	43.32	14.88	3.62	10.52	35.87	39.75	10.24
贵州	3.32	6.67	26.72	44.68	18.60	4.47	7.89	31.22	41.82	14.59
云南	3.37	6.30	24.71	47.63	17.98	3.84	7.46	28.52	45.65	14.52
西藏	0.89	2.12	8.49	42.96	45.54	0.94	2.91	12.03	46.91	37.21
陕西	6.17	14.12	38.98	31.21	9.52	7.23	15.78	37.94	29.95	9.10
甘肃	4.26	11.21	29.00	37.05	18.48	5.67	12.91	29.87	34.87	16.69
青海	7.11	10.88	25.09	34.29	22.64	4.51	11.41	28.56	35.68	19.82
宁夏	6.82	11.89	31.67	33.46	16.17	7.16	13.80	31.95	33.75	13.32
新疆	8.75	12.20	36.03	34.94	8.08	9.89	13.94	35.22	34.32	6.62

依据表1的数据，观察2005年与2004年6岁以上人口的学历分布差异，见表2，这种差异表现为系统性的相对高学历比重下降而相对低学历比重上升：全国大专及以上比重下降0.206 5个百分点，高中比重下降0.957 3个百分点，初中比重下降0.947 0个百分点，而小学和不识字的比重则分别上升0.905 1和1.205 7个百分点。

表2　各学历组比重2005年对比2004年变化情况

（2005—2004年）　　（单位：%）

	大专及以上	高中	初中	小学	不识字或识字很少
全国	−0.206 5	−0.957 3	−0.947 0	0.905 1	1.205 7
北京	0.597 5	1.693 2	−1.739 1	−0.250 7	−0.300 8
天津	−0.254 3	−2.517 8	1.265 7	1.614 8	−0.107 7
河北	−1.162 8	−1.110 6	0.738 5	0.702 2	0.834 3
山西	0.339 5	1.536 2	−2.705 6	0.643 8	0.186 6
内蒙古	1.295 5	0.241 8	−0.735 0	−1.943 8	1.141 5
辽宁	0.054 7	0.070 9	−2.257 2	1.552 5	0.576 5
吉林	−0.170 4	−2.549 1	−1.045 3	1.605 4	2.159 1
黑龙江	1.742 4	0.695 3	−4.934 0	0.831 6	1.664 7
上海	−0.652 0	−2.598 5	3.066 6	0.887 8	−0.709 6
江苏	1.878 1	0.920 9	−0.120 5	−1.231 4	−1.447 1
浙江	−2.052 6	−2.452 2	−0.688 8	5.794 4	−0.601 0
安徽	−0.582 6	−1.507 1	−2.133 8	0.289 9	3.933 7

（续表）

福建	0.422 2	−2.396 0	2.297 4	1.073 0	−1.396 8
江西	−0.820 1	−3.385 8	−2.295 9	4.872 9	1.628 6
山东	−1.046 1	−1.078 9	−0.161 6	1.489 3	0.796 2
河南	−0.202 1	−1.738 6	0.181 1	−0.151 0	1.910 7
湖北	−0.707 9	−2.291 1	0.026 3	1.865 4	1.105 3
湖南	−0.730 6	0.486 7	−1.219 9	0.034 0	1.426 5
广东	0.625 5	1.504 4	2.272 7	−4.172 0	−0.232 0
广西	−1.185 1	−2.397 8	−1.619 3	4.445 8	0.756 6
海南	0.236 9	−2.515 3	−1.584 9	1.819 1	2.043 2
重庆	0.987 6	0.409 5	0.716 5	−2.106 2	−0.003 8
四川	−0.134 3	−2.771 7	−5.305 0	3.572 5	4.639 7
贵州	−1.152 0	−1.212 1	−4.500 7	2.855 6	4.009 1
云南	−0.465 4	−1.156 4	−3.812 4	1.974 6	3.462 1
西藏	−0.052 8	−0.783 2	−3.545 4	−3.951 9	8.333 3
陕西	−1.058 8	−1.667 7	1.040 7	1.263 4	0.421 9
甘肃	−1.409 5	−1.695 0	−0.868 1	2.186 3	1.786 3
青海	2.604 3	−0.536 6	−3.472 5	−1.390 9	2.818 1
宁夏	−0.344 3	−1.915 7	−0.280 5	−0.290 9	2.849 4
新疆	−1.145 5	−1.739 9	0.815 0	0.615 6	1.454 8

分省市看，全国31个省市区中，西藏和宁夏表现为“不识字或识字很少”级比重大幅上升而其他所有学历组比重全部下降；吉

林、浙江、安徽、江西、山东、广西、四川、贵州、云南、甘肃这10个省份，则表现“初中”、“高中”和“大专及以上”三个学历组的比重同时下降；天津、河北、上海、河南、湖北、陕西、新疆这7个省市区表现为“高中”和“大专及以上”两个学历组比重同时下降。

我们判断，2005年上述这种6岁及以上人口中相对高学历比重全面系统下降的现象是异常的，类似的现象在其他基础数据中也有存在。

但是我们没有条件深入分析基础数据波动的原因，因而在运用数据时，未对所涉及的基础数据做任何处理。

参考文献

[1] S. Aiyar and J. Feyrer, "A Contribution to the Empirics of Total Factor Productivity," Dartmouth College, Working Paper, 2002.

[2] Amparo Castello and Rafael Domenech, "Human Capital Inequality and Economic Growth: Some New Evidence," *The Economic Journal*, Vol. 112, No. 478, Conference Papers (Mar., 2002).

[3] K. Arrow, "The Economic Implications of Learning by Doing," *Review of Economic Studies*, 1962, Vol. 29.

[4] Y. Alwyn, 2000, "Gold into Base Metals: Productivity Growth in the People's Republic of China during the Reform Period," NBRE working paper 7856.

[5] C. Azariadis, A. Drazen, "Threshold Externalities in Economic Development," *Quarterly Journal of Economics*, 1990.

[6] R. J. Barro, "Human Capital and Growth," *the American Economic Review*, Vol. 91, No. 2, Papers and Proceedings of The Hundred Thirteenth Annual Meeting of the American Economic Association (May, 2001).

[7] R. J. Barro, "Economic Growth in a Cross Section of Countries," *Quarterly Journal of Economics*, 1991, Vol. 106(2).

[8] R. J. Barro, "Book Reviews: Determinants of Economic Growth," Cambridge, MA: MIT Press, 1997.

[9] R. J. Barro, J. W. Lee, "International Comparison of Educational Attainment," *Journal of Monetary Economics*, 1993, Vol. 32.

[10] R.J. Barro, J.W. Lee, "International Data on Educational Attainment: Updates and Implications," *Oxford Economic Papers*, New Series, Vol. 53, No. 3, Special Issue on Skills Measurement and Economic Analysis (Jul., 2001).

[11] R.J. Barro, J.W. Lee, "International Measures of Schooling Years and Schooling Quality," *American Economic Review*, 1996, Vol.86(2).

[12] R.J. Barro and J.W. Lee, "Schooling Quality in a Cross-Section of Countries," *Economica*, New Series, Vol. 68, No. 272 (Nov., 2001).

[13] R.J. Barro, N. Gregory Mankiw, Xavier Sala-i-Martin, "Capital Mobility in Neoclassical Models of Growth," *The American Economic Review*, Vol. 85, No. 1 (Mar., 1995).

[14] R.J. Barro, and X. Sala-i-Martin , "Public Finance in Models of Economic Growth," *Review of Economic Studies* , 1992 , 59.

[15] R. J. Barro and X. Sala-i-Martin. "Technological Diffusion, Convergence, and Growth," *Journal of Economic Growth*, 1997, 2(1).

[16] G.S. Becker, K.M. Murphy and R. Tamura, "Human Capital, Fertility, and Economic Growth," *Journal of Political Economy*, 1990, Vol.10.

[17] Becker, Willian E. & Lewis, Darrell R. (Eds.), *Higher Education and Economic Growth*, Norwell, U. S. A.: Kluwer Academic Publishers, 1993.

[18] J. Benhabib and M. Spiegel, "The Role of Human Capital in Economic Development: Evidence from Aggregate Cross-country Data," *Journal of Monetary Economics*, 1994, 34(2).

[19] Black, Sandra E. & Lynch, Lisa M., "Human-Capital Investments and Productivity," *American Economic Review*, *American Economic Association*, 1996. Vol. 86(2).

[20] M. Bils and P. Klenow, "Does Schooling Cause Growth," *American Economic Review*, 2000, 90(5) .

[21] R. Byron and E. Manaloto, "Return to Education in China," *Economic Development and Cultural Change*, 1990, Vol.38(4).

[22] D. Card, A. Krueger, "Does School Quality Matter? Return to Education and the Characteristics of Public Schools in the United States," *Journal of Political Economy*, 1992, Vol. 100(1).

[23] Casey B. Mulligan and Xavier Salia-I-Martin, "A Labor-Income-Based Measure of the Value of Human Capital: An Application to the States of the United States," NBER Working Paper, 1995, No. 5018.

[24] K. Chen, G. Jefferson, T. Rawski, H. Wang and Y. Zheng, "New Estimates of Fixed Capital Stock for Chinese State Industry," *China Quarterly*, 1988, Vol. 114.

[25] Christensen, Laurits R. and Jorgenson Dale W., "The Measurement of U.S. Real Calpital: 1929 - 1967," *Review of Income and Wealth*, 1969, Vol. 10(4).

[26] J. Chou, "Old and New Development Models: the Taiwan Experience," In: *Growth Theories in Light of the East Asian Experience*, Chicago: University of Chicago Press, 1995.

[27] G. C. Chow, "Capital Formation and Economic Growth in China," *Quarterly Journal of Economics*. 1993, Vol. 8.

[28] G. Chow, A. Lin, "Accounting for Economic Growth in Taiwan and Mainland China: A Comparative Analysis," *Journal of Comparative Economics*, 2002, Vol. 30.

[29] Chuang Yih-Chyi, "The Role of Human Capital in Economic Development: Evidence from Taiwan," *Asian Economic Journal*, 1999, Vol. 13. No. 2.

[30] Curtis J. Simon, Clark Nardinelli, "Human Capital and the Rise of American Cities, 1900 - 1990," *Regional Science and Urban Economics*, 2002, Vol. 32.

[31] L. I. Dublin, A. Lotka, *The Money Value of Man*. Ronald, New York, 1930.

[32] C. Dagum, "A Systemic Approach to the Generation of Income Distribution Models," *Journal of Income Distributions*, 1996, Vol. 6(1).

[33] C. Dagum, G. Vittadini, "Human Capital Measurement and Distributions," *Proceedings of the Business and Economic Statistics Section*, American Statistical Association, 1996.

[34] C. Dagum, D. Slottje, "A New Method to Estimate the Level and Distribution of Household Human Capital with Application," *Structural Change and Economic Dynamics*, 2000, Vol. (11).

[35] David E. Bloom, David Canning and Jaypee Sevilla. "The Demographic Dividend : A New Perspective on the Economic Consequences of Population Change," RAND,2002.

[36] Edward N. Wolff, "Human Capital Investment and Economic Growth: Exploring the Cross-country Evidence," *Structural Change and Economic Dynamics*,2000, Vol. 11.

[37] R. Eisner, "Total Income in the United States: 1959 and 1969," *Review of Income Wealth*, 1978, Vol. 24(1).

[38] E. Engle, *Der Werth des Menschen*. 1883, 转引自 C. Dagum, D. Slottje, "A New Method to Estimate the Level and Distribution of Household Human Capital with Application," *Structural Change and Economic Dynamics*, 2000, Vol. 11。

[39] W. Farr, *Equitable Taxation*. 1853, 转引自 C. Dagum, D. Slottje, "A New Method to Estimate the Level and Distribution of Household Human Capital with Application," *Structural Change and Economic Dynamics*, 2000, Vol. 11。

[40] Giorgio Vittadini, Pietro Giorgio Lovaglio, "Evaluation of the Dagum - Slottje Method to Estimate Household Human Capital," *Structural Change and Economic Dynamics*, 2007(18).

[41] Hui Wei, "Measuring the Stock of Human Capital for Australia: A Lifetime Labor Income Approach", in: Paper presented at the 30th Annual Conference of Economists, Perth, September, 2001.

[42] D. Jamison & J. V. Gaa, "Education and Earnings in the People's Republic of China," *Economics of Education Review*, 1987, Vol. 6(2).

[43] B. Jain, "Returns to Education: Further Analysis of Cross Country Data," *Economics of Education Review*, 1991, Vol.10(3).

[44] G. Jefferson, T. Rawski and Y. Zheng, "Chinese Industrial Poductivity: Trends, Measurement and Recent Development," *Journal of China Economy*, 1996, Vol.23.

[45] Jong-Wha Lee, "Education for Technology Readiness: Prospects for Developing Countries, " *Journal of Human Development*, 2001, Vol.2(1).

[46] D. W. Jorgenson, B. M. Fraumeni, "The Accumulation of Human and Nonhuman Capital,1948 – 84," in: Lipsey,R. E. , Stone Tice,H. (eds.), *The Measurement of Saving, Investment, and Wealth*, NBER Studies in Income and Wealth, The University of Chicago Press, 1989, Vol.52.

[47] G. Johnes, "Schooling, Fertility and the Labor Market Experience of Married Women," *Applied Economics*, 1999, Vol.31.

[48] J. W. Kendrick, *The Formation and Stocks of Total Capital*, Columbia University Press, New York, 1976.

[49] J. W. Kendrick, "Total Capital and Economic Growth," *Atlantic Economic Journal*, 1994, Vol.22(1).

[50] L. Lau, J. Dean, T. Jannison, F. Louat, "Education and Productivity in Developing Countries: An Aggregate Production Function Approach," in: Policy and Research Working Paper, WPS612. World Bank, Washington,D.C. 1991.

[51] M. Laroche, M. Mérette, "Measuring Human Capital in Canada," Research Paper. Department of Finance, Ottawa, Canada. 2000.

[52] Le Thi Van TRINH, John Gibson, Les Oxley, "Measuring the Stock of Human Capital in New Zealand," *Mathematics and Computers in Simulation*, 2005(68).

[53] R. Levine, D. Renelt, "A Sensitivity Analysis of Cross-country Growth Regressions," *The American Economic Review*, 1992, Vol.82(4).

[54] L. Pritchett, "Measuring Outward Orientation in LDCs: Can It Be Done?" *Journal of Development Economics*, Elsevier, 1996. vol. 49(2).

[55] L. Pritchett, "Where Has All the Education Gone," *World Bank Economic Review*, 2001, 15(3).

[56] R. Lucas, "On The Mechanics of Economic Development," *Journal of Monetary Economics*, 1988, Vol. 22.

[57] R. T. Macklem, "Aggregate Wealth in Canada," *Canadian Journal of Economics*, 1997, Vol. 30(1).

[58] W. Mc Mahon, "Relative Returns to Human and Physical Capital in the U. S. and Efficient Investment Strategies," *Economics of Education Review*, 1991, Vol. 10(4).

[59] F. Michael and S. Holger, "On Endogenous Growth with Physical Capital, Human Capital and Product Variety," *European Economic Review*, 2000, Vol. 44.

[60] J. Mincer, "The Distribution of Labor Incomes: A Survey," *Journal of Economic Literature*, 1970, Vol. 8(1).

[61] J. Mincer, *Schooling*, *Experience and Earnings*, New York. NY. Columbia University Press, 1974.

[62] C. B. Mulligan, X. Sala-i-Martin, "A Labor-Income-Based Measure of the Value of Human Capital: An Application to the States of the United States," *Japan and the World Economy*, 1997, Vol. 9.

[63] N. Gregory Mankiw, David Romer, David N. Weil, "A Contribution to the Empirics of Economic Growth," *The Quarterly Journal of Economics*, Vol. 107, No. 2(May, 1992).

[64] N. Gregory Mankiw, "The Reincarnation of Keynesian Economics," *European Economic Review*, Elsevier, 1992. vol. 36(2 - 3).

[65] Nazrul Islam, "Growth Empirics: A Panel Data Approach," *The Quarterly Journal of Economics*, Vol. 110, No. 4 (Nov., 1995).

[66] V. Nehru, E. Swanson, A. Dubey, "A New Database on Human Capital Stock in Developing and Industrial Countries: Sources, Methodology and Results," *Journal of Development Economics*, 1995, Vol. 9(2).

[67] A. Newell and B. Reilly, "Rates of Return to Educational Qualifications in

the Transitional Economies," *Education Economics*, 1999, Vol.7.

[68] R. R. Nelson and E. S. Phleps, "Investment in Humans, Technological Diffusion, and Economic Growth," *American Economic Review Proceedings*, 1996, Vol.56.

[69] W. Petty, *Political Arithmetick*. 1690, 转引自 C. Dagum, D. Slottje. "A New Method to Estimate the Level and Distribution of Household Human Capital with Application," *Structural Change and Economic Dynamics*, 2000, Vol.11。

[70] Pietro Giorgio Lovaglio, "Process of Accumulation of Italian Human Capital," *Structural Change and Economic Dynamics*, 2008(19).

[71] P. M. Romer, "Increasing Returns and Long-run Growth," *Journal of Political Economy*, 1986, Vol(94).

[72] P. M. Romer, "Human Capital and Growth: Theory and Evidence," NBER Wording Paper, N.3173, 1989.

[73] P. M. Romer, "Endogenous Technological Change," *Journal of Political Economy*, 1990, Vol. 98(5).

[74] L. Sjastaad, "The Cost and Returns to Human Migration," *Journal of Political Economy*, 1962, Vol.70(5).

[75] T. W. Schultz, "The Value of Ability to Deal with Disequilibria," *Journal of Economic Literature*, 1975, Vol.13.

[76] R. M. Solow, "A Contribution to the Theory of Economic Growth," *Quarterly Journal of Economics*, 1956, Vol.70.

[77] H. L. Tao and T. F. Stinson, "An Alternative Measure of Human Capital Stock," University of Minnesota, Economic Development Center Bulletin 7466, 97/01.

[78] J. Temple, "The New Growth Evidence," *Journal of Economic Literature*, March 1999, 37(1).

[79] M. P. Todaro, "A Model of Labor Migration and Urban Unemployment in Less Developed Countries," *American Economic Review*, 1969, Vol.59.

[80] T. Paul Schultz,"Health and Schooling Investments in Africa," *The Journal of Economic Perspectives*, 1999, 13(3).

[81] H. Uzawa, "Optimum Technical Change in an Aggregative Model of Economic Growth," *International Economic Review*, 1965, Vol.6.

[82] Wim P. M. Vijverberg, Jacques Van der Gaag, "A Switching Regression Model for Wage Determinants in the Public and Private Sectors of a Developing Country," *Review of Economics and Statistics*, 1988, Vol. 70 (2).

[83] Y. Wang, Y. Yao, "Sources of China's Economic Growth 1952 - 1999: Incorporating Human Capital Accumulation," *China Economic Review*, 2001, Vol.14.

[84] E. Wasmer, "Measuring Human Capital in the Labor Market: The Supply of Experience in 8 OECD Countries," *European Economic Review*, 2001, Vol.45.

[85] NG, Ying Chu, "Economic Development Human Capital and Gender Earnings Differentials in China,"*Economics of Education Review*, 2004, Vol.23.

[86] Alwyn Young, "Gold into Base Metals: Productivity Growth in the People's Republic of China during the Reform Period," NBRE working paper 7856, 2000.

[87] Yongding Yu, "China's Rise, Twin Surplus and the Change of China's Development Strategy," Paper prepared for Tokyo Club Foundation for Global Studies Conference, Kyoto, 21 November 2005.

[88] Zhang, Junsen and Yaihui Zhao, "Economic Returns to Schooling in China: 1988 - 1999," World Bank Discussion Draf. 2002.

[89] 安格斯·麦迪森:《中国经济的长远未来》(第一版),北京:新华出版社 1999 年版。

[90] 安应民:《企业人力资本投资与管理》(第一版),北京:人民出版社 2003 年版。

[91] 保罗·萨缪尔森:《经济学》(第十六版),北京:华夏出版社 1999 年版。

[92] 白菊红：《农村人力资本积累与农民收入研究》，北京：中国农业出版社 2004 年版。
[93] 边燕杰、丘海雄："企业的社会资本及其功效"，《中国社会科学》2000 年第 2 期。
[94] 蔡昉等：《制度、趋同与人文发展——区域发展和西部开发战略思考》（第一版），北京：中国人民大学出版社 2002 年版。
[95] 蔡昉等："经济发展方式转变与节能减排内在动力"，《经济研究》2008 年第 6 期。
[96] 蔡昉、都阳："中国地区经济增长的趋同与差异——对西部开发战略的启示"，《经济研究》2000 年第 10 期。
[97] 蔡昉、王德文："中国经济增长可持续性与劳动贡献"，《经济研究》1999 年第 10 期。
[98] 蔡昉、王德文："外商直接投资与就业：一个人力资本分析框架"，《财经论丛》2004 年第 1 期。
[99] 蔡增正："教育对经济增长贡献的计量分析"，《经济研究》1999 年第 2 期。
[100] 陈浩："人力资本对经济增长影响的结构分析"，《数量经济技术经济研究》2007 年第 8 期。
[101] 陈秀山等："异质型人力资本在区域经济发展差距中的贡献研究"，《经济学动态》2006 年第 3 期。
[102] 陈勇、李小平："中国工业行业的面板数据构造及资本深化评估：1985－2003"，《数量经济技术经济研究》2006 年第 10 期。
[103] 陈志国："中国公共资本存量和私人资本存量的估计与分析"，《财政研究》2005 年第 9 期。
[104] 崔友平："资本理论评述及启示"，《当代经济研究》2000 年第 8 期。
[105] 崔玉平："中国高等教育对经济增长率的贡献"，《北京师范大学学报》（社会科学版）2000 年第 1 期。
[106] 戴亦一："人力资本核算问题研究"，《统计研究》1999 年增刊。
[107] 党兴华、李晓梅："知识资本的度量与西部工业知识资本评价"，《西安理工大学学报》1999 年第 2 期。
[108] 德怀特·H. 珀金斯："中国经济体制改革"，《管理世界》1989 年第 1 期。

［109］丁栋红："论政治资本主导下国营企业家成长的变异性"，《江苏社会科学》1999 年第 4 期。
［110］董栓成："人力资本对中国经济增长作用的实证分析"，《北方经贸》2002 年第 10 期。
［111］都阳："教育对贫困地区农户非农劳动供给的影响研究"，《中国人口科学》1999 年第 6 期。
［112］杜兴强："人力资源会计的理论基础及其确认与计量"，《会计研究》2000 年第 6 期。
［113］冯子标：《人力资本运营论》（第一版），北京：经济科学出版社 2000 年版。
［114］符宁："人力资本、研发强度与进口贸易技术溢出——基于我国吸收能力的实证研究"，《世界经济研究》2007 年第 11 期。
［115］高波、张志鹏："文化资本：经济增长源泉的一种解释"，《南京大学学报》2004 年第 5 期。
［116］葛新元、陈清华、袁强等："中国经济 6 部门资本产出比分析"，《北京师范大学学报》（自然科学版）2000 年第 2 期。
［117］龚六堂、谢丹阳："我国省份之间的要素流动和边际生产率的差异分析"，《经济研究》2004 年第 1 期。
［118］郭国峰、温军伟、孙保营："技术创新能力的影响因素分析——基于中部六省面板数据的实证研究"，《数量经济技术经济研究》2007 年第 9 期。
［119］郭继强："人力资本投资的结构分析"，《经济学》（季刊）2005 年第 4 期。
［120］郭剑雄、李志俊："劳动力选择性转移条件下的农业发展机制"，《经济研究》2009 年第 5 期。
［121］郭克莎：《中国：改革中的经济增长与结构变动》，上海三联书店 1993 年版。
［122］郭庆旺、贾俊雪："中国全要素生产率的估算：1979—2004"，《经济研究》2005 年第 6 期。
［123］郭玉林："隐性人力资本价值的度量"，《中国工业经济》2002 年第 7 期。
［124］郝枫："资本存量核算的国际进展及其对中国的启示"，《统计与信息论坛》2005 年第 5 期。
［125］郝睿："经济效率与地区平等：中国省际经济增长与差距的实证分析

(1978—2003)”,《世界经济文汇》2006 年第 2 期。
[126] 何枫、陈荣、何林:“我国资本存量的估算及其相关分析”,《经济学家》2003 年第 5 期。
[127] 何景熙:“人力资本投资:应对‘三农’问题的战略选择——关于实施农村人力资源开发工程的思考”,《人口研究》2002 年第 6 期。
[128] 贺菊煌:“我国资本的估算”,《数量经济技术经济研究》1992 年第 8 期。
[129] 洪银兴:《经济增长方式转变研究》(第一版),江苏南京:南京大学出版社 2000 年版。
[130] 洪银兴、龙翠红:“论劳动力流动背景下人力资本对三农的反哺”,《江海学刊》2009 年第 1 期。
[131] 侯风云:《中国人力资本投资与城乡就业相关性研究》,上海:上海三联书店、上海人民出版社 2007 年版。
[132] 侯亚非:《人口质量与经济增长方式》(第一版),北京:中国经济出版社 2000 年版。
[133] 侯亚非、王金营:“人力资本与经济增长方式转变”,《人口研究》2001 年第 3 期。
[134] 胡鞍钢:《中国:不平衡发展的政治经济学》,中国计划出版社 1999 年版。
[135] 胡鞍钢:“从人口大国到人力资本大国:1980~2000 年”,《中国人口科学》2002 年第 5 期。
[136] 胡鞍钢:“从国际比较看中国发展态势:五大资本及总资本视角”,《世界经济与政治》2006 年第 12 期。
[137] 胡永远:“创造性替代、个人人力资本投资与经济增长”,《经济科学》2000 年第 5 期。
[138] 胡永远:“人力资本与经济增长:一个实证分析”,《经济科学》2003 年第 1 期。
[139] 胡永远、刘永呈:“中国省际资本存量的估计:1952—2003”,《统计与决策》2006 年第 4 期。
[140] 胡永远、刘永呈:“中国省际间人力资本和物质资本的相互关系分析”,《人口与经济》2005 年第 5 期。
[141] 胡永远、刘智勇:“不同类型人力资本对经济增长的影响”,《人口与经济》

2004 年第 2 期。
[142] 黄津孚:《现代企业组织与人力资源管理》(第一版),北京:人民日报出版社 1994 年版。
[143] 黄勇峰、任若恩、刘晓生:“中国制造业资本存量永续盘存法估计”,《经济学》(季刊)2002 年第 1 期。
[144] 加里・S.贝克尔:《人力资本》,北京:北京大学出版社 1987 年版。
[145] 焦赋龙:《中国企业家人力资本:形成、定价与配置》(第一版),北京:经济科学出版社 2000 年版。
[146] 赖德胜:“教育、劳动力市场与收入分配”,《经济研究》1998 年第 5 期。
[147] 赖德胜:《教育与收分配》(第一版),北京:北京师范大学出版社 2001 年版。
[148] 赖明勇、包群、阳小晓:“外商直接投资的吸收能力:理论与中国的实证研究”,《上海经济研究》2002 年第 6 期。
[149] 赖明勇、张新、彭水军、包群:“经济增长的源泉:人力资本、研究开发与技术外溢”,《中国社会科学》2005 年第 2 期。
[150] 李宝元:《人力资本与经济发展》(第一版),北京:北京师范大学出版社 2000 年版。
[151] 李京文、张国初:《现代人力资源经济分析》(第一版),北京:社会科学文献出版社 1997 年版。
[152] 李具恒:“人力资本的效用分析”,《江汉论坛》2001 年第 9 期。
[153] 李杰、左仁淑:“关于人力资本作用的反思——兼论人力资本在西部大开发中的作用”,《人口研究》2002 年第 1 期。
[154] 李玲:《人力资本运动与中国经济增长》(第一版),北京:中国计划出版社 2003 年版。
[155] 李平、张庆昌:“国际间技术溢出对我国技术创新的动态效应分析——兼论人力资本的消化吸收”,《世界经济研究》2008 年第 4 期。
[156] 李实、李文彬:“中国教育投资的个人收益率的估计”,载于赵人伟、基斯・格里芬:《中国居民收入分配研究》(第一版),北京:中国社会科学出版社 1994 年版。
[157] 李实、丁赛:“中国城镇教育收益率的长期变动趋势”,《中国社会科学》

2003 年第 6 期。

[158] 李世聪:"人力资源价值计量研究——当期价值理论与模式的创建",《中国人力资源开发》2003 年第 5 期。

[159] 李元春:"对中国城市教育收益率的实证分析",《教育与经济》2003 年第 4 期。

[160] 李元旭、陈志刚:"知识资本计量综述",《科学学研究》2001 年第 9 期。

[161] 李亚玲、汪戎:"人力资本分布结构与区域经济差距",《管理世界》2006 年第 12 期。

[162] 李子奈:《计量经济学》(第一版),北京:高等教育出版社 2000 年版。

[163] 李忠民:《人力资本:一个理论框架及对中国问题的解释》(第一版),北京:经济科学出版社 1999 年版。

[164] 李治国、唐国兴:"资本形成路径与资本存量调整模型——基于中国转型时期的分析",《经济研究》2003 年第 2 期。

[165] 廖楚晖:"中国人力资本和物质资本的结构及政府教育投入",《中国社会科学》2006 年第 1 期。

[166] 梁昭:"国家经济持续增长的主要因素分析",《世界经济》2000 年第 7 期。

[167] 林毅夫:"发展战略、自生能力和经济收敛",《经济学》(季刊)2002 年第 1 期。

[168] 刘善球:《科技型企业家隐性资本研究》,东南大学博士论文,2005 年。

[169] 林志伟:"我国异质型人力资本与经济增长的关系",《山西财经大学学报》2006 年第 10 期。

[170] 刘安国:"人力资本与基础设施投资的动力学分析",《数量经济技术经济研究》2008 年第 1 期。

[171] 刘智勇、胡永远:"异质型人力资本对技术进步的影响研究",《财经理论与实践》(双月刊)2008 年 3 月,第 29 卷,第 152 期。

[172] 刘智勇、胡永远、易先忠:"异质型人力资本对经济增长的作用机制检验",《数量经济技术经济研究》2008 年第 4 期。

[173] 刘宗超、吕永龙:《中国地区发展战略与人力资源开发》(第一版),北京:改革出版社 1999 年版。

[174] 卢艳、刘治国、刘培林:"中国区域经济增长方式比较研究:1978~2005",

《数量经济技术经济研究》2008年第7期。

[175] 陆根尧:“经济增长中的人力资本效应——对中国高速增长区域的统计分析”,《统计研究》2002年第10期。

[176] 罗凯:“健康人力资本与经济增长——中国分省数据证据”,《经济科学》2006年第4期。

[177] 马歇尔著,米志泰译:《经济学原理》(第一版),北京:商务印书馆1964年版。

[178] 马惠娣:“文化、文化资本与休闲”,《自然辩证法研究》2005年第10期。

[179] 毛军:“我国资本存量估算方法比较与重估”,《河南社会科学》2005年第2期。

[180] 孟晓晨、刘洋、戴学珍:“中国主要省区物质资本与人力资本利用效率及投资取向”,《经济地理》2005年第4期。

[181] 庞巴维克:《资本实证论》,商务印书馆1964年版。

[182] 彭国华:“我国地区全要素生产率与人力资本构成”,《中国工业经济》2007年第2期。

[183] 彭旸、刘智勇、肖竞成:“对外开放、人力资本与区域技术进步(1996～2005)”,《世界经济研究》2008年第6期。

[184] 钱雪亚、张小蒂:“农村人力资本积累及其收益特征”,《中国农村经济》2000年第3期。

[185] 钱雪亚等:“度量人力资本水平的三类统计方法”,《统计与决策》2003年第10期。

[186] 钱雪亚等:“人力资本水平计量体系研究”,《浙江学刊》2004年第6期。

[187] 钱雪亚等:“中国人力资本水平实证研究”,《统计研究》2004年第3期。

[188] 钱雪亚等:“人力资本存量水平的计量方法及实证研究”,《商业经济与管理》2005年第2期。

[189] 钱雪亚:“关注另一类统计误差”,《统计研究》2005年第3期。

[190] 钱雪亚等:“资本投资水平还是资本存量水平”,《浙江统计》2006年第12期。

[191] 钱雪亚:“中国区域差异源于FDI?”,《统计研究》2007年第3期。

[192] 钱雪亚等:“论社会经济实证研究中的若干偏误现象”,《统计与决策》2007

年第6期。

[193] 任若恩、刘晓生:“关于中国资本存量估计的一些问题”,《数量经济技术经济研究》1997年第1期。

[194] 邵利玲:“国有企业内部职工个人差异的因素”,载于杜海燕:《管理效率的基础:职工心态与行为》(第一版),上海:上海人民出版社1994年版。

[195] 沈利生、朱运法:《人力资本与经济增长分析》(第一版),北京:社会科学文献出版社1999年版。

[196] 沈坤荣、田源:“人力资本与外商直接投资的区位选择”,《管理世界》2002年第11期。

[197] 沈坤荣:《体制转型期的中国经济增长》,南京大学出版社1996年版。

[198] 沈坤荣、李剑:“企业间技术外溢的测度”,《经济研究》2009年第4期。

[199] 盛乐:“人力资本投资与经济增长关系的实证研究”,《经济问题探索》2000年第6期。

[200] 盛乐:“经营者人力资本产权界定与行为选择的经济分析”,浙江大学博士学位论文,2002年。

[201] 施祖辉:“国外学者关于人力资本测度方法的研究”,《外国经济与管理》1998年第1期。

[202] 施彬、万威武:“西安市教育投资回收期和内部收益率实证分析”,《教育与经济》1993年第3期。

[203] 宋光辉:“不同文化程度人口对我国经济增长的贡献——我国经济增长与教育关系的一种实证分析(1981—2000)”,《财经科学》2003年第1期。

[204] 宋海岩、刘淄楠、蒋萍:“改革时期中国总投资决定因素的分析”,《世界经济文汇》2003年第1期。

[205] 索洛等:《经济增长因素分析》(第一版),北京:商务印书馆1991年版。

[206] 孙炳彦:“关于环境损失计量中修正的人力资本的计算指标”,《环境保护》1998年第3期。

[207] 孙琳:“基于管理贡献的人力资本定价模型”,《财经研究》2003年第11期。

[208] 孙琳琳、任若恩:“中国资本投入和全要素生产率的估算”,《世界经济》2005年第12期。

[209] 孙景尉:“基于损耗的人力资本估算”,《中国人口科学》2005年第2期。

[210] 唐志宏："中国平均利润率的估算"，《经济研究》1999 年第 5 期。
[211] 童勋："人力资本测度方法综述"，《现代管理科学》2004 年第 4 期。
[212] 陶长琪、徐晔："IT 企业的成长与人力资本效应——基于扩展的内生增长模型与实证研究"，《数量经济技术经济研究》2008 年第 3 期。
[213] 完颜绍华、杨华军、许庆瑞："组织创新的整合观"，《自然辩证法研究》2001 年第 1 期。
[214] 王晨、茅宁："人力资本价值转化模型实证分析"，《中国工业经济》2003 年第 5 期。
[215] 王宏伟：《资本效率与经济增长》，经济科学出版社 2004 年版。
[216] 王建民：《人力资本生产制度研究》（第一版），北京：经济科学出版社 2001 年版。
[217] 王金营：《人力资本与经济增长——理论与实证》（第一版），北京：中国财政经济出版社 2001 年版。
[218] 王金营："中国经济增长与综合要素生产率和人力资本需求"，《中国人口科学》2002 年第 2 期。
[219] 王金营："中国和印度人力资本投资在经济增长中作用的比较研究"，《教育与经济》2001 年第 2 期。
[220] 王金营："制度变迁对人力资本和物质资本在经济增长中作用的影响"，《中国人口科学》2004 年第 4 期。
[221] 王绍光、胡鞍钢：《中国不平衡发展的政治经济学》（第一版），北京：中国计划出版社 2000 年版。
[222] 王小鲁、樊纲：《中国经济增长的可持续性——世纪的回顾与展望》（第一版），北京：经济科学出版社 2000 年版。
[223] 王小鲁、樊纲："中国地区差距的变动趋势和影响因素"，《经济研究》2004 年第 1 期。
[224] 王小鲁、樊纲、刘鹏："中国经济增长方式转换和增长可持续性"，《经济研究》2009 年第 1 期。
[225] 王新华、虞洁："特殊人力资本参与企业剩余分配模型及其应用"，《财经理论与实践》2003 年第 3 期。
[226] 王新华、孙剑平："国内外人力资本定价理论研究综述"，《科学学与科学技

术管理》2003 年第 8 期。
[227] 王兴成等:《知识经济》(第一版),北京:中国经济出版社 1998 年版。
[228] 王兴元、成冰:"企业知识资本内涵及其评价研究",《科学学与科学技术管理》2003 年第 9 期。
[229] 王友广、陈清华、方福康:"中国分地区资本—产出比实证分析",《北京师范大学学报》(自然科学版)2005 年第 41 期。
[230] 王毅敏、封铁英、段兴民:"组织中人力资本的三层中位扩展分类研究",《中国人力资源开发》2003 年第 1 期。
[231] 王志刚、龚六堂、陈玉宇:"地区间生产效率与全要素生产率增长率分解(1978—2003)",《中国社会科学》2006 年第 12 期。
[232] 魏立萍:《异质型人力资本与经济增长理论及实证研究》,北京:中国财政经济出版社 2005 年版。
[233] 魏立萍:"人力资本与经济增长关系研究",厦门大学博士论文,2001。
[234] 魏下海:"贸易开放、人力资本与中国全要素生产率——基于分位数回归方法的经验研究",《数量经济技术经济研究》2009 年第 7 期。
[235] 卫兴华、侯为民:"中国经济增长方式的选择与转换途径",《经济研究》2007 年第 7 期。
[236] 文宗瑜:"人力资本产权的定价及其交易",《中国工业经济》2001 年第 3 期。
[237] 吴建伟:"引进外资与国内要素积累对出口增长相关性的研究",《国际商务研究》2001 年第 3 期。
[238] 西奥多·舒尔茨:《论人力资本投资》(第一版),北京:北京经济学院出版社 1992 年版。
[239] 西奥多·舒尔茨:《教育的经济价值》(第一版),吉林长春:吉林人民出版社 1982 年版。
[240] 肖红叶、郝枫:"资本永续盘存法及其国内应用",《财贸经济》2005 年第 3 期。
[241] 肖文韬:"户籍制度保护了二元劳动力市场吗",《中国农村经济》2004 年第 3 期。
[242] 谢千里、罗斯基、郑玉歆:"改革以来中国工业生产率变动趋势的估计及其

可靠性分析”,《经济研究》1995 年第 12 期。
[243] 谢千里、罗斯基、郑玉歆、王莉:“所有制形式与中国工业生产率变动趋势”,《数量经济技术经济研究》2001 年第 3 期。
[244] 谢申祥、王孝松、张宇:“对外直接投资、人力资本与我国技术水平的提升”,《世界经济研究》2009 年第 11 期。
[245] 雅各布·明塞尔:《人力资本研究》(第一版),北京:中国经济出版社 2001 年版。
[246] 闫淑敏、秦江萍:“人力资本对西部经济增长的贡献分析”,《数量经济技术经济研究》2002 年第 11 期。
[248] 闫淑敏、段兴民:“中国西部人力资本存量的比较分析”,《中国软科学》2001 年第 6 期。
[249] 严善平:“市场经济体制下农户的收入决定与就业选择”,《管理世界》2005 年第 1 期。
[250] 姚先国等:“乡镇企业和国有企业效率差异的人力资本产权因素分析”,《经济研究》2002 年第 3 期。
[251] 姚先国:“关于人力资本的几个基本问题”,《浙江树人大学学报》2003 年第 1 期。
[252] 姚先国:“中国教育回报率及其城乡分析”,《中国社会科学文摘》2005 年第 1 期。
[253] 姚洋:“向前看还是向后看”,《读书》2000 年第 5 期。
[254] 杨明洪:“论西方人力资本理论的研究主线与思路”,《经济评论》2001 年第 1 期。
[255] 杨同伟、马曙光:“知识管理中人力资本定价的逻辑起点”,《科技进步与对策》2003 年第 3 期。
[256] 杨建芳、龚六堂、张庆华:“人力资本形成及其对经济增长的影响”,《管理世界》2006 年第 5 期。
[257] 岳书敬、刘朝明:“人力资本与区域全要素生产率分析”,《经济研究》2006 年第 4 期。
[258] 岳希明、任若恩:“测量中国经济的劳动投入:1982—2002 年”,《经济研究》2008 年第 3 期。

[259] 叶飞文:《要素投入与中国经济增长》(第一版),北京:北京大学出版社2004年版。

[260] 约翰·伊物韦尔等:《新帕尔格雷夫经济学大辞典》(第四版),北京:经济科学出版社1992年版。

[261] 余长林:“人力资本投资结构及其经济增长效应”,《数量经济技术经济研究》2006年第12期。

[262] 曾旭辉:“非正式劳动力市场人力资本研究”,《中国农村经济》2004年第3期。

[263] 张车伟、薛欣欣:“国有部门与非国有部门工资差异及人力资本贡献”,《经济研究》2008年第4期。

[264] 张车伟:“营养、健康与效率——来自中国贫困农村的证据”,《经济研究》2003年第1期。

[265] 张国初:《人力资源管理定量测度与评价》(第一版),北京:社会科学文献出版社2000年版。

[266] 张小蒂、钱雪亚:“不同类型从业者收入差异分析”,《数量经济技术经济研究》2000年第6期。

[267] 张帆:“中国的物质资本和人力资本估算”,《经济研究》2000年第8期。

[268] 张军扩:“七五期间经济效益的综合分析——各要素对经济增长贡献率的测算”,《经济研究》1991年第4期。

[269] 张军:“改革以来中国的资本形成与经济增长:一些发现及其解释”,《世界经济文汇》2002年第1期。

[270] 张军、章元:“对中国资本存量K的再估计”,《经济研究》2003年第7期。

[271] 张军、吴桂英、张吉鹏:“中国省际物质资本存量估算:1952—2000”,《经济研究》2004年第10期。

[272] 张钢:“人力资本、组织资本与组织创新”,《科学学研究》2000年第3期。

[273] 张德、潘文君:“民营企业需要积累文化资本”,《经济界》2005年第4期。

[274] 张其仔:《社会资本论》,社会科学文献出版社1998年版。

[275] 张其仔:“社会资本与国有企业绩效研究”,《当代财经》2001年第1期。

[276] 赵耀辉:“中国农村劳动力流动及教育在其中的作用”,《经济研究》1997年第2期。

[277] 邹薇、代谦:“技术模仿、人力资本积累与经济赶超”,《中国社会科学》2003年第5期。

[278] 周天勇:《劳动与经济增长》(第一版),上海:上海三联书店、上海人民出版社1994年版。

[279] 周英章、孙崎岖:“我国教育投入对实际经济增长的贡献实证分析”,《中国软科学》2002年第7期。

[280] 周其仁:“市场里的企业:一个人力资本与非人力资本的特别合约”,《经济研究》1996年第6期。

[281] 周晓、朱农:“论人力资本对中国农村经济增长的作用”,《中国人口科学》2003年第6期。

[282] 邹至庄:《2010年我国经济增长前景;快速增长没有终结——中外专家看中国经济增长潜力》,中国财政出版社2000年版。

[283] 赵志耘、吕冰洋:“政府生产性支出对产出—资本比的影响”,《经济研究》2005年第11期。

[284] 诸建芳等:“中国人力资本投资的个人收益率研究”,《经济研究》1995年第12期。

[285] 朱舟:《人力资本投资的成本收益分析》(第一版),上海:上海财经大学出版社1999年版。

[286] 朱翊民、钟庆才:“广东省经济增长中人力资本贡献的实证分析”,《中国工业经济》2002年第12期。

[287] 郑玉歆、许波:“经济增长研究中的资本度量”,《数量经济技术经济研究》1992年第7期。

[288] 邸强、唐元虎、张超:“组织资本形成机制研究”,《科学学与科学技术管理》2005年第7期。

后　记

2002年，本人申请全国哲学社会科学基金项目“中国人力资本水平统计研究”得以立项(编号:02ETJ001)，该课题研究于2003年12月完成。研究取得的主要进展是:明确了人力水平估算的内涵、基本体系，提出了基于人力资本投资估算人力资本水平的基本思想，讨论了人力资本区别于一般资本的特殊性质对人力资本水平估算的影响等。研究成果在国家统计局2004年组织的全国优秀统计科研成果评奖中获得“第七届全国统计优秀成果”一等奖。2005年，基于“中国人力资本水平统计研究”课题所形成的前期基础，完成了本人的博士论文“中国人力资本水平研究”。论文取得的新进展是:突出强调人力资本水平与物质资本水平估算在假设、思路、原则等方面基本一致的必要性，充分论证人力资本相比于物质资本在投资、积累机理上的差异性。在同时考虑上述一致性要求和差异性反映的基础上，提出了人力资本初始存量的估算、报告期人力资本增量的估算这两个变量的处理技术。2005年，本人申请全国哲学社会科学基金项目“中国总资本水平及资本效率统计研究”得以立项(编号:05BTJ012)，该课题研究于2007年12月完成。该项研究取得的主要新进展是：将人力资本置于社会总资本范畴、作为社会总资本的一个分量，强调与物质资本在估算思路、原则、方法等方面基本一致和可比的原则下估算人力资本水平；明确提出并论证了用永续盘存法估算人力资本水平的合理性和可行性；改进了 2005 年提出的人力资本初始存量和报告期人力资本增量估算方法；进一步解决了人力资本投资价格指数的编制问题以及人力资本的折旧率的确定问题，从而形成了永续盘存法框架下估算人力资本水平所涉及的四个关键变量的系统处理技术。全国哲学社会科学规划办对课题成果的鉴定等级为“优秀”，并入选全国哲学社会科学规划办公室主编的《国家社科基金项目成果选介汇编（第五辑）》。研究成果在国家统计局 2008 年组织的全国优秀统计科研成果评奖中获得“第九届全国统计优秀成果”二等奖。在这期间，本人另外主持完成了浙江省人民政府研究室委托的“浙江人力资本水平及其贡献研究”、浙江省第五次人口普查办公室委托的“浙江省人力资本积累及其经济效应研究”以及浙江省科技计划项目“人力资本水平比较研究”，本书的主要内容是对上述工作的一个总结。与此同时，我们意识到人力资本作为一种资本要素，不仅要关注其总量，更要考察其结构。借参与全国哲学社会科学基金重大招标项目“贯彻落实科学发展观与加快转变经济发展方式”（编号 07&ZD008）研究的机会，我们初步梳理了人力资本结构相关研究成果，体现于本书的第七章。

因此，本书也可以说是相关课题组的研究成果。特别需要指出的是，浙江大学经济学院周颖老师在“中国人力资本水平统计研究”课题中承担了主要的数据录入和计算编程工作,浙江大学公共管理学院博士研究生王秋实同学承担了人力资本结构相关文献收集、整理的主要工作,以及中国的经济效率与资本结构问题研究的主要数据测算分析工作,她们的工作成绩已体现在本书中。在相关课题研究中,研究生邓娜、刘杰、刘辉、伊立夫、徐文晔、李雪艳、桑操、应玲红等同学参与了工作,刘敏同学全面校对了本书稿,感谢他们付出的劳动。但本书文责全部由本人承担。

此外,借此机会感谢浙江大学姚先国教授,正是参与姚老师主持的全国哲学社会科学基金重大项目“中国人力资源开发战略”课题研究的机会,让我进入了这一研究领域,并在此后的工作中一直有机会得到姚老师的指导。感谢我的导师——浙江大学的张小蒂教授,没有张老师的指引,我不会迈出博士阶段求学的第一步。同时感谢浙江大学的金雪军教授,在我博士求学阶段给了我许多工作上的便利,以顺利完成学业。感谢浙江大学的何文炯教授、郭继强教授、许庆明教授、乐君杰教授、张跃华教授等老师,在我任教于浙江大学期间给了我许多帮助,在我离开浙江大学的那段时间,给了我更多的支持。

还要特别感谢商务印书馆对本书出版的支持。本书的出版得到了浙江省重点学科、重点专业(浙江工商大学统计学)、浙江省高校人文社科重点研究基地(浙江工商大学统计学)的资助,特致谢忱。